大坂夏の陣図屛風

関ヶ原の戦いに勝利し，江戸に幕府を開き，将軍職世襲も実現した徳川家康は，方広寺鐘銘事件を機会に，戦を起こして豊臣氏を滅ぼし，「徳川の平和」を確立した．

徳川吉宗画像

紀州家から将軍となった徳川吉宗は，質素倹約・人材登用など先例にとらわれない享保改革を行い，幕府の機構を改革し，財政を立て直した.

享元絵巻

尾張藩主徳川宗春は，御三家の立場でありながら，吉宗の進める質素倹約策に逆らって，華美・浪費を督励し，名古屋は三都をしのぐ繁栄を享受した.

天璋院画像

島津家から13代将軍家定正室となった篤姫（天璋院）は，家定没後も大奥に留まり，14代家茂正室和宮（静寛院宮）とともに，大政奉還後の徳川家存続に力を尽くした.

箱館戦争図

官軍への投降を拒否した榎本武揚ら旧幕府軍は，箱館を占拠して政府を組織した．明治２年（1869），明治新政府軍は箱館に総攻撃をかけ，激戦のすえ制圧し，箱館政府は降伏した．

敗者の日本史 16

近世日本の勝者と敗者

大石学

吉川弘文館

目次

図版目次

〔口絵〕

〔挿図〕

戦国の覇者と敗者　プロローグ

徳川氏　葵紋

近世日本の勝者と敗者

近世分野の最後に位置する本巻では、「勝者」と「敗者」の視点から、「近世日本」を展望する。

一般に、「近世日本」というと、織田・豊臣（織豊）政権三〇年と、江戸幕府二六五年の、約三〇〇年をさす。しかし、本シリーズの構成は、中世・戦国時代の終末を、元和元年（一六一五）大坂夏の陣の終了までとしている。大坂夏の陣は、「元和偃武《えんぶ》」（この戦いを最後に武器を伏せ、「平和」が到来するという意味）とよばれたように、最後の国内戦であり、長期にわたる「平和」「文明化」の幕開けとなった。こののち慶応三年（一八六七）に大政奉還により幕府が瓦解するまで約二五〇年、幕府は対外戦争や国内戦争がない「徳川の平和《パクス・トクガワーナ》」を築き上げたのである。本巻は、この「徳川の平和」を軸に「近世日本」を展望する。まず、プロローグでは、前史として、一〇〇年に及ぶ戦国時代の最終的「勝者」である徳川家康の「天下一統」（国家統一）を見る。そして、家康が本当に克服したのは誰か、いわば「勝者」家康に対置される、真の「敗者」を炙《あぶ》りだすことにしたい。

これにつづく本論では、「徳川の平和」の進展をもとに、「近世日本」を、大きく三期に分けて見ていく。

第Ⅰ期（第一章から第三章まで）は、「徳川の平和」が確立する近世前期（十七世紀）である。この時期、幕府は、「勝者」家康を祖とする徳川家を中心に、列島規模で国家秩序・社会秩序を確立する。この過程で、政治の表舞台から消える「敗者」は、古代・中世以来の権威・権力の体現者である朝廷や寺社などの権門《けんもん》であった。幕府は、彼らを「禁中並公家諸法度《きんちゅうならびにくげしょはっと》」「諸宗法度」など、法のもとで秩序化した。また、中世において、武力を維持し、自らの判断でこれを行使した武士たちも、「武家諸法度」「諸士法度」などの法をつうじて、秩序化し官僚化させた。「徳川の平和」のもと、これに抗う人々は、島原天草一揆や未遂に終わった慶安事件を最後に、武力を用いず、それぞれの「大義」「正義」を訴える「異議申し立て」をおこなうことになった。「近世」の「敗者」の特徴は、ここに求められる。

第Ⅱ期（第四章、第五章）は、「徳川の平和」が深く浸透する中期（十八世紀）である。この時期では、八代将軍吉宗の享保改革をめぐる対立・闘争を取り上げる。のちに「名君」とよばれる吉宗の政治は、法制・官僚制の整備をもとにした国家機能・公共機能の拡大強化による社会の安定化、すなわち「大きな政府」をめざすものであった。しかし、享保改革は、増税・規制強化など新規政策を多くともなうものであり、これらをもとに対立が引き起こされた。ここでは、徳川家頂点である、将軍職をめぐる紀州家と尾張家の対立、そして、この「勝者」である八代将軍吉宗の享保改革と、「敗者」

尾張藩の藩主徳川宗春による享保改革への「異議申し立て」をとりあげる。

第Ⅲ期（第六章、第七章）は、「徳川の平和」の到達点を示す近世後期（十九世紀）である。ここでは、男性中心の幕府政治にたいする、篤姫《あつひめ》や和宮ほか、大奥女性官僚たちの間接的な「異議申し立て」を見る。すなわち、幕末期、将軍職を失い、政治機能を失った幕府の男性官僚に代わり、大奥の篤姫らが展開した「内政」（徳川家臣団の統制）と「外交」（新政府軍との交渉）の実態を追究し、彼女らが「徳川家」存続を勝ち取る「勝者」の役割を果たしたことを指摘する。他方、男性社会については、「徳川の平和」の達成の視点から、幕末の政治闘争を見る。すなわち、「西洋の衝撃」を機に、幕府と諸藩は、「開国」（佐幕）、「攘夷」（倒幕）の二勢力を軸に、新国家構想を競い合った。この結果、幕末期には、倒幕派が「勝者」、佐幕派が「敗者」となったものの、維新になると、近世を通じて幕府や藩で行政の実権を握るようになっていた中下級官僚が、版籍奉還や廃藩置県などを主導して「勝者」となり、大名・家老ら上級官僚は「敗者」として政治の舞台から退場する。これが戦争ではなく、政争として平和裡に進められた点において、明治維新は「官僚革命」「平和革命」といえる。この過程で起きた「戊辰戦争」は、基本的に武士階級による権力闘争・武力闘争であり、多くの国民は参加しなかった。しかも、「敗者」への懲罰は比較的軽く、「敗者」の多くは、明治時代、各分野で活躍した。一世紀におよぶ戦国時代を克服した近世前期の「戦後処理」と比べると、幕末維新において、「勝者」と「敗者」の差は、確実に縮まっていた。幕末維新の過程は、欧米の近代化に比べると、はるかに犠牲が少ない「省エネ」「低リスク」の路線がとられた。まさに、「徳川の平和」の達成でもあったのである。

さて、戦国時代を克服した近世日本の「勝者」の系譜は、「平和」と「文明化」の推進者へと連なった。他方、「敗者」の多くは、武力を使わず「大義」「正義」を訴える「異議申し立て」をおこなうのであった。

「敗者」を見つめる作業は、ともすると感傷的・情緒的になりがちである。しかし、この作業は、「勝者」の歴史とは異なる道筋や可能性を追究する意義をもつ。近世日本が達成した成果と課題、そして可能性と限界を見直すことでもある。「敗者」の「異議申し立て」を「勝者」と対置することは、より深く、より豊かな歴史像を描くことにつながる。本巻では、「勝者」と「敗者」の視角・方法から、新たな近世史像を描くことにしたい。

「平和」の達成

織田信長、豊臣秀吉、徳川家康の「三英傑」による「天下一統」、すなわち「戦国時代の終焉《しゅうえん》」は、とくに豊臣秀吉による、天正十三年（一五八五）の九州諸大名宛、同十五年の関東・東北諸大名宛の「惣無事令《そうぶじれい》」（戦争停止令）に示されるように、列島規模での「平和」の達成という意義をもった。

その後、慶長八年（一六〇三）、徳川家康の江戸開幕に始まる江戸時代二六五年は、この「平和」のもと、約三〇〇〇万人の国民が、社会を「文明化」させる過程でもあった。この時代、庶民は刀、鑓《やり》、弓などの武器を持つことを禁止され、鉄砲は、農具としてのみ使用を許された。また、独占的に武器所持を許可された武士たちも、その勝手な使用は禁止された。私的な決闘や戦争、すなわち武力による問題解決は、公権力によって封じ込められたのである。

江戸幕府は、武力による解決を封印・凍結し、法にもとづく国家・社会の「平和」（秩序維持）の実現を目指した。すなわち、近世日本とは、「平和」と「文明化」の維持・発展に向けて、さまざまな制度や秩序を整備・充実化する過程であった。近世前期の「勝者」は、政治の主導権をにぎり、「平和」「文明化」を推進する者たちであり、「敗者」の多くは、この方向、方法に対して、「異議申し立て」をおこなう者たちであった。

家康の五つの「大戦」

江戸幕府編纂の『徳川実紀《とくがわじつき》』は、十八世紀後半の幕政を主導した老中松平定信《まつだいらさだのぶ》の建議のもと、幕府儒官《じゅかん》の林述斎《はやしじゅつさい》が責任者となって監修し、文化六年（一八〇九）に起稿、天保十四年（一八四三）に完成した、いわば「勝者」の立場からの歴史書である（以下、引用は、吉川弘文館版『新訂増補国史大系・徳川実紀』の編―頁を示す）。

『徳川実紀』は、将軍一代ごとに編年体で編纂されており、最初の「東照宮御実紀《とうしょうぐう》」は、初代将軍徳川家康の事蹟で始まる。その巻一は、家康の出自や幼少期の様子が記されているが、ここでは、戦国時代を「天下一日もしづかならず」（一―一七）と、戦乱続きの不安な時代としている。

巻二は家康の元服以後を扱うが、ここでは家康の五つの「大戦《おおいくさ》」を、画期として特筆している。

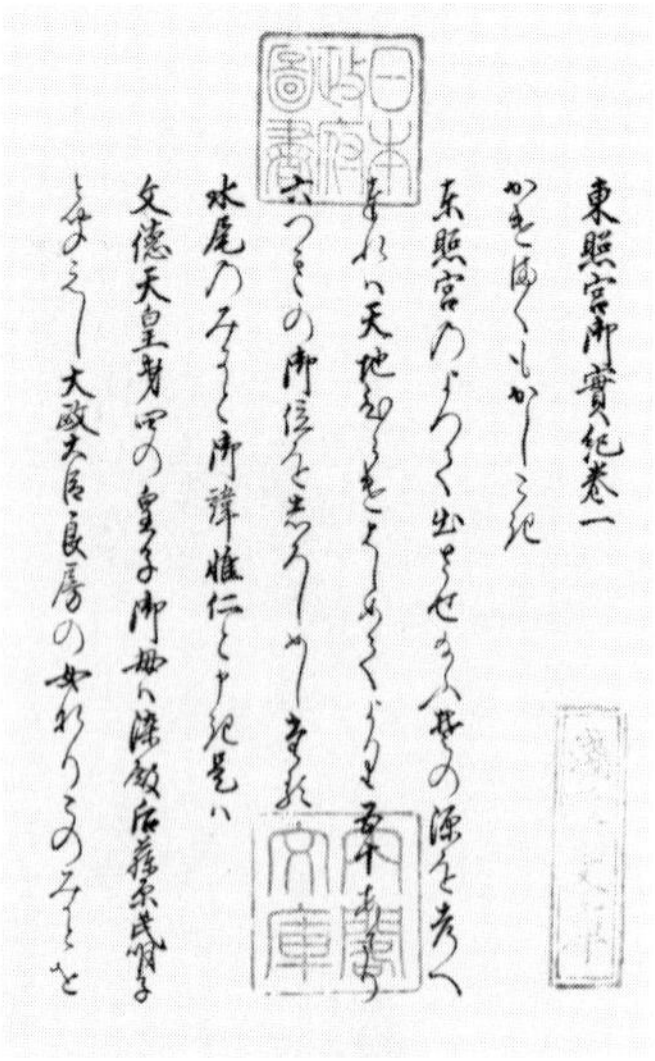
東照宮御實紀巻一

1 ―『徳川実紀』

姉川の戦い

大戦の第一は、元亀《げんき》元年（一五七〇）六月二十八日の「姉川の戦」（姉川の合戦）である。この戦いは、織田信長・徳川家康の連合軍と、浅井長政・朝倉景健《かげたけ》の連合軍による近江東浅井郡姉川河原（滋賀県長浜市）での合戦である。合戦の背景には、たとえば、元亀元年正月二十三日、信長が室町幕府十五代将軍の足利義昭に宛てた五か条のなかに、天下の儀は信長に任されたのだから、たとえ誰であっても、義昭の意向を聞かずに信長の考えで成敗すると、義昭を上回る権限を宣言するなど、義昭を怒らせるふるまいが多いことがあった。各地に宗教ネットワークをもつ大坂の石山本願寺（大阪市中央区）も、反信長勢力として、活発に動いていた。

『徳川実紀』によると、姉川の合戦のさい、当初信長は、自身は朝倉軍に向かい、家康は浅井軍に向かうよう指示していた。しかし、明け方になり朝倉軍が一万五〇〇〇騎の大軍であることがわかると、自分は八〇〇〇騎の浅井軍をうち、家康が朝倉を迎えうつよう作戦を変更した。家康の家臣たちは、この期に及んでの陣替えに反対する者も多かったが、家康は、信長の指示どおりに大軍に向かうことが勇士の本意と説得し、急ぎ陣形を変更し、朝倉軍を迎えうつ態勢をとった。

家康軍は、酒井忠次《ただつぐ》を先鋒に、朝倉軍を攻め、これを破った。しかし、浅井軍と戦った織田軍は苦戦し、先陣一一段まで破られ、本陣の旗本も混乱した。家康は、これを見ると、自軍の旗本に浅井軍を攻めるよう命じた。本多忠勝《ただかつ》らが馬上に槍をもち、浅井軍を横から攻めたので、織田軍も持ち直し、最終的にこの合戦に勝利した。信長は、この勝利を「徳川殿の武威による所なり」と激賞し、多くの贈り物を与えた。『徳川実紀』は、「これを姉川の戦いとて、第一代大戦の一なり」と、家康の大戦の第一に位置づけている。このころ、家康は今川氏真《うじざね》の紹介で、上杉謙信《けんしん》とよしみを通じた、謙信は、「当時海道《かいどう》第一の弓取《ゆみとり》と世にきこえたる徳川殿の好通を得るこそ、謙信が身の悦《よろこび》これに過るはなけれ」と、「弓取」（戦さ上手）すなわち武勇で知られる家康と通じたことを喜んだという（一―三六）。

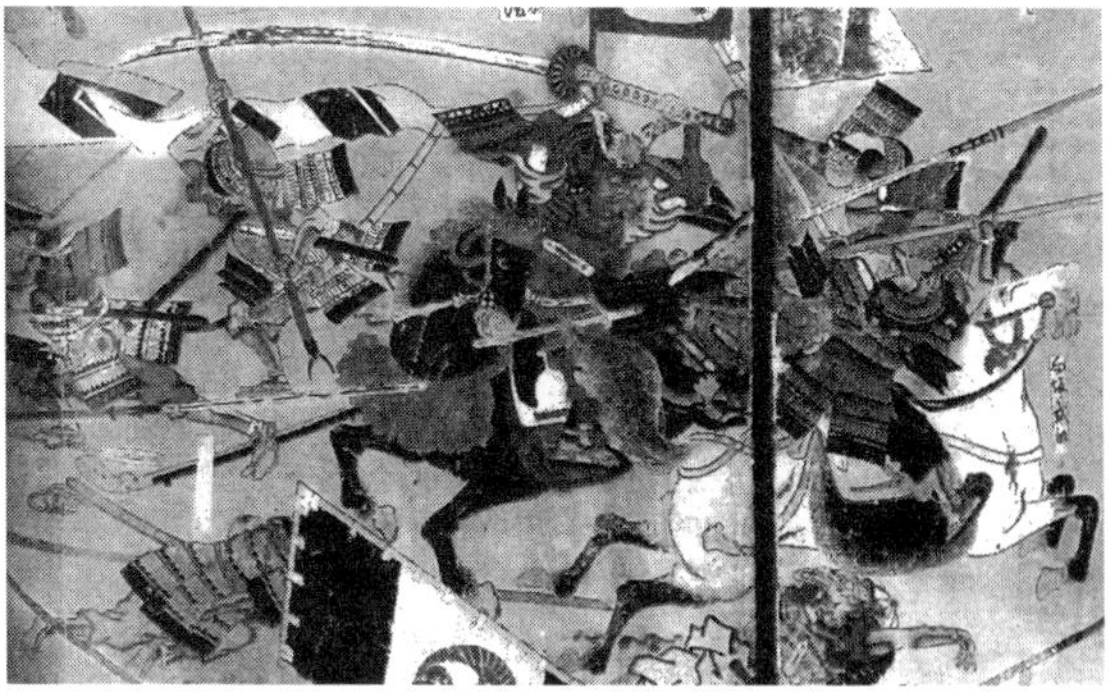

2―『姉川合戦図屏風』

三方原の戦い

「大戦の二」は、元亀三年十二月二十二日に武田信玄と戦った「三方原《みかたがはら》の合戦」である。この時期、足利義昭が主導して形成した、本願寺、武田信玄、朝倉義景、浅井長政、三好義継、松永久秀などの信長包囲網は、強大化していた。信長は、家康や上杉謙信と結び、これに抗した。信玄は、十月三日、四万五〇〇〇の軍勢で甲府を出立し、南進して信濃から遠江に入り、十二月十九日には、家康方の二股城《ふたまた》（静岡県天竜市）を落とした。しかし、家康の本拠浜松城には向かわず、その北方を西進し、三方原《みかたがはら》（静岡県浜松市）の台地に達したのである。これを見た家康軍八〇〇〇は、信長の援軍三〇〇〇とともにこれを追って合戦に及んだが、大敗した。

『徳川実紀』によれば、家康自身も窮地に陥ったが、家臣の夏目吉信が槍で家康の馬の尻をたたき、浜松城の方角に逃がしたあと、自らは敵中に向かって時間をかせぎ、討ち死にした。浜松城に入った家康は、敵が近くまで追撃してきたにもかかわらず、城門を閉じようとする家臣を制して、これから戻ってくる兵のために開けておくよう命じた。そして門の内外に大きな篝火《かがりび》をたき、自らは湯漬を三杯食べて大いびきで寝たので、近侍の武士たちは、その度胸に驚いたという。その後、徳川軍は城から討って出て、武田軍に大きな損害を与えたため、信玄はこの様子を見て、「勝てもおそるべきは浜松の敵なり」と、驚嘆したという。『徳川実紀』には、「是三方原戦とて大戦の二なり」と記している。

さらに、『徳川実紀』には後日談として、信玄が、家臣の馬場信房にたいして、日本には越後の上杉謙信と徳川家康の二人ほどの弓取はいない。今度の戦でも、討たれた家康軍の武士の屍は、身分の低い者たちも含めて、武田軍に向かっている者はうつぶしており、浜松城に向かっている者は仰向けになっていたと述べ、勇猛果敢な家康軍を高く評価した。そして、一年前、自分が駿河を攻めたさい、家康に遠江を与え、同盟を結び先陣を頼んでいたら、いまごろは中国や九州を平定し、やがて全国六十余州を支配できたであろうと述べたという。

しかし、信長の危機は変わらず、天正元年（一五七三）二月、信長は足利義昭に和議を申し入れたが、義昭はこれを拒否、そこで信長は、洛外に火をかけて京都に入り、義昭の御所を包囲して上京《かみぎょう》に放火した。信長の威圧の前に、朝廷が和議を仲介し、信長と義昭はこれに応じた。しかし、義昭は、七月三日、宇治川中州の槇島城《まきしま》（京都府宇治市）に籠もり、これが落とされると、妹婿の三好義継の河内若江城（大阪府東大阪市）など各地を転々とし、天正四年毛利領備後《びんご》の鞆《とも》（広島県福山市）に逃れた。ここに、建武三年（一三三六）に、足利尊氏が開いた室町幕府は、滅亡したのである。こののち、信長は、京都にあって自らの政治をすすめていくことになった。

長篠の合戦

「大戦の三」は、天正三年五月の信長・家康連合軍と、武田信玄の子勝頼の軍が、三河国設楽原《したらがはら》（愛知県新城市）で戦った長篠の合戦である。天正二年、勝頼は遠江の高《たか》天神城《てんじん》（静岡県掛川市）を奪い、翌三年二万余騎で三河長篠城（愛知県新城市）を囲んだ。家康の救援要請を受け、五月十三日信長は岐阜を出発、十八日、織田・徳川連合軍七万二〇〇〇は武田軍と対峙した。連合軍は、陣の前に堀をつくり、土塁を築いて、馬防柵を二重三重に構え、二十一日早朝、鉄砲に熟練した一〇〇〇人が発砲し、戦が始まった。血気にはやる勝頼は夜中も攻撃し、激戦となったが、家康家臣の大久保忠世・忠佐兄弟は、今日の戦は、徳川家が主戦、織田家は加勢であるのに、徳川家が織田家に遅れては恥であるとし、柵から前に出て戦った。最終的には、連合軍が鉄砲を激しくうったことから、武田軍は人塚を築くほどの死者を出した。この日、武田家の戦死者は一万三〇〇〇

3― 武田勝頼

余、うち家康軍が討ち取ったのは七〇〇〇、連合軍の戦死者は二家合わせて六〇人に及ばなかった。この合戦の連合軍の鉄砲については、これまで小瀬甫庵《おぜほあん》（一五六四～一六四〇）の『信長記《しんちょうき》』にもとづき、一〇〇〇を三組に分け、交代で撃たせるという戦法が知られてきたが、同時代の史料には三段撃ちに関する記事は見られず、近年はこれをフィクションとする説が有力となっている。ただし、連合軍が、鉄砲を使い圧勝したことは間違いない。

大敗を喫した勝頼は、甲斐に帰国したのち、家臣たちにたいして、「今度三河には信康といふ小冠者のしゃれもの出来り、指揮進退のするどさ、成長のゝち思ひやるゝと舌をふるひしとぞ」と、家康の長男信康の力量を評価し、その成長を恐れたという（一―三九）。

信長・家康と足利義昭

以上、「五つの大戦」のうち、姉川の戦い、三方原の戦い、長篠の戦いの三つの大戦を見てきた。『徳川実紀』は、この三つの大戦について、共通点を指摘している。それは、室町幕府十五代将軍の足利義昭との戦いということである。すなわち、「当時天下の形勢を考るに織田殿足利義昭将軍を翊戴《よくたい》し、三好、松永を降参せしめ、佐々木六角を討ち亡し、足利家恢復の功をなすにいたり」と、当時、天下の形勢は、織田信長が足利義昭を戴き、畿内で勢力を伸ばし、足利家復興に功績があった。しかし、「強傲専肆《きょうごうせんし》かぎりなく、跋扈《ばっこ》のふるまひ多きを以て、義昭殆《ほとん》どこれにうみくるしみ、陽には織田殿を任用するといへども、その実は是を傾覆せんとして、ひそかに越前の朝倉、近江の浅井、甲州の武田に含めらるゝ密旨あり、これ姉川の戦おこるゆへんなり、その明証は高野山蓮華定院《れんげじょういん》、吉野山勝光院に存する文書に見へき」と、信長は、勝手なふるまいが多かったので、義昭はこれを嫌い、表向きは信長を重用しつつも、実は信長を倒そうと画策し、越前朝倉、近江浅井、甲斐武田などに密書を送った。これが第一の大戦、姉川の戦いの背景であり、この証拠文書は、高野山と吉野山にあるという。

さらに義昭は、「甲州の武田、越後の上杉、相模の北条は関東・北国割拠中最第一の豪傑なるよし聞て、この三国へ大和淡路守等を密使として、信長誅伐の事をたのまれける、その文書もまた吉野山勝光院に存す、しかれば織田氏を誅伐せんには、当時、徳川家興国の第一にて、織田氏の頼む所は徳川家なり、故に先徳川家を傾けて後尾州へ攻入て織田を亡し、中国へ旗を挙んとて、信長盟約を背き無名の軍を興し、遠三を侵掠せんとす、是三方原の大戦おこるゆへんなり」と、甲斐武田、越後上杉、相模北条が、関東と北国に割拠する第一の豪傑であると聞き、信長追討を指示した。しかし、武田信玄は、当時信長が頼みとするのは家康なので、ま

4—織田信長

ず家康を倒したのちに信長を討とうと考え、家康との盟約を破り兵を動かし、遠江と三河を侵略した。これが第二の大戦、三方原の戦いの原因とする。

その後、「勝頼が時にいたりまた義昭より、北条と謀を同じくして織田をほろぼすべき事をたのまる、……此文書又勝光院につたふ、是勝頼がしば〳〵三遠を襲はんとする所にて、長篠大戦のおこるゆへんなり、義昭つひに本意を遂ず、後に芸州へ下り毛利をたのまる、これ豊臣氏中国征伐のおこる所也」と、武田勝頼の時代になっても、義昭は、勝頼や北条と謀って信長を滅ぼそうとした。この証拠文書も吉野山にある。このため、勝頼はしばしば三河と遠江をうかがうことになり、第三の大戦である長篠の戦いの原因となった。しかし、義昭は、ついに志を果たせず、安芸毛利のもとに逃れた。これが豊臣秀吉の中国攻めの原因となったという。

このように、姉川、三方原、長篠の三つの大戦は、「当家（徳川家）において尤《もっとも》険難危急なりといへども、その実は足利義昭の詐謀におこり」と、徳川家の危機は、足利義昭の謀略によるもので、「朝倉、武田等をのれが姦計を以て、また簒奪の志を成就せんとせしものなり」と、これに朝倉や武田などの野心が加わったことに由来する。総じて、足利将軍家は、初代尊氏が、他人（おそらくは後醍醐天皇のこと）の力で功をなし、さらに他人の手を借りてその者を追放する手法を用いて以来、十五代をつうじて、この方法で治めてきた、その結果、ついに家や国を滅ぼすことになったと記している（一―四一）。

これら三つの大戦を、やがて戦国の覇者となる徳川家康から見ると、信長と共に中世的権威・権力の中核にあった足利義昭と戦い、間接的にではあるが、これを倒した戦いと位置づけられるのである。

秀吉対家康

天正十年（一五八二）六月二日未明、信長は京都の本能寺（京都市下京区）において、家臣の明智光秀に攻められ自殺した（四十九歳）。本能寺の変である。

亡き信長の仇を討ったのは、家臣の羽柴（豊臣）秀吉であった。しかし、「ポスト本能寺」の「変後処理」は、あくまでも織田家内部の問題であり、「天下人」信長の後継問題や遺領問題は、織田家の家臣たちによって話し合われた。同盟者の家康は、いかに信長の厚い信頼を得ていたとはいえ、この話し合いに参加することはできなかった。

信長の後継者争いの最終的「勝者」は秀吉であり、「敗者」の代表は柴田勝家であった。織田家家臣の新参者が古参を制したわけであるが、これは、秀吉が明智光秀を倒した山崎の合戦（大阪府三島郡・京都府乙訓郡）の実績と、これに続く信長三男の信孝封じ込めが、秀吉の勝因とされる。しかし、織田権力の後継者秀吉が、もっとも警戒したのは、故信長の盟友で、勝家とも気脈を通じた徳川家康であった。家康は、織田家内部の権力闘争を冷静に見つめていたが、その実力をあらためて示したのが、「大戦の第四」小牧長久手《こまきながくて》の戦いであった。

第四の大戦、小牧長久手の戦いは、天正十二年三月から十一月にかけて、家康・信長二男信雄連合軍と、豊臣秀吉が、尾張の小牧・長久手（愛知県長久手市ほか）で繰り広げた戦いである。

5── 豊臣秀吉

『徳川実紀』によれば、秀吉は小牧で苦戦したさい、「秀吉掌を打て長く嘆息し、誰か徳川を海道一の弓取とはいひしぞ。凡日本はいふにや及ぶ。唐天竺《からてんじく》にも古今これ程の名大将あるべしとは思われず。軍略妙謀あへてまろ等が及ぶ所ならずと感服し、これも夜明ぬ先に、十二万の軍勢をくり引に楽田へ班軍せり」と、ため息をつき、誰が家康を海道一の弓取といったのか、海道、日本どころか、中国・インドをあわせても、古今これ以上の名将はいない。軍略は自分が及ぶところではないと感服し、夜明け前に一二万の兵を引いたという。信長の後継者として、天下を統一した秀吉の「敗北宣言」が記されている。

第四の大戦、小牧・長久手の合戦は、引き分けであったが、この結果、秀吉は、家康という最強のライバルが存在することを、あらためて認識させられたのである。

その後、家康との関係を安定させた秀吉は、天正十三年七月、政務を総覧する関白に就任した。十月二日には、九州の島津家に対して、「就勅諚染筆候、仍関東不残奥州果迄被任倫（綸）命、天下静謐処、九州事于今鉾楯儀、不可然候条、国郡境目相論互存分之儀被聞召届、追而可被出候、先的味方共双方可相止弓箭旨、叡慮候、可被得其意儀、尤候、自然不被専此旨候者、急度可被御成敗候之間、此返答、各為二者一大事之儀候、有分別可有言上候也」（「島津家文書」三四四）と、天皇の命令の形を借りて、関東・東北から九州まで、「天下静謐」（平和）であることが命じられ、秀吉が、天皇に代わって全国の武力による領土争いを止めさせ、解決案を示し、違反する者は罰することが示されたのである。この政策は、今日「惣無事令《そうぶじれい》」（平和令）と呼ばれ、秀吉の天下統一の論理として、知られるところとなった。

江戸幕府のみる豊臣政権評

さて、国内をおいて、関東の北条氏を下して「惣無事」の平和社会を実現した「勝者」秀吉は、しかし、対外関係においては、手痛い「敗者」となった。二度の朝鮮侵略戦争を通じて、加藤清正、黒田長政、藤堂高虎ら武功派大名と、軍目付《いくさめつけ》を統轄して秀吉に戦況や軍功を報告した石田三成ら官僚派大名の対立が深刻化したのである。武功派でも、主戦派大名と和平派の小西行長らの対立も見られた。

そして、この反目・対立は、やがて豊臣家を「勝者」から「敗者」へと、その立場を変えさせることになる。

『徳川実紀』は、徳川家の立場から、秀吉が短期政権であったことに、厳しい評価を与えている。すなわち、「秀吉足利氏衰乱の余をうけ、旧主右府の仇を誅し、西は島津が強悍《きようかん》をしたがへ、東は北条が倨傲《きよごう》を滅し、天下やうやく一統し、万民やゝ寝食を安んぜむとするに及び、また遠征を思ひ立、私慾を異域に逞せんとするものは、愛子を失ひ悲嘆にたえざるよりおこりしなどいへる説々あれども、実は此人百戦百勝の雄略ありといへども、無拱《むきよう》無為の化を致す徳なく。兵を窮め武を黷《けが》し、終に我邦百万の生霊をして異賊の矢刃になやませ、其はては富強の業二世に伝ふるに及ばず。悉く雪と消氷《きえ》とけき、彼漢武匈奴《きょうど》を征して国力を虚耗し、隋煬遼左を伐て、終に民疲れ国亡ぶるに至ると同日の談なり。人主つとめて土地を広め、身後の虚名を求めんとして、終には身に益なく国に害を残すもの少からず。よくよく思ひはかり給ふべき事にこそ」（一―六〇）と、秀吉は、足利氏衰退ののち、主君織田信長の仇を討ち、島津氏を従え北条氏を滅ぼして天下を統一した。人々が、ようやく平安な生活を迎えたところ、また遠征を思い立ち、私欲を異国にまで及ぼそうとした。その理由としては、愛する子どもを失ったためなど諸説ある。しかし、実は秀吉は百戦百勝の武略があるものの、徳がないため、ついに百万の兵を異賊の矢刃に悩ませることになった。あげくは、自らの富と強さを二代目に継ぐことができず、雪や氷のように消え、中国の武帝が匈奴と戦い、隋の煬帝が遼と戦って、民が疲労し国が滅びたのと同じ話となった。人の上に立つ者は、土地を広め、のちの名声を求めて、ついには自身に益なく、国に害する者が多い。よくよく考えるべきである、とある。秀吉には「武」があったが、「徳」がなかったために、二代目秀頼で滅んだというのである。

秀吉対家康、信長権力を内と外から支えた両雄であったが、二人のうち「勝者」秀吉は、国内政治において、「天下一統」と「惣無事」を達成し、近世国家・社会を切り開いたものの、対外関係では、侵略戦争の「敗者」となり、しかもこれが家中の内紛を深刻化させ、秀吉の死とともに、「豊臣家」は、「徳川家」から厳しい圧力を受けることになったのである。

I　豊臣滅亡と徳川秩序の確立

6—真田幸村の奮戦

冬の陣の講和で堀を埋められた大坂側は，城を打って出て戦わざるを得なかった．真田幸村は天王寺口茶臼山で，家康本陣に猛攻をかけた．（『大坂夏の陣図屏風』）

1 「両雄」対決から「両家」対決へ—関が原合戦と戦後処理—

関が原合戦へ向けて

「大戦の第四」小牧長久手の戦いは、織田信長後継の豊臣秀吉と、これを脅かす存在の徳川家康との「両雄」対決であった。この戦いの結果が、「引き分け」である限り、両者の関係が逆転されることはなく、秀吉の地位は揺るがなかった。しかし、秀吉は外交において大きな失政をしたことにより、彼の死後家臣団が分裂し、その基盤は弱体化したのである。

徳川家康は、秀吉の遺子秀頼を補佐する、「五大老五奉行」体制の中心人物として、豊臣家臣団の分裂に積極的にかかわり、自らの権力を強化し、中央政治を主導することになった。家康が、まず標的としたのは、五大老の一人、会津の上杉景勝であった。

慶長五年（一六〇〇）三月十日、大坂の家康は、景勝にたいして謀反の嫌疑をかけ罪状を送り、上洛を求めた。しかし、四月十四日、景勝の側近直江《なおえ》兼続《かねつぐ》は激しく反発し、いわゆる「直江状」を記して、一六か条にわたり弁明・反論した。

七月七日、家康は会津攻めを決意し、江戸城に諸将を集めて、軍規一五か条を定め、二十一日の出陣を触れた。

家康の離坂・江戸下りを好機とみた石田三成は、越前敦賀（福井県敦賀市）を出て家康軍に参加しようとしていた大谷吉継を、佐和山城（滋賀県）に招き、家康打倒の本心を明かし、説得して味方にした。七月十二日、五奉行の一人増田《ました》長盛《ながもり》は、三成挙兵を家康に知らせ、長束《なつか》正家《まさいえ》と前田《まえだ》玄以《げんい》の二奉行とともに、五大老の一人毛利輝元に至急上坂するよう要請した。淀殿も三奉行とともに、石田・大谷の行動を謀叛とみなし、家康に上坂を求めた。この時点で、公儀は豊臣・徳川両家双方にあり、謀反人は景勝・三成であったのである。

しかし、三成は逆に増田、長束、前田の三奉行を説得し、十六日に大坂に到着した毛利輝元を総大将として、宇喜多秀家も味方にした。翌十七日、三成は、秀家らと相談し、大坂に残る家康の留守居を追い出し、総大将輝元を大坂城西の丸に入れた。一三か条にわたり家康を弾劾し、家康打倒を記した三奉行連署あるいは毛利と宇喜多連署の檄文を、全国の大名に発した。これに応じて、小西行長ら多くの大名が大坂城に入った。ここに、対立は、三成らの反乱ではなく、「豊臣家」内部の親家康派と親三成派の抗争へと、性格を変えたのである。

7―石田三成

一方、会津に向かった家康は、七月二十四日、下野小山《しもつけおやま》（栃木県小山市）の本陣で三成挙兵の報を受け、翌二十五日、諸将を集めて軍議を開いた。このさい、家康は、三成方に人質にとられた妻子の命が心配ならば、遠慮なくこの場から立ち去るように申し渡した。すると、秀吉恩顧の豊臣系大名で反三成派の福島正則が、家康が太閤の遺命を尊重し、幼い秀頼を守り立てるならば、自分は妻子を省みず、先陣をつとめて三成を討伐すると述べた。黒田長政ら親家康派の豊臣系大名たちもこれに同意し、山内一豊（掛川城）、福島正則（清洲城）、池田輝政（吉田城＝豊橋城）、堀尾忠氏（浜松城）ら東海道に城をもつ大名は、進んでそれぞれの城を明け渡し、家康の西進に備えた。これをうけて、家康は小山から軍を転じ、西に向かうことにした。

二十六日、家康軍は、正則・池田輝政の豊臣系大名を先鋒に、小山を出立し、東海道を西上した。先鋒隊は、翌八月十日ころ、正則居城の尾張清洲城に集結した。同二十三日、彼らは、織田秀信《ひでのぶ》（幼名三法師）の籠もる岐阜城を落とした、秀信は剃髪し降参した。正則らの軍は、さらに西進し、三成が陣をかまえる大垣城の近くの赤坂（岐阜県大垣市）に布陣した。

三成方は、八月下旬に家康方の富田信高が籠もる伊勢安濃津《あのつ》城（三重県津市）、古田重勝が籠もる松坂城（三重県松阪市）を落とし、さらに九月十三日、細川幽斎（藤孝、忠興の父）が籠もる丹後田辺城（京都府舞鶴市）も落とした。

しかし、九月三日、三成方の有力大名であった近江大津城（滋賀県大津市）の京極高次が家康方についた。三成方は、毛利、立花などの軍勢一万五〇〇〇でこれを攻めたが、高次軍三〇〇〇の抵抗は厳しく、大津城が落ちたのは関ヶ原合戦当日の十五日早朝であり、攻撃軍は関ヶ原戦に参加できなかった。先の田辺城攻撃軍一万五〇〇〇と合わせて、三成方は約三万の軍勢を関ヶ原に参加させられなかったのである。

信州上田（長野県上田市）で三成方の真田昌幸・信繁（幸村）父子に足止めを食った徳川軍秀忠の三万八〇〇〇、三成軍三万、と双方「想定外」の戦力低下があったものの、十四日両軍は決戦前夜を迎えた。

家康は、籠城戦、城攻めを避け、野戦で一気に勝負をつけようと、中山道を西進し、三成の本拠佐和山城を落として大坂に向かうとの情報を流した。十四日夜、この報を得た三成軍は、家康軍の西進を阻むために、大雨のなか大垣城を出て、関ヶ原（岐阜県不破郡関ヶ原町）に布陣した。三成、島津、小西、宇喜多、大谷らの諸隊は、関ヶ原盆地の西北部、中山道と北国街道の分岐地域を押さえて平野部に展開し、同盆地の東口の南宮山に毛利、吉川、長束、安国寺、長宗我部が布陣、西部の松尾山に小早川秀秋が布陣し、西進する家康軍を包囲する陣形をとった。

これにたいし、家康軍は、家康直属の旗本らが桃配山《ももくばりやま》に本陣をしき、前面中央に、松平忠吉、井伊直政らの徳川家大名が備えたが、前面右に黒田、細川、加藤、生駒ら、左に藤堂、京極、福島ら多く豊臣系大名が布陣し、南宮山の押さえとして、池田、浅野、山内、有馬など、これも豊臣系大名が布陣したのである。

こうして、九月十五日朝八時ころ、三成軍約八万と家康軍約九万が「天下分け目」の戦いを開始した。

関が原の合戦

ちなみに、『徳川実紀』には、関が原合戦について、これまでの四つの大戦と同じ表現は見られない。しかし、記述の順番、流れから見て、これを「第五の大戦」としていることは間違いない。その記すところは、「大道寺内蔵助《くらのすけ》が物語とてかたり伝へしは、凡関原の戦といふは、日本国が東西に別れ、双方廿万に及ぶ大軍一所に寄集り、辰の刻に軍始、未の上刻には勝負の片付たる合戦なり。かゝる大戦は前代未聞の事」と、はじめ北条氏直に仕え、関が原合戦に福島正則の家臣として従軍した大道寺内蔵介直次が、日本国が東西に分かれ、二〇万に及ぶ大軍が一か所に集まり、辰の刻（午前一〇時ころ）に戦いが始まり、未の上刻（午後一時ころ）に勝負がついたとし、このような大戦は前代未聞、最大規模の大戦であったと記している。

大道寺は続けて、「かゝる大戦は前代未聞の事にて、諸手打込の軍なれば作法次第といふ事もなく、我がちにかゝり敵を切崩したる事にて、追留などゝ云事もなく、四方八方へ敵を追行たれば、中々脇ひらを見る様ならずと見えたり。是目撃の説尤実とすべし」（一―七二）と、関が原の戦いは、さまざまな軍勢が入り交じった混戦であったため、戦場の作法は通用せず、みな勝手に攻撃して敵を斬り倒し、追撃をやめることもなく、四方八方に敵を追いかけたので、なかなか周囲を見る余裕もなかったという。『徳川実紀』の編者は、これは、目撃した者の話なので事実と考えるべきである、と記している。

私たちは、関が原の陣形図から、本陣の三成、家康の指示のもと、組織的、統一的な戦闘が行われたように思いがちであるが、実際は、戦場の指揮官や諸隊は、各自の判断でそれぞれ勝手に戦闘に突入していったと見られる。

戦闘は、午前中は一進一退、互角であった。しかし、南宮山の三成軍諸隊は動かず、家康軍に通じながらも、出撃をためらっていた松尾山の小早川秀秋軍にたいし、家康軍が鉄砲を撃って催促したことから、小早川軍は突如三成方の大谷軍を攻撃した。これを機に徳川軍は総攻撃をかけた。小西軍は壊滅し、宇喜多軍も敗走、病で体が不自由であり輿《こし》にのって戦を指揮していた大谷吉継の軍も全滅、吉継は自殺し、三成方は総崩れとなった。

この合戦の経過について、『徳川実紀』には、「九月十五日、敵味方廿万に近き大軍関原青野が原に陣取て、旗の手東西にひるかへり汗馬南北にはせちがひ、かけつかへしつほこさきよりほのほを出してたゝかひしが、上方の勢は軍将の指揮も思ひ思ひにてはかばかしからず。剛なる味方の将卒にきり立られ、其上思ひもよらず、兼て味方に内通せし金吾秀秋をはじめ、裏切の輩さへ若干いできにければ、敵方に頼み切たる大谷、平塚、戸田等をはじめ宗徒の者共悉くうたれ、浮田、石田、小西等もすて鞭打て伊吹山に逃いりり。島津も切ぬけ、其外思ひ思ひに落てゆけば、味方の諸軍いさみ進んで首をとる事三万五千二百七十余級。味方も討死する者三千余ありしかど、軍将は一人も討たれざりしかば、

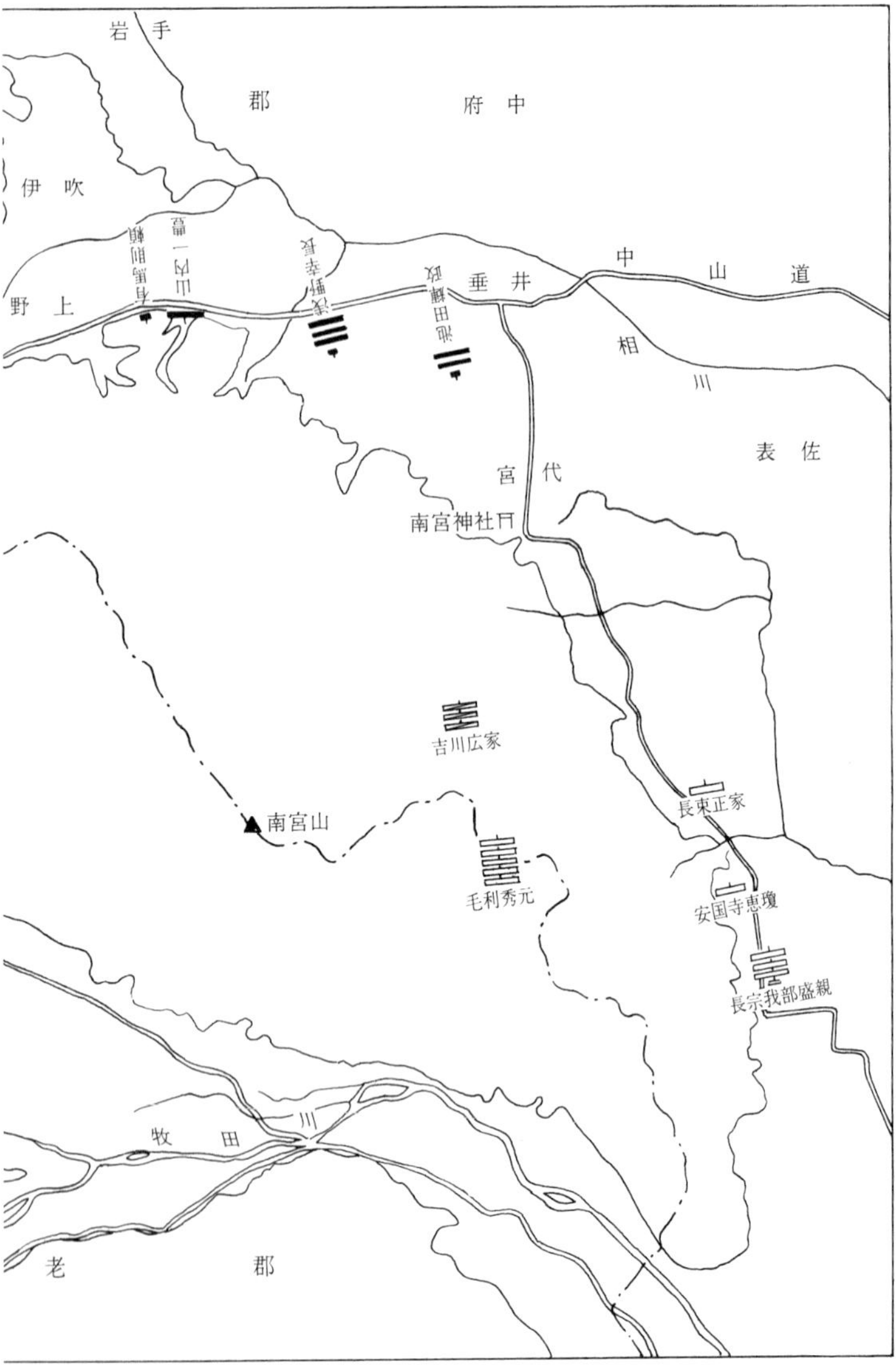

岩手
郡
府中
伊吹
野上
有馬則頼
山内一豊
浅野幸長
池田輝政
垂井
中山道
相川
表佐
宮代
南宮神社
吉川広家
長束正家
南宮山
毛利秀元
安国寺恵瓊
長宗我部盛親
牧田川
老
郡

両軍配置図

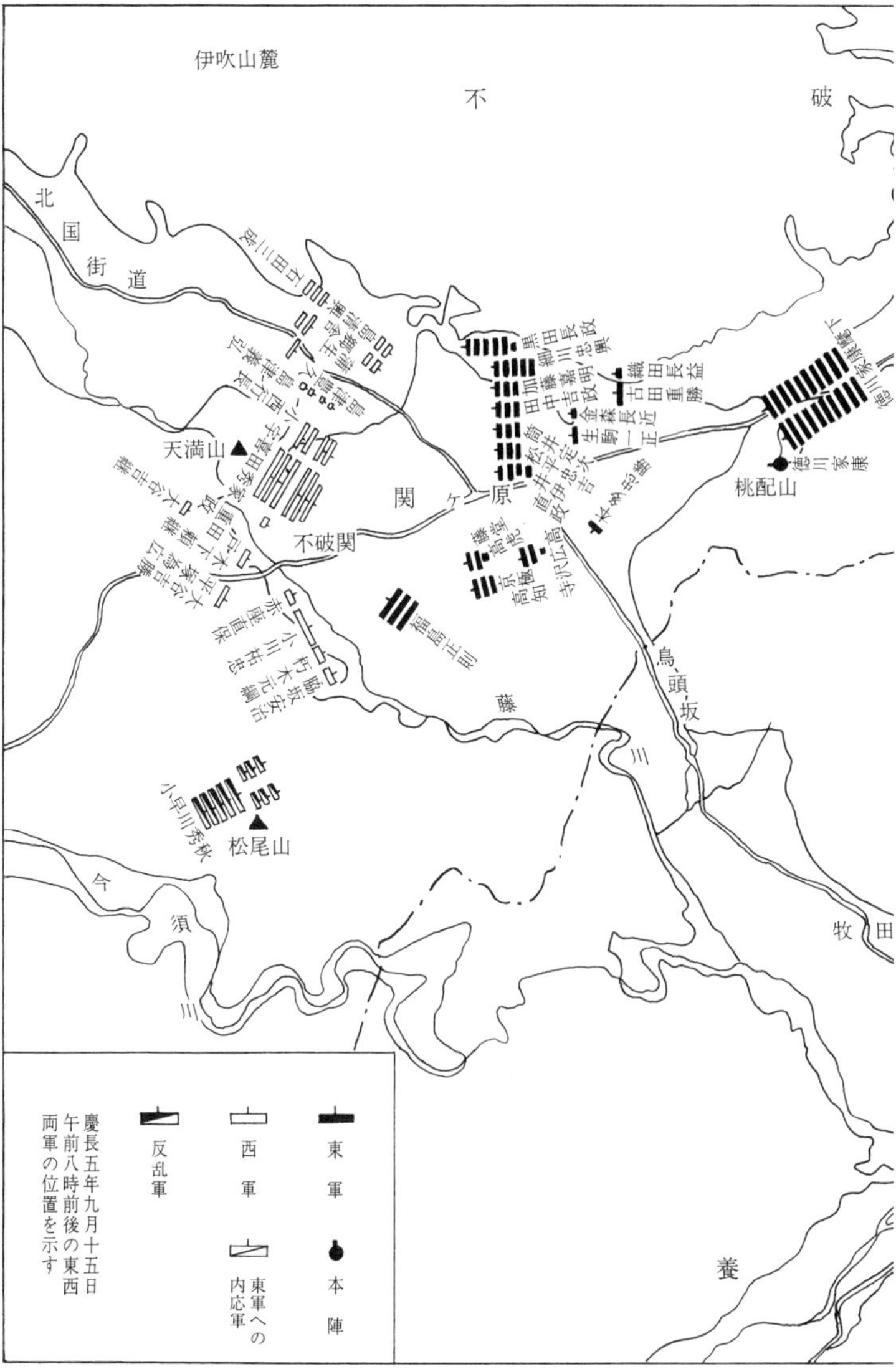
伊吹山麓
不
破
北国街道
石田三成
小西行長
宇喜多秀家
天満山
大谷吉継
戸田重政
平塚為広
赤座直保
小川祐忠
朽木元綱
脇坂安治
福島正則
関ケ原
不破関
黒田長政
細川忠興
加藤嘉明
田中吉政
金森長近
生駒一正
筒井定次
松平忠吉
井伊直政
藤堂高虎
京極高知
寺沢広高
織田長益
古田重勝
徳川家康
桃配山
鳥頭坂
藤
川
小早川秀秋
松尾山
今
須
川
牧
田
養
東軍
西軍
反乱軍
本陣
東軍への内応軍
慶長五年九月十五日午前八時前後の東西両軍の位置を示す

8―関が原合戦

君御悦おほかたならず」（一―七〇）と、九月十五日、敵味方二〇万の大軍が、関が原に陣をしき、旗は東西になびき、馬は南北に入り乱れ、ぶつかる矛先から炎を出して戦った。三成軍の指揮はばらばらで統一がとれず、剛の者である家康方に切り崩された。そのうえ思いもよらず、あらかじめ家康に内通していた、小早川秀秋をはじめ、裏切り者が出たため、三成方では頼みの大谷吉継、平塚為広、戸田勝成《かつしげ》などをはじめ、主要な武将らはことごとく討たれた。浮田（宇喜多）秀家、石田三成、小西行長なども、馬の尻に捨て鞭を打ちながら伊吹山（滋賀県米原市ほか）に逃れた。島津も戦場をあとにするなど、皆がばらばらに逃げ去ったので、家康方の諸軍は勇んで追撃し、三万五千二百七十余の首を取った。味方も戦死者が三千余がいたが、大将は一人もなく、家康は大いに喜んだ。これに続けて、ここでは午後二時ころに勝敗は決した、と記されている。

関が原の戦いが決着すると、東北・北陸・九州など各地の合戦も、急速に終息した。家康が、小山を去ったのち、徳川方の伊達政宗や最上義光と戦った上杉軍は、十月一日に退却した。北陸では、徳川方の前田利長と三成方の丹羽長重の戦いが終了し、九州の三成方大友義統《よしむね》も、黒田孝高《よしたか》（官兵衛、如水）に敗れ、九州は孝高主導のもと、秩序化されていった。

さて、「天下分け目」の関が原の合戦は、豊臣家と徳川家の戦争ではなく、三成には不本意と思われるが、秀頼には何のかかわりもないというのが、家康や家康方豊臣系大名、さらには大坂城の淀君らの解釈であった。すなわち、家康は、あくまでも豊臣政権の大老＝公儀として戦い、豊臣系大名を動員し、謀反人の石田、上杉、毛利、宇喜多らを誅伐したと位置づけたのである。

したがって、この戦いは、「徳川家＝勝者」「豊臣家＝敗者」ではなかった。「豊臣家」当主秀頼は健在であり、これに心をよせる豊臣系大名が、「勝者」として多数存在したのである。こののち、両家対立は新たな局面を迎えることになる。

戦後処理の展開

関が原合戦後、家康軍は三成の本拠佐和山城（滋賀県彦根市）を落とし、九月二十七日、家康は大坂城本丸で豊臣秀頼に戦勝報告をし、西の丸に入った。以後、十月十二日まで、ここで戦後処理をおこなうが、家康は、関が原の合戦後一年以上京坂におり、秀頼を補佐するという名目で、豊臣家とこれを支持する大名たちに睨みをきかせたのである。

家康は、大坂城に入り、三成方の大名約一〇〇人、計六六〇万石の改易・減封をおこなった。これは、当時の日本の総石高一八〇〇万石の三分の一を越えている。ところが、合戦にかかわらなかったはずの豊臣家も無傷ではいられなかった。秀吉期に四〇か国二二二万石あった蔵入地《くらいれち》（直轄地）は、摂津国（大阪府と兵庫県の一部）、河内国（大阪府中部）、和泉国（大阪府南部）の約六五万石へと大きく領地を減らすことになったのである。この戦いで、五大老のうち、上杉、毛利、宇喜多の三家は三成方につき「敗者」となり、前田も北陸で家康方として働いたが、十分な成果はあげられなかった。家康を除く四大老は、みな動けなくなったのである。

一方で、家康は軍功があった徳川方の大名たちに、加増転封をおこなった。福島正則ら外様大名に計四〇〇万石余、徳川一門と譜代大名に計二〇〇万石余を加増し、さらに、慶長七年（一六〇二）までに徳川家と深いつながりをもつ、六八家の親藩・譜代大名を成立させ、全国の重要な地域に配置して、徳川体制の基礎を固めたのである。

『徳川実紀』には、家康が、大坂城西の丸にいたころの逸話が記されている。すなわち、家康は、大久保忠隣《ただちか》、本多正信、井伊直政、本多忠勝、平岩親吉《ちかよし》を集め、「我男子あまたもてるが、いずれにか家国を譲るべき、汝等おもふ所をつゝまず申せ」と、自分には多くの男子がいるが、誰に天下を譲るべきか、自由に意見を述べさせた。本多正信は、「三河守殿（結城秀康《ゆうきひでやす》）こそ元よりの御長子とひ、智略武勇も兼備はり給へば、此殿こそまさしく監国にそなはらせ給ふべけれ」と、信康《のぶやす》亡き後、結城秀康《ゆうきひでやす》こそが徳川家の長子であり、智略武勇も兼ね備えているので、国を治めるのにふさわしいと答えた。井伊直政は、「下野守忠吉卿然るべしといひやまず」と、娘婿にあたる松平忠吉をさかんに推薦した。他の者も、「其外もまち〳〵にして一決せず」と、意見が区々でまとまらなかった。そのなかで、大久保忠隣は、「忠隣一人争乱の時にあたりてこそ武勇をもて主とすれ、天下を平治し給はんには文徳にあらでは大業守成の功を保ち給はくことかたし、中納言殿（秀忠）には第一御孝心深く、謙遜恭倹の御徳を御身に負せられ、文武ともに兼ね備らせたまへば、天意人望の帰する所此君の上にあるべしとも思はれずと申し」と、戦乱の時代は武勇が主であったが、天下が平穏になったときは、文徳こそが大切になる。秀忠は、第一に孝行心があり、謙遜の徳がある、文武ともに備えているので、天も民も他の方を望むとは思えない、と述べた。その日、家康は何も言わず、みな退座したが、一、二日後、先の五人を再び召して、「忠隣が申す所吾が意にかなへりとて、遂に御議定ありしとかいひ伝へし」と、忠隣の話が私の考えと同じであると述べ、後継者を秀忠に定めたとされる。

この直後であろう、家康は後継者とした秀忠と、徳川家の本拠地をどこにするか、やりとりをしている。「この戦（関が原の合戦）終て後しばし大坂の西丸におはしまし、井伊、本多、榊原の人々して此度諸将の勤怠を糺し、忠否を明にせしめ、天下の機務を議せしめられ、本多上野介正純して訴訟のことを司らしむ。又この人々を中納言（秀忠）御方に進らせ、此度の闕国もて有功の者に宛行れむとす。さるにてもまづ御居城をばいづくに定め給はむか、江戸をもて其所となされむかと御意見を問はしめ給ふ。中納言殿御答には、某年若くして何のわきまへか候べき。天下を経理せむにさりぬべき所をもて御居城と定め給ふべきか。しかればいづれも盛慮にまかせるべしとなり。よて遂に江戸をもて御本城となし、秀頼をば大坂に居らしめ、摂津・河内の両国を授けられぬ」（一―二三四）。すなわち、重臣の井伊・本多・榊原を秀忠のもとに送り、関が原の合戦で三成方から没収した欠国（領地）を手柄のあった者に与えることにしたが、それにしても居城をどこに定めるか、江戸城とするか、秀忠の意見を求めた。秀忠は、自分は若いので、天下を治める分別はない、また天下を治めるのにしかるべき場所を居城とすべきと思うが、いずれも父家康の盛慮（立派な人の考え）にまかせるとの返事をした。そこで、家康は江戸城を居城（本城）とし、豊臣秀頼を大坂城に置き、摂津・河内両国（実は和泉も）を与えたという。ここにおいて、約二二〇万石あった秀頼の領地は、摂河（泉）の六五万七〇〇〇石へと大きく減らされた。

家康は、「豊臣家」の当主秀頼を無視し、「徳川家」の世嗣秀忠に権力を継承することを公表し、これを前提に、動き出した。事態は、それぞれの将来を見据えた「豊臣家」と「徳川家」の両家対立へと展開することになったのである。

2　徳川の覇権にむけて

豊臣・徳川間「外交」の展開

しかし、関が原の戦いは、前述のごとく、豊臣家の敗北ではなかった。領地を減らされたとはいえ、秀吉以来の同家の権威は、いまだ維持されていた。たとえば、慶長八年正月、加藤清正・福島正則ら豊臣系大名や、上杉景勝・島津家久らは、家康の指示もあり、伏見城の家康より先に大坂城の秀頼に挨拶し、二月二十日には親王・公卿・門跡が大坂城の秀頼に年頭の挨拶をし、翌九年正月二十七日にも公家衆や門跡が大坂に下向している。

同九年八月十五日、家康は秀頼とともに、秀吉七回忌を豊国神社の臨時大祭として盛大におこなった。関が原の戦いはあったものの、天下を統一し、乱世に終止符をうった秀吉の威光、人気は衰えていなかったのである。

しかし、家康は、自らの権威を高め、権力を強めるために、豊臣家との「外交」を展開した。
①家康の将軍宣下。家康の業績が、朝廷によって権威化された。ここに、関白秀吉の権威と権力を維持・永続しようとする「豊臣公儀」と、これとは別に、徳川家康の将軍を頂点とする権威と権力を確立しようとする「徳川公儀」が並立・対抗することになった。
②家康の孫千姫と秀頼の結婚。
③秀忠の将軍襲職。将軍職を子の秀忠に譲り、自らは駿府（静岡市）で「大御所《おおごしょ》」として秀忠を助ける政治体制をしいた。「天下（権力）はまわりもち」という、戦国時代以来の下剋上《げこくじょう》の風潮を否定するとともに、より明確に豊臣家の関白以来の「公儀」を否定するものであった。
④江戸幕府による武家任官。慶長十一年、上洛した家康は、武家の官位は幕府の推挙がなければ無効とすることを朝廷に申し入れた。これは、朝廷と大名が直接結びつくことを警戒するとともに、豊臣家を通じて官位を上昇させるルートを遮断することも意味した。大名たちは、朝廷や豊臣家とは別に、徳川家のもとに全国規模で編成されることになったのである。
これらの策を講じたのち、慶長十六年、家康は慶長十二年に駿府に戻って以来、久しぶりに上洛した。

この機会に、家康は、大坂の秀頼を京都二条城に呼び出して会見することにした。豊臣家家老の片桐且元は、渋る淀殿を説得し、三月二十八日、加藤清正、浅野幸長らとともに、秀頼を警固して会見に臨んだ。清正と幸長は、懐剣をしのばせるなど決死の覚悟で、秀頼に従った。しかし、家康主導の会見は、徳川家が豊臣家よりも高い位置にあることを広く認識させることになった。

さらに家康は、後水尾《ごみずのお》天皇の即位の儀式がおこなわれた四月十二日、在京の諸大名を二条城に集め、三か条の誓約に署名させた。その内容は、第一条が、源頼朝以来の歴代の公方（将軍）と同じく、将軍秀忠の法度を守ること、第二条が、法度や上意に背いた者を領国に隠し置かないこと、第三条が、召し抱えている武士に反逆者や殺害人などがいた場合、彼らを抱えないこと、というものであった。大名たちに将軍秀忠への臣従を誓わせるとともに、浪人を召し抱えようとする秀頼を牽制する意味もあった。

方広寺鐘銘事件

その後、慶長十九年に起きた方広寺鐘銘事件が、豊臣氏滅亡の引き金となった。方広寺（京都市東山区）は、かつて秀吉が、奈良の大仏に対抗して、鎮護国家を祈念して京都に大仏を造ろうと建立した寺である。天正十四年ころに着工し、朝鮮侵略などをはさみ、文禄四年に九年がかりで完成したが、翌慶長元年の大地震で、できたばかりの大仏は倒壊した。

秀吉没後、秀頼が再建工事を始め、慶長七年十二月、大仏がほぼ完成したころ、今度は火災により焼失した。それでも、秀頼は再建工事をおこない、数万両をかけて高さ一九メートルの巨大な大仏を完成させた。十九年四月には、高さ三・二メートルの巨鐘も完成した。総奉行の片桐且元は、大仏開眼供養の許可を得るために、駿府の家康のもとに赴き、八月三日執行の許可を得た。しかし、その後、家康から鐘銘の文書提出を求められた。

七月二十一日、駿府において、「伝長老（以心崇伝《いしんすうでん》）、板倉内膳（重昌）両人召之、仰曰、大仏鐘銘関東不吉之語、上棟之日非吉日、御立腹云々」（「駿府記」『史籍雑纂当代記・駿府記』続群書類従完成会、二六四頁）と、家康は、ブレーンの以心崇伝（金地院《こんちいん》）と家臣の板倉重昌を呼び、大仏鐘銘に関東（徳川家、幕府）にとって不吉な語があり、しかも上棟の日が吉日ではないと怒った。すなわち、鐘銘の文言中の「国家安康」「君臣豊楽」の文字が、家康の名を分断し、豊臣家の繁栄を願うものとして、開眼供養の中止を求めたのである。この鐘銘は、且元が、南禅寺《なんぜんじ》の僧文英清韓《ぶんえいせいかん》に命じて選定させたものである。且元は、供養だけはすませて、鐘銘の文章などについては後日検討することを提案したが、家康は却下した。

9―方広寺鐘銘

大坂城の淀殿は、自らの乳母で大野治長の母大蔵卿局《おおくらきょうのつぼね》らを派遣し、八月二十九日局らは駿府入りした。すると、家康は彼女らを喜んで迎えた。そして、家康は且元に書状を送り、且元の無知を理由にこれを許すとし、江戸の将軍秀忠と大坂の秀頼の間が、うまくいくよう指示した。「徳川家」と「豊臣家」の共存・繁栄を願

10―片桐且元

うかたちをとったのである。

九月八日家康は、重ねて本多正純と崇伝を且元の宿舎に遣わし、大蔵卿局も呼び、「江戸様（秀忠）と秀頼公と以来疎意なき様に、江戸様に御意を得られ候様にと、仰せ出され候、まず御機嫌宜しく、市殿も安堵の体に相見え申し候……大坂にて、各々談合候て、江戸へまかり下され、以後々々御不審これなき様に、相堅めらるべし」（『本光国師日記』）と、家康は機嫌がよく、秀忠と秀頼の関係をよくし、秀忠に理解を得られるようにすると述べ、且元も安堵した。さらに、家康は、大坂で相談し、江戸の秀忠のもとに行き、以後豊臣家と徳川家で、不審がないようにすることを命じた。「徳川家」と「豊臣家」の共存の道が示されたのである。

この指示を受けて、九月十二日、且元は駿府を発ち、十六日途中の近江土山宿《つちやましゅく》（滋賀県甲賀市）で、大蔵卿局と話し合った。この場で、且元は、(1)秀頼は大坂城を退去し、伊勢か大和に移る、(2)秀頼は諸大名と同じく駿府に参勤する、(3)淀殿を人質として関東に送る、の三点のうち一つを受け入れることを提案した。この提案が、どこから出てきたのかは不明である。密かに家康から指示されたとも、且元が徳川家に配慮して自ら考えともいわれる。しかし、大蔵卿局には意外だったらしく、家康はここまで言ってはいないと述べ、淀殿やその周辺は、且元の豊臣家への忠義を疑うようになった。

「駿府記」によると、九月十八日、大坂城に戻った且元は、「秀頼在江戸歟、御母儀在江戸歟、不然者大坂城被退、御国替可然之旨申、依之秀頼并御母儀不快、市正《いちのかみ》（且元）可被殺之内存依有告知者止出仕引籠有之」（『史籍雑纂　当代記・駿府記』続群書類従完成会、一九九五年、二七二頁）と、先の三条件を秀頼と淀殿に伝えたところ、両者は不快となり、且元を殺害しようとしているとの知らせを受けた。このため、且元は出仕を止め、屋敷に引き籠もったという。

豊臣、徳川両家の交渉役の且元の失脚は、徳川方にとっては、宣戦布告に等しい行為であった。この直前、九月二十七日、豊臣方穏健派の織田常真《じょうしん》（信雄）は、大坂城を出て京都の龍安寺《りょうあんじ》（京都市右京区）に移り、翌二十八日には、同じく穏健派の石川貞政も大坂城を出ている。

十月一日、駿府の家康は、大坂城攻撃の命令を下し、江戸の将軍秀忠に急使を派遣するとともに、本多正純と安藤直次を通して、近江、伊勢、美濃、尾張、三河、遠江の諸大名に出陣を命じた（同二七三頁）。七日、且元の領地は豊臣家に没収された（同二七三頁）。穏健派の片桐且元から、強硬派の大野治長へ豊臣家の重臣の交代は、このののちの同家の運命を大きく変えることになった。

大坂の陣

十月十一日、豊臣家との対決を決意した家康は、駿府を出立した。今回は、関が原合戦とは異なり、豊臣系大名の福島正則、黒田長政、加藤嘉明に江戸留守を命じ、加藤清正の子忠広、蜂須賀家政を領地に戻している。やはり、彼らを豊臣家との直接対決に参加させるのは、不安だったとみられる。一方で、彼らの息子らは従軍している。家康の巧妙な戦術であった。

家康の供回りは四百数十人ほど、途中鷹狩をしながら、余裕たっぷりの出陣であった。この途中、大坂城の秀頼は伊達政宗や美濃高須（岐阜県海津市）城主徳永寿昌《ながまさ》に書状を送り、和平交渉の仲立ちを依頼したが、失敗に終わった。

十一月二十三日、家康は京都二条城に入った。この日、将軍秀忠が数万の兵を率いて江戸城を出発した。

これに対し、大坂城の豊臣方は、戦争準備を整え、福島、黒田、加藤忠広（清正の子）らの蔵米や、城下の商人から、一説では約二〇万石に及ぶ大量の米と火薬を購入した。関が原合戦で敗れた大名や家臣など、約一〇万人に及ぶ牢人を抱え込んだ。牢人の中には、真田信繁（幸村）、長宗我部盛親、黒田長政旧臣後藤又兵衛基次《もとつぐ》、加藤嘉明旧臣塙団《ばんだん》右衛《え》門直之《もんなおゆき》らもいた。しかし、頼みの秀吉恩顧、豊臣家縁故の島津家久、福島正則、蜂須賀家政、故池田輝政の子利隆《としたか》、忠雄《ただお》らの大名らは、みな豊臣家への応援を断っていた。

十一月二十六日、本格的な攻撃が開始されたが、堅城大坂城を拠点に、大坂方は奮戦し、十二月に入っても一進一退が続いた。とくに真田幸村は、大坂城南の天王寺口外堀の外に城塁真田丸（大阪市天王寺区）を築き、ここを拠点に徳川軍を大いに悩ませた、家康は、このころから本格的に講和を模索し始める。

豊臣方が示した講和の条件は、⑴大坂城は本丸のみを残して、二の丸、三の丸を取り壊すこと、⑵

淀殿のかわりに、織田有楽《うらく》（長益《ながます》、信長の十一男）・大野治長から人質を出すこと。(3)家康は大坂城内の譜代・新参の武士について口出しをしないこと、であった。

しかし、織田有楽・大野治長らの講和工作にたいして、牢人らは戦闘の継続を期待した。ここで和平になると、六五万石の豊臣家が抱えられる武士は一万人から二万人ぐらいでしかなく、一〇万人の牢人らのほとんどが、再び流浪生活になることは必至であった。また、先の合戦で命懸けの奮戦した牢人たちに恩賞もなかった。合戦継続への期待は大きかった。

さらに、豊臣方と徳川方の間で、講和条件の内、文章化されていない堀の埋め立てについての解釈も異なっていた。すなわち、堀の埋め立てについて、豊臣方は総構えの堀、すなわち三の丸の外側の堀を埋めると解していたのにたいし、徳川方は、惣構、二の丸、三の丸を破却し、すべての堀を埋め、本丸のみを残すと解していた。

翌二十三日、徳川方はさっそく埋め立て普請をはじめた。普請で

11―豊臣秀頼

12―淀　殿

は、内堀をも埋め、物構を破壊したため、大坂城の防衛力は一気に低下した。怒った豊臣方は再び戦闘状態に入った。

三月二十四日、大野治長が、大坂不穏の噂の弁明に駿府へ使者を派遣すると、逆に家康は、もし幕府にたいして敵意がないのならば、その証拠に豊臣秀頼が大坂城を出て、大和か伊勢に移るか、牢人をすべて追放するように要求した。

四月五日、家康は、大坂方の要求拒否の使者が来ると、総攻撃を決意した。途中名古屋で十男義直の婚礼の儀をあげ、十八日に二条城に入った。二十一日、秀忠も伏見城（京都市伏見区）に入った。二十四日、あらためて豊臣方に大和郡山（奈良県大和郡山市）への移封か、牢人の召し放ちを求める最後通牒を出したが、これも受け入れられなかった。

四月二十九日、徳川軍約一五万は攻撃を開始、大坂夏の陣が始まった。堀を埋められた豊臣方は、籠城戦は難しく、野外戦を強いられた。

しかし、真田幸村ら豊臣方武将は奮戦したものの、大坂城は天守閣が焼け、八日朝、ついに秀頼と淀殿は山里曲輪《やまざとくるわ》で自害した。秀頼二十三歳、淀殿の年齢は不明確であるが四十九歳と伝えられる。治長と、その母大蔵卿局も後を追った。秀頼の男子国松（八歳）は、伏見に逃げたところを捕らえられ、京の六条河原で斬首された。七歳の女子は、鎌倉の東慶寺《とうけいじ》（神奈川県鎌倉市）に入れられ、尼（天秀尼《てんしゅうに》）としてすごした。こうして、豊臣家は滅んだのである。豊臣氏滅亡とともに、神の地位にあった秀吉もその権威を奪われることになった。家康の意向による豊国神社（京都市東山区）の社殿破壊と祭礼停止である。この神社は、秀吉死後方広寺の鎮守として着工され、慶長四年（一五九九）に完成し、朝廷から豊国大明神の神号と正一位が贈られた。秀吉の忌日八月十八日の豊国祭には勅使が遣わされ、特に七回忌にあたる慶長九年は大いに賑い、「豊国祭礼図屛風」にそのようすが描かれた。しかし、豊国大明神として神格化された秀吉は、一六年間で、その権威を失ったのである。

「戦国時代」の終結

さて、『徳川実紀』のいう「五つの大戦」のうち、先の三つが足利氏を中心とする旧体制の解体であったのに対し、本章でみた小牧・長久手と、関が原の「二つの大戦」、そしてこれに付随する大坂の陣（これはすでに「大戦」にカウントされていないが）は、ともに旧体制を打倒し、少し先を行くライバル豊臣家との直接対決であった。そして、この最後の戦い、いわば「下剋上の総決算」に勝利した家康は、安堵したのか、豊臣氏滅亡の翌年の元和二年四月十七日、駿府で、七十五歳の生涯を閉じるのである。

元和元年の大坂の陣を最後に戦国の争乱が終わり（「元和偃武」）、日本に長期の「平和」がおとずれたのである。強大な権力をもとに「惣無事」「天下一統」を成し遂げた秀吉であったが、朝鮮侵略にエネルギーを費やし、「平和」を維持する制度・システムを整備しなかったために、政権は短命に終わり、豊臣家は戦国最後の「敗者」となった。このあとをうけた家康こそが、戦国時代から江戸時代への最終的「勝者」となり、以後、徳川政権のもとで、新しい「平和」国家・社会を確立し維持するシステムが、構築されることになるのである。
関が原の合戦と大坂の陣は、武力による論功行賞の最後の機会であった。こののち、大名や武士たちは、戦場で手柄をたてて（人を殺して）、出世することはできなくなった。時代は、「ポスト戦国」へと移り、「戦争を知らない武士たち」が生きる時代となるのである。

3 徳川新国家秩序の形成と抵抗

法令の整備

戦国争乱の最終的「勝者」となった徳川家康と、これを継ぐ将軍秀忠、家光の「徳川将軍家」は、「平和」の時代に入るや新秩序の形成に取り組んだ。この作業は、朝廷・公家、寺社、武士、庶民など身分や地域を超えて、国家的規模で展開された。

元和元年閏六月、幕府は主に西国の諸大名にたいして、居城以外の城をすべて破却することを命ずる、いわゆる「一国一城令」を発布した。これは、一つの法令ではなく、毛利、島津、細川など個別の大名に、江戸奉行衆の酒井忠世、土井利勝、安藤重信の三人が連署して通達したものであるが、目ざすところは、諸大名の軍事力削減であった。この政策により、短期間の間に、約四〇〇の城郭が破却されたといわれる。この結果、かつて戦国時代や各地の領主たちが、戦況や政治状況に応じて、自らの判断で城郭を建設する権限は失われ、大名たちは幕府に認められた一つの城郭を利用することになった。このの ち、江戸時代を通じて、城郭は軍事施設から行政施設へと大きく変貌していくことになるのである。

翌七月、幕府は、新秩序形成のために、武家諸法度、禁中並公家諸法度、諸宗諸本山諸法度など重要法令を発布した。これらが対象とする武家、朝廷、寺社勢力は、古代社会以来の政治・社会権力であったが、それぞれの法度は、徳川家を頂点に、これら古代以来の諸権力を国家的規模で統合・編成する意義をもった。

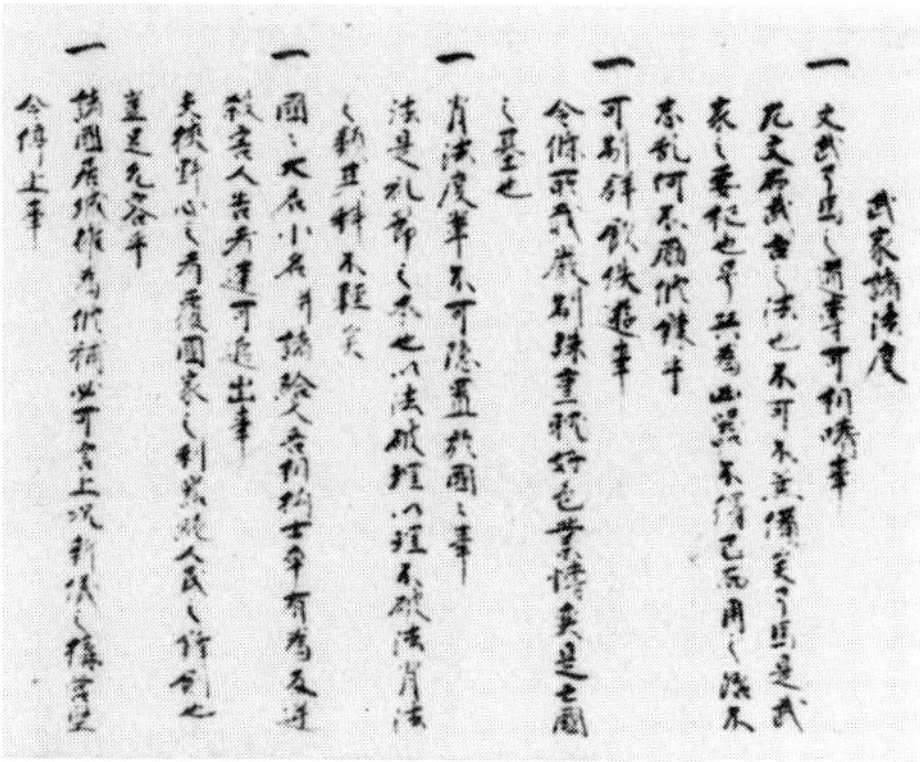
13―武家諸法度草稿

『徳川実紀』は、このうち特に禁中並公家諸法度と武家諸法度を重要なものとして、「ことし七月七日公家の法制十七条、武家の法令十三条を定められ、天下後世の亀鑑と定めまし〳〵」（一―一三〇）と、後世の手本・模範・基準となるように定めたことが記されている。

武家諸法度

事実、家康はこの二つの法度の発布に向けて、すでに早く、方広寺鐘銘事件以前から、以心崇伝《いしんすうでん》（金地院《こんちいん》）や儒学者の林羅山《はやしらざん》らに命じて、和漢の書物や諸家の古書物を蒐集、研究させていた。

諸法度一三か条は、七月七日、能見物のために伏見城に登城した大名らにたいして、将軍秀忠の名前で発布し、崇伝が読み上げた。第一条において、「文武弓馬の道、専らあい嗜《たしな》むべき事」と、武士が嗜むべきは文武両道であると明示している。第三条では法度違反者を領国に匿《かくま》うことを禁じ、第六条では無断で居城を修理したり新規に城郭を造ることを禁じている。第七条では隣国で異変が起きたり、徒党を組む者があった場合、幕府に知らせるよう指示し、第八条では私的に婚姻を結ぶことを禁止している。その他、参勤の作法、着用すべき衣類、輿《こし》の使用なども厳しく規定した。

以後、武家諸法度は、新将軍が就任するたびに、大名たちに読み聞かせるのが習慣となった。三代将軍家光は、寛永十二年（一六三五）に武家諸法度を改定し、外様《とざま》大名の参勤交代（譜代大名は同十九年に制度化）や大船建造禁止などを定め、のちの定型になった。最後の第一九条では、「万事江戸の法度のごとく、国々所々において、之を遵行《じゅんぎょう》すべき事」と、全て幕府の法度に従い、各大名が領地においいて、これに従うことを命じている。

大名以外の旗本・御家人の統制は、武家諸法度よりも遅れて、寛永九年（一六三二）制定の諸士法度（旗本法度）によって明確化された。当初、諸番頭・諸奉行に出された九か条であったが、同十二年、これを基本に、改訂版の全二三か条が出された。内容は、文武奨励、軍役規定の遵守、質素倹約、奉公人規制、知行所務規則、知行所百姓訴訟の扱い、家督相続規制、徒党禁止、諸役人心得などであった。さらに、寛文三年（一六六三）に一部改訂され、新規の寺社建立禁止、末期養子《まつごようし》規定が加えられた。

その後、天和三年（一六八三）五代将軍綱吉の武家諸法度の改訂のさい、諸士法度は廃止され、武家諸法度に一本化された。やがて、諸大名もこれをもとに家臣を統制・編成したので、武家諸法度は武家社会全体の秩序を示す基準になった。

禁中並公家諸法度

一方、朝廷の新秩序形成の根幹になったのが、禁中並公家諸法度一七か条である。禁中並公家諸法度は、元和元年七月十七日、大御所家康、将軍秀忠、前関白二条昭実《あきざね》の三人連署で制定された。伏見城の秀忠が、二条城の家康のもとを訪れ、ここに主要な公家らを集め、武家伝奏の広橋兼勝が読み上げた。内容は、第一条で、「天子諸芸能之事、第一御学問也」と、天皇はまず学問を修めるべきとしたうえで、以下、座次《ざなみ》（席次）、摂政・関白・大臣の任免、刑罰、紫衣《しえ》勅許の条件、養子、改元、天子以下の衣服、武家官位などを定めた。このうち、武家官位は公家官位の枠外として両者を明確に区分した。「禁中並公家諸法度」は、朝廷・公家の国家内における秩序、および朝廷・公家内部の秩序を確立するものであった。

諸宗諸本山法度

また、諸宗諸本山諸法度は、元和元年七月付で、家康の朱印状形式で出された。寺院法度は、すでに慶長六年（一六〇一）の高野山（真言宗、和歌山県伊都郡高野町）宛に始まり、元和二年の身延山久遠寺《みのぶさんくおんじ》（日蓮宗、山梨県南巨摩郡身延町）宛まで三四通に及ぶ。制定には、臨済宗僧侶の以心崇伝（金地院）がかかわった。内容はそれぞれ異なるが、全体として、宗学儀礼の奨励、本寺・末寺関係の確立、僧侶の階級厳守、悪僧徒党の庇護禁止、僧侶の任命法などであった。

元和元年七月二十四日には、真言宗諸法度、高野山衆徒諸法度、五山十刹《ござんじっさつ》法度（臨済宗）、大徳寺諸法度（臨済宗、京都市北区）、妙心寺諸法度（臨済宗、京都市右京区）、永平寺諸法度（曹洞宗、福井県吉田郡永平寺町）、総持寺《そうじじ》法度（曹洞宗、神奈川県横浜市）、浄土宗諸法度など、一連の法令が発布された。これらを総称して、元和元年の諸宗諸本山諸法度とよぶ。全体として、僧侶の学問奨励や本末関係を規定し、朝廷の僧位・僧官授与権限の制限など朝廷との結びつきを断ち切るものであった。こののち寛文五年には、各宗共通の諸宗寺院法度九か条が出されている。

豊臣家の滅亡とともに、徳川家が、武家諸法度、禁中並公家諸法度、諸宗諸本山諸法度という一連の法令を出したことは、朝廷、寺社、大名などの諸勢力が、豊臣家滅亡抜きには、徳川家が直接統制できなかったことを示している。豊臣家滅亡の意義が炙りだされるとともに、大坂に拠点を置いた豊臣家と異なり、徳川家が江戸においた意味もまた見えてくるのである。

しかし、三つの法度によって、統制・編成された朝廷、寺社、武士、諸勢力の抵抗異議申し立ても存在した。その動きを見ていきたい。

朝廷・公家秩序の編成

「禁中並公家諸法度」の発布以前、朝廷・公家集団では、風紀の乱れが問題となっていた。慶長十四年七月十四日、天皇の寵愛をうける女房広橋局・唐橋局ら五人の女房と猪熊《いのくま》侍従教利《のりとし》・烏丸《からすま》左大弁光広らが、「酒宴乱行に長じけること」が露顕し、「逆鱗《げきりん》大方ならず」(『徳川実紀』一―四八九〜四九七)と、後陽成《ごようぜい》天皇が激怒するという「猪熊事件」が起きた。家康は、京から京都所司代の板倉伊賀守勝重を駿府によび協議した。猪熊は逃亡したが、家康は追手を出し、日向(宮崎県)で捕らえ、斬首に処した。十月二日、家康の判断により、最終的に関係者は、死罪を免ぜられ追放された。

紫衣事件

その後、「禁中並公家諸法度」が発布されたが、これに抵触して起きたのが、寛永四年(一六二七)から六年にかけての紫衣《しえ》事件である。紫衣とは、朝廷が高徳の僧尼に着することを許した紫色の法衣《ほうい》・袈裟《けさ》である。しかし、幕府は先の「禁中並公家諸法度」第十六条において、近年紫衣が乱れているので、人選に注意するよう指示していた。

事件は、寛永四年七月十九日に、「諸宗の僧侶出世の事、神祖の制にそむき、みだりに成行よし聞し召けたるにより」「諸寺院の転奏へも神祖の制にそむき、出世の事こふものありとも、此後みだりに執奏すべからざる旨」(『徳川実紀』二―四一三)と、幕府が、すでに「神祖」と呼ばれるようになった家康が定めた禁中並公家諸法度に違反する者がいること、今後も法度への違反は許さないことを達したことに始まる。とくに禅宗の五山十刹や、大徳寺、妙心寺の出世(高位の僧)、浄土宗の上人号の勅許がみだりに出されていると問題視した。そして、老中の土井利勝や京都所司代の板倉重宗らが相談し、元和以降の勅許を無効として、取り消したのである。幕府による朝廷権限への明らかな介入であった。

この政策によって、最大の被害を受けたのは、臨済宗の大徳寺と妙心寺であった。幕府は両寺にたいして、出世のためには三〇年間の修行と、一七〇〇人の先人たちの悟りを学ぶことを指示したのである。これは、事実上不可能なことで、宗派の存続にもかかわる問題であった。この指示は、臨済宗の五山を統轄する僧禄の位にある以心崇伝が、独自の位置をもつ大徳寺と妙心寺を抑えようとする思惑と、幕府の統制が一致して実現したものであるが、幕府の法が、天皇の勅許を上回ったことを示したのである。

14—沢庵宗彭

翌五年、幕府の統制強化に対して、大徳寺の沢庵宗彭《たくあんそうほう》、江月宗玩《こうげつそうあん》、玉室宗珀《ぎょくしつそうはく》の三人の僧は、幕府の処置を批判する書状を提出した。三月十日、大御所秀忠は崇伝を江戸城西の丸に呼び、対応を協議した。

翌六年閏二月、幕府は三人の僧を江戸に呼び出した。沢庵は、書状はすべて自分一人が書いたと、罪を一身に背負う覚悟を示した。幕府は、崇伝、南光坊天海、藤堂高虎の三人に審議させた。その結果、六月に結論が出て、沢庵を出羽上山《かみのやま》（山形県上山市）、玉室を奥州棚倉《たなくら》（福島県東白川郡棚倉町）に流罪とし、江月は意見書に連署したのみとして赦された。幕府は、このほかにも、妙心寺の東源慧等《とうげんえとう》を津軽（青森県西部）に、単伝士印《たんでんしいん》を出羽由利《ゆり》（秋田県）に流した。

しかし、この強硬な処置は、かねてから幕府の朝廷政策に不満をもっていた後水尾天皇《ごみずのおてんのう》の逆鱗にふれ、譲位に至った。次代の天皇には、奈良時代の称徳《しょうとく》天皇（在位は孝謙天皇として七四九～七五八、称徳天皇として七六四～七七〇）以来、八五九年ぶりの女帝明正《めいしょう》天皇（七歳）が即位するという異例の事態となった。幕府の強引な寺社統制は、朝廷に大きな影響を与えたのである。「勝者」徳川家の江戸前期の新秩序形成過程においても、多くの「敗者」が生まれた。幕府による新秩序＝法に叛く者は、たとえ朝廷や有力寺院の僧侶であっても、「敗者」となったのである。

15── 後水尾天皇

寺社秩序の編成

日蓮宗の不受不施派《ふじゅふせは》もまた幕府の寺社統制・編成と鋭く対立した。不受不施派は、京都妙《みょう》覚寺《かくじ》の日奥《にちおう》が開いたもので、法華経を信じない者から施しを受けない「不受」、施さない「不施」という信念をもつ宗派であった。鎌倉時代の開祖日蓮《にちれん》が、「念仏無間、禅天魔、真言亡国、律国賊」

と、他宗を強く批判したことをうけ、同派は他宗のおこなう法会で出仕・供養の施しの関係をもつと、仏法の罪に落ちると主張したのである。

すでに、文禄四年（一五九五）、時の権力者豊臣秀吉の千僧供養会《せんそうくようえ》（一〇〇〇人の僧を招いての法要）への出仕をめぐって、同宗派内の大勢が出仕に傾いたとき、日奥《にちおう》は不受不施の立場を堅持して出仕を拒み、以後、同派は、受不施派（出仕はする）と、日奥らの不受不施派に分裂して対立した。

慶長四年（一五九九）十一月、徳川家康は、大坂城に日奥を招き、大仏への出仕・供養を受けるように諭したが、日奥は応じなかった。家康は怒り、日奥の袈裟をはぎ取り城から追放し、翌五年日奥を対馬《つしま》に流罪とした。その後、慶長十七年、日奥は板倉勝重の尽力もあり、京都妙覚寺（京都市上京区）に戻された。

しかし、寛永七年（一六三〇）、受不施派の身延山久遠寺の日暹《にっせん》が、不受不施派の池上本門寺（東京都大田区）の住職日樹《にちじゅ》を、身延山の悪口を言って信徒を奪ったとして、幕府に訴える事件が起きた。

幕府は、二月二十一日、大老酒井忠世《ただよ》の屋敷に両者を呼び出し、宗論《しゅうろん》をおこなった。この日、幕府からは、酒井の他に、老中の土井利勝、稲葉正勝、内藤忠重、町奉行の島田利正、儒者林羅山、僧天海、崇伝らが参加した。身延山久遠寺からは僧日暹ら六人、池上本門寺からは日樹ら六人（このメンバーのなかには対馬から戻った日奥もいた）が出席した。

争点は、幕府から寺領を与えられることの是非であった。本門寺は、「往古より寺領を給はることは、供養の為にあらず、祝儀のためなり」と、寺領を贈り物とし、受け取りを拒否した（不受）。これに対し、久遠寺は、「寺領たまはる事は供養のためなり」と、寺領は「供養」のためと、これを受け入れることを認めた（受）。同年四月一日、幕府は久遠寺の主張を認め、「不受不施の邪義日樹」と不受不施派本門寺を「邪教」と裁定した。この結果、日樹は信州伊那（長野県伊那市）へ、京都妙覚寺日奥は再度対馬へ流され、その他の僧たちは、追放の身となったのである（『徳川実紀』一―四七九）。

幕府は、不受不施派を「邪教」として弾圧し、こののち寛文五年（一六六五）には、幕府が与える寺領は「供養」であることを確認した。幕府の統制・編成は、寺社の世界にも及んだのである。

その後、越後福島藩（新潟県上越市）で、宗教をめぐる紛争が起きた。福島藩家老の堀直政は、幕府有力者の姫路藩（兵庫県姫路市）主本多忠政の娘国姫を、一度家康の養女にしたうえで、藩主堀忠《ほりただ》俊《とし》の正室とし、二代将軍秀忠から松平姓を受けるなど、藩主堀家の存続・発展に貢献した。

しかし、直政が没すると、慶長十五年閏二月、家老堀監物《けんもつ》直次と藩主忠俊の弟直寄《なおより》の間で争論が起きた。大御所家康は、両者を駿府城に呼び、諸大名列席のうえで親裁をした。これによると、直次は国元で浄土宗と法華宗の僧を集めて宗論をさせ、自ら裁決し、浄土僧一〇人を罰した。これを聞いた家康は、その判断の方法・根拠を糺した。直次は、文学（学問）ある者に命じて裁判したと答えた。家康は「仰に宗論といふは、天下の大禁なり」と激怒した。宗論は禁止されているにもかかわらず、直次は勝手に裁決し、僧を処刑した、このひとつで直次の暴虐は明らかであり、他は聞く必要もないとして、直次を最上義光に預け、主君の堀忠俊は領国を治められず家臣たちが騒動を起こしたとして、磐城平藩《いわきたいら》の鳥居忠政に預けた。直寄は、罪はなかったものの、五万石を没収されたうえで、三万石を与えられ、譜代に準ぜられた。大名が、自分の領地で勝手に宗教の是非・正邪を判断することは、すでにできなくなっていたのである。

こののち、江戸には、京都の各宗派の総本山・本寺とは別に、幕府の指示を直接に受ける触頭《ふれがしら》がおかれ、江戸を中心とする宗派ごとの本末体制・ネットワークが整備されるのである。

家康生前の天海と崇伝

江戸前期、武士とは別に、新秩序形成に大きな役割を果たしたのが、二人の僧、南光坊天海（?〜一六四三）と以心崇伝（金地院、円照本光国師、一五六九〜一六三三）であった。

天海は、天台宗の僧。生年は諸説あり明らかでない。足利十一代将軍義澄《よしずみ》の子、十二代義晴《よしはる》の落胤などともいわれるが、会津の豪族芦名《あしな》氏の一族の出とされる。延暦寺（滋賀県大津市）、園城寺《おんじょう》（三井寺、同大津市）、興福寺（奈良市）などで修行し、武蔵仙波《せんば》（埼玉県川越市）の関東天台宗の本山星野山《せいやさん》無量寿寺《むりょうじゅじ》の住職となり、関が原合戦後、徳川家康の信任を得た。慶長十七年、家康の命で無量寿寺を喜多院《きたいん》と改めた。

その後、天海は、関東天台宗を発展させ、総本山の比叡山延暦寺に対抗するために、寛永二年（一六二五）、江戸城の鬼門、艮《うしとら》（東北）の方角の上野忍岡《しのぶがおか》（東京都台東区）に土地を与えられ、東叡山《とうえいざん》（東の比叡山）寛永寺を創建した。このとき、⑴京都の比叡山が御所の艮にあるのと同じく、この地も江戸城の艮にある、⑵延暦寺の寺号が年号に因んだことにならい、寛永寺とし、⑶比叡山の麓の琵琶湖に不忍池を見立て、琵琶湖の竹生島と同じく不忍池に弁天堂を設け、竹生島から弁天を勧請した。また⑷京都清水寺《きよみずでら》（京都市東山区）をまねて、上野にも清水寺と同様舞台を設ける、など京都を模倣し、対抗したとされる。寛永十四年には、寛永寺に経局を設け、仏教聖典の「大蔵《だいぞう》経」を板行した。

16—天　海

これを天海版という。

天海の本領は、家康、秀忠、家光の三代の将軍の信任を背景に、彼らにさまざまな取次ぎをおこなっていたことである。たとえば、慶長十九年十二月、鷹匠小栗忠蔵が罪を蒙ったさい、天海の口利きで赦された。また、細川忠利の書状によれば、紫衣事件のさい、以心崇伝が沢庵らに遠島などの厳しい刑罰を主張したのに対し、天海の仲介で、出羽上山への流罪ですんだという。大久保忠隣、福島正則、徳川忠長その他、罪を蒙った多くの者が天海を頼っている。もちろんすべてが救われたわけではないが、天海への信頼と、天海の存在の大きさがうかがわれる。こうした人気とあいまって、天海は、在世中から多くの

17── 以心崇伝

人々に崇拝され、死後も名僧を讃えられたのである。

一方、ライバルの以心崇伝は、臨済宗の僧で、永禄十二年（一五六九）に生まれた。天海の生年は確定できないが、崇伝は三十歳ほど若いとされる。幼くして臨済宗大本山の南禅寺（京都市左京区）に入り、玄圃《げんぽ》霊三に師事。醍醐寺三宝院（京都市伏見区）でも学んだ。文禄三年出世、以後、福厳寺、禅興寺、建長寺の住職をへて、慶長十年南禅寺住持となり、その復興に尽した。同十三年徳川家康に招かれ駿府に赴き、はじめ閑室元佶《かんしつげんきつ》のあとを継ぎ、幕府の外交文書作成にあたり、のち京都所司代の板倉勝重とともに幕府の寺社行政を担当した。この任務は、やがて幕府の寺社奉行へと引き継がれてゆく。さらに、政治向き一般へと活動範囲を広げ、本多正純《まさずみ》とともに、家康側近として力をふるい、「政僧」として活躍したことから「黒衣の宰相」ともよばれた。先の武家諸法度、禁中並公家諸法度、諸宗諸本山諸法度なども制定し、方広寺鐘銘事件、紫衣事件にも積極的に関与し、とくに紫衣事件では、関係者を厳しく罰するよう提案した。

家康に重用され、江戸幕府成立期の「政僧」として活躍した天海と崇伝であるが、両者は、家康死後、神号をめぐって激しく対立した。

家康の臨終と天海・崇伝

対立の前提には、家康の遺言があった。『徳川実紀』によれば、元和二年四月二日、家康は、「金地院崇伝、南光坊大僧正天海并に本多上野介正純を、大御所御病床に召て、御大漸の後は久能山に納め奉り、御法会は江戸増上寺にて行はれ、霊牌は三州大樹寺に置れ、御周忌終て後、下野の国日光山へ小堂を営造して祭奠すべし、京都には南禅寺中金地院へ小堂をいとなみ、所司代はじめ武家の輩進拝せしむべしと命ぜらる」（二―九三）と、側近の本多正純と、天海、崇伝の三人を枕元によび、自分の臨終後は、遺骸を久能山（静岡県静岡市）に納め、葬儀は江戸の増上寺（東京都港区）でおこない、位牌は松平家菩提寺の三河大樹寺《だいじゅじ》（愛知県岡崎市）に置き、一周忌を過ぎてのち、日光山（栃木県日光市）に小さな堂を建て、神として祭ること、また、崇伝が務める京都の南禅寺中金地院にも小堂を建て、所司代など武士たちに崇めさせよ、というものであった。家康自身による関東と畿内を視野に入れた神格化構想であった。

四月十六日、家康はまた、「大御所御病床に榊原大内記照久を近くめし。久能山御廟地の事つばらに命ぜられ、汝幼童の時より常に心いれておこたらず近侍し、且魚菜の新物を献ずる事絶ず、我死すとも汝が祭奠をこゝろよくうけんとす、東国の諸大名は多く普代の族なれば、心おかるゝ事もなし、西国鎮護のため、神像を西に面して安置し、汝祭主たるべし。社僧四人を置て其役をとらしむべし、そのため祭田五千石を宛行ふべしと面命あり、照久には別に采邑を加て千石を賜ふ」（『徳川実紀』二—九五）と、病床に旗本の榊原照久を呼び、久能山廟地についてくわしく指示した。榊原は幼い頃より家康近くで精勤し、魚や野菜など新鮮なものをいつも献上した。私は死後もお主の世話を受けたいと思う。東国の大名の多くは、譜代なので心配ない。西国を鎮めるため、私の神像を西に向けて安置し、お主が世話役となってほしい。社僧四人を置き、役目にあたらせ、そのために祭田として五〇〇〇石を与え、榊原には別に一〇〇〇石を与える、というものであった。同日また、「大御所御大漸の後、尊体をば神式を以て久能山へ納めたてまつるべき旨令せらる、神龍院梵舜《しんりゅういんぼんしゅん》議定する所なり」（『徳川実紀』二—九五）と、葬儀は神式でおこない、遺体は久能山に納めることを、神道家の権威吉田兼右《かねみぎ》の子で、秀吉を祀った豊国《とよくに》神社の別当を兄兼見《かねみ》とともに務めた神龍院梵舜が決めている。

四月十七日巳の刻（午前十時）、家康は、七十五で没した。同日、遺命にもとづき、小雨の中、遺体は久能山に移された。

家康の神号問題

しかし、その後家康の神号をめぐり、「政僧」の両者、天海と崇伝が対立したのである。天海は、神と仏は同じものであり、仏が日本において形を表したのが神であるとする神仏習合思想のもと、仮に現れるという意味の「権現」号を主張した。神仏習合のうちでも、天海が主張したのは、天台宗比叡山の鎮守山王権現を信ずる山神信仰にもとづく山王一実《さんのういちじつ》神道であった。天海は、これを家康の遺言として主張したのである。

これにたいし、崇伝は、神は仏教から離れるべきという思想にもとづき、唯一《ゆいいつ》である神とその道の根本を守ることを主張する吉田家の唯一神道の思想を妥当とし、さらに天海のいう、家康の遺言も疑わしいと、「明神」号を主張したのである。京都の公家たちも、多く崇伝の意見に賛成した。

こののちの動きを『徳川実紀』によって見ると、七月三日、将軍秀忠は、本多正純、土井利勝、安藤重信、崇伝を、江戸駿河町《するがちょう》（東京都中央区）に宿していた吉田神道の梵舜のもとに遣し、権現と大明神の神位の甲乙優劣を質問した。「梵舜承り、権現、大明神の尊号、更に優劣なしといへども、権現は陰陽両尊の神号とす、大相国の御事は尤大明神の尊号允当なり、大明神には供御にも魚鳥を用ゆべきなりと答へ奉る」と、梵舜は二つの神に優劣はないが、崇伝と同じく家康は大明神が妥当で、供物には魚鳥を備えるべきと答えた。これは、梵舜の意見として、当然予想されたものであった。

しかし、このの ち崇伝の代理人で吉田神道の中心人物梵舜と、天海との論争は、天海有利に展開した。すなわち、天海は、秀吉の大明神号は梵舜らが決めたことであり、梵舜は家康にも大明神を贈ろうとしている。しかし、家康は以前から天海を信任し、天台宗の山王神道に帰依していたので、生前天海と相談していた。そこで家康は、自分が亡くなったのちは必ず大権現と称し、長く国家を鎮護する、と言ったと述べ、天海はこれにもとづき「大権現」を主張しているとと述べたのである。この結果、梵舜の「大明神」案は否定されたのであった。

江戸後期に編纂された『徳川実紀』の記述は、明らかに論争の「勝者」天海の立場を支持するものであり、家康の天海への遺言を積極的に認めるものであった。このとき、天海と梵舜の論争（「神号問題」）は、崇伝の記録にも記されているとある。崇伝が頼みとした吉田神道の梵舜が、天海に敗れることにより、家康の諡号は大権現（東照大権現）と決定したのである。「豊国大明神」のその後が、豊臣家や秀吉の思いどおりにいかなかったことも、徳川家や幕閣の支持を天海に傾けさせたともいわれる。

七月十三日、権現号は勅許され、朝廷は「東照大権現」「日本大権現」「威霊《いれい》大権現」「東光大権現」の四つの名を天海に示し、そのなかから選ぶように伝えた。幕府は、「東照大権現」を選び、翌元和三年二月二十一日、東照大権現の神号が勅許されたのである。

元和三年、家康の一周忌後、崇伝の日記にも見られる「一周忌も過候て以後、日光山に小《ちいさ》き堂をたてて、同年三月十五日、勧請《かんじょう》し候へ」（『本光国師日記』）という家康の遺言にしたがい、家康の霊は日光に遷座することになった。金輿《きんよ》に安置された家康の霊柩《れいきゅう》は、一三〇〇人余の行列を従えて久能山を出発し、東海道を東に向かった。その後、小田原（神奈川県小田原市）から江戸には向かわず、小余綾《こゆるぎ》（神奈川県大磯付近）をへて脇道を中原（神奈川県平塚市）へ行き、武蔵国府中（東京都府中市）で三日逗留、さらに二十七日まで川越仙波の喜多院に逗留、ここでは天海が導師となり供養が営まれた。四月四日、日光山に着き、八日、霊柩は奥院《おくのいん》の廟塔に納められた。十六日には将軍秀忠も日光に到着し、十七日から十九日にかけて、多くの大名が参列し、京都からも多数の公家・門跡が列席し、正遷宮の儀式が盛大におこなわれた。儀式はすべて、天海が山王一実神道によって仕切った。

こうして、家康は、「東照大権現」となり、近世国家・社会の守護神として、崇められるようになるのである。「勝者」天海は、こののち家光の信任を得て、幕政に大きな力を発揮し、世間の人々の人気を得てゆく。

新国家秩序の形成に尽力した「政僧」天海と崇伝であったが、天海が、政治力を発揮し、世間の人気を得て「勝者」の地位を獲得したのに対し、崇伝は、「敗者」の地位に甘んじることになったのである。

戦国争乱の最終的「勝者」である徳川家康と、これに続く二代秀忠、三代家光の時代にかけて、徳川家・江戸幕府は、自らの体制内部に「勝者」と「敗者」を生み出しつつも、戦国時代以来の武士や、朝廷、寺社という古代以来の政治勢力を、法のもとに統制・編成するにいたった。政治的な立場から見るならば、「勝者」徳川家と、「敗者」大名などの武士、朝廷、寺社、ということができる。以後、近世の国政は徳川家・幕府が主導する近世的秩序のもと、展開されることになるのである。

II　キリスト禁教と天草四郎

18―原城本丸跡
島原・天草のキリシタン一揆勢は，島原半島南部の廃城となっていた原城に立て籠もった．幕府軍に予想外の損害を与えるなど善戦したが，食料が尽きて落城し，ほぼ全員が殺された．

1　禁教の強化

禁教令の心意

近世前期、最終的「勝者」の徳川家は、強大な軍事力をもって、巨大な権力組織・権力構造を造り上げた。しかし、こうした組織化・制度化とは別に、国家・社会の安定に向けて、精神面における価値観・世界観の共有化・統一化が目ざされた。

前章で見た「豊国大明神」を追いやって「東照大権現」を祀ったのも、また日蓮宗不受不施派を「邪教」として、弾圧を加えたのも、その一つであった。しかし、徳川家にとって、より深刻な問題は、ヨーロッパからもたらされたキリスト教であった。

かつて、織田信長・豊臣秀吉・徳川家康ら政治リーダーたちは、貿易の利益を重視する立場から、キリスト教宣教師の渡来と布教を歓迎あるいは黙認した。この結果、キリスト教は西日本各地に広まり、信者は、一説では天正十年（一五八二）に約一五万人、慶長五年（一六〇〇）に約三〇万人、同十年に約七〇万人と急増した。しかも受容は、公卿、大名、一般武士、町人、農民など社会各層に及んだ。

その後、豊臣政権の禁教政策を引き継いだ幕府は、イギリス、オランダの新教《プロテスタント》国に接し、スペイン、ポルトガルの旧教国《カトリック》は、貿易と布教の分離は不可能であると認識するとともに、日本侵略の恐れがあるとの情報を得た。この結果、幕府は、より強力な禁教を打ち出し、同時に、貿易利益を独占するために貿易統制にふみきった。

その過程は、まず慶長十七年八月、幕府は自らの統制が浸透しやすい幕府領と旗本知行所にたいして禁教令を出し、キリシタンを厳しく罰することを通達した。翌十八年十二月、以心崇伝が起草した「伴天連《ばてれん》追放令」を全国に公布した。翌十九年正月、この追放令にもとづき、幕府は京都で信者たちに改宗を迫り、教会堂を破壊し、宣教師を国外に追放するとともに、非転向者を火あぶりの刑に処すなどした。

同年九月、キリシタン大名の高山右近《たかやまうこん》（洗礼名ユスト）をはじめ、各地の宣教師や信者約三〇〇人を集めてポルトガル船に乗せ、長崎からマニラやマカオに追放した（大追放）。右近と家族は、マニラに到着し、総督らの歓迎を受けたが、右近は間もなく病死した。

幕府の禁教の理由は何か。これと関係して、幕末維新期に、キリスト教を学ぶために、箱館（北海道函館市）からアメリカへ脱国した新島襄《にいじまじょう》（一八四三〜九〇）の自叙伝『新島襄―わが人生―』（日本図書センター、二〇〇四年）の「日本脱出の決心」の次のような記述が参考になる。

「その頃国内には外国人宣教師がいなかったので、私は聖書の多くの点に就いて説明を得ることが出来なかった。それで私は、福音《ふくいん》が自由に教えられている国、神の言葉を伝える教師を派遣した国へ、直ぐ渡航したいと思った。神を自分の父と認めた私は、最早両親との絆を断ちがたいものとは感じなくなった。親子の関係についての孔子の教えは、あまりに狭隘であり不条理であることを私は初めて発見した。その時私は叫んだ。『自分はもう両親のものではなく、神のものだ』。父の家庭に私を固く結びつけていた強い絆は、その瞬間、ばらばらに切れた。私はその時、自分自身の道を歩まなければならないと感じた。自分は地上の父に仕える以上に天の父に仕えなければならない。こういう新しい考えに勇気づけられて、私は、一時主君を見棄て、また一時自分の家庭と国家を立ち去ろうと決心した」。

新島襄は、上野国安中藩《あんなか》（群馬県安中市）板倉家三万石の家臣の家に生まれたが、密かにキリスト教を学び、新たな価値観を持つようになった。それは、両親との関係よりも神との関係を優先させ、親子関係を重視する儒教を批判し、家の秩序から解放され、主君や国家（藩）よりも神に仕えるという内容であった。幕府がめざす儒学＝父母・主君を最優先させる考え、と真っ向から対立するものであったことがわかる。近世前期、国内のキリシタンが、新島襄と同様の考えを持つようになることは、幕府が徳川家を頂点とする新国家秩序・社会秩序の確立を目ざすうえで、許しがたいことだったのである。

貿易統制の展開

他方、幕府はキリスト禁教を徹底し、貿易利益を独占するために貿易統制もおこなった。二代将軍秀忠は、元和二年（一六一六）八月、ヨーロッパ船の寄港地を長崎と平戸に限定する法令を発布した。これは、宣教師らの潜入を防ぎ、貿易統制をめざすものであった。この法令は、のちに三代将軍家光が本格化する鎖国政策の初発と位置づけられている。当時、イギリス商館は、江戸、駿府、長崎、京都、伏見、大坂、堺（大阪府堺市）、備後鞆《とも》（広島県）など主要都市に支店を設け、日本人商人を雇い商売をしていたが、この法令により、日本社会での自由な商売は、中止されることになった。

19—平戸オランダ商館

三代家光は、参勤交代の制度化など、国内支配体制の強化と並行して、鎖国体制を確立した。元和九年暮、ポルトガル人航海士の雇用を禁止し、同年、イギリスは平戸商館（長崎県平戸市）を閉鎖し、日本市場から撤退した。これは、イギリスが東アジアの貿易において、オランダとの競争に敗れ、当時日本が必要としていた生糸や絹などを、十分に供給できなかったためであった。

寛永元年（一六二四）には、スペイン船の渡来と通商を禁止し、マニラからの宣教師の渡来を防止するために国交を断絶した。

寛永十年二月には、朱印状のほかに、老中が発行した奉書《ほうしょ》（許可証）を持つ日本船（奉書船）以外の海外渡航を禁止し、違反者は死罪に処すことにした。同年、それまで糸割符《いとわっぷ》制の適用を拒否していたオランダ船にもこれを適用し、ポルトガルや中国もふくめ、当時日本が通商していた国を、すべて糸割符制のもとにおいた。糸割符制は、ポルトガル・中国・オランダなど外国船が利益を独占するのを防ぐために、すでに慶長九年に幕府が、京都・堺・長崎の三か所、のちに江戸と大坂を加えた五か所の特定商人たちに糸割符仲間を作らせ、当時最も重要な輸入品である生糸を一括購入し、個々の商人に分配させるというシステムであった。

寛永十一年五月二十八日には、長崎の町に対して、(1)宣教師の来日禁止、(2)日本からの武器輸出の禁止、(3)日本人の海外渡航禁止、の三か条の「禁制」を発した。翌十二年には、日本人の海外渡航と、在外日本人の帰国を全面的に禁止し、帰国した場合、死罪に処することにした。ここにおいて、日本人の海外渡航は、完全に禁止されたのである。一方、中国船の寄港を長崎一港に限定した。

同十三年には、長崎に出島《でじま》(長崎県長崎市)を築き、そこにポルトガル人を隔離して、日本人との接触を制限した。出島は、東西約六四メートル、海に面した南側が二一五メートル、面積約一万三〇〇〇平方メートルの人工島で、周囲は土塀をめぐらせ、北の岸に通じる木の橋(のち石橋)が一つだけあった。

なお、この年、ポルトガル人の子をもうけた女性や、ポルトガル人の子を養子にした父母などを国外に追放した。

2 島原天草一揆

一揆の前提

このように海外との交流制限が強化されつつあった寛永十四年十月から翌十五年二月にかけて、肥前島原（長崎県）と肥後天草（熊本県）で一揆が起こった。この一揆は、「勝者」徳川家を頂点とする幕府による思想・精神の統制・共通化にたいする近世前期最後の大規模な武力抵抗であった。

島原地域は、もとはキリシタン大名有馬氏の旧領であり、キリシタンの家臣たちが在地に勢力をもっていた。秀吉の禁令で、長崎や京都を追われた宣教師や、マカオやマニラから渡来した宣教師が多数潜伏し、布教を続けていた。天正十八年（一五九〇）には、この地域だけで年間一万二〇〇〇人の受洗者がおり、慶長年間（一五九六～一六一五）には有馬領のほぼ全領民がキリシタンであったとさえいわれる。コレジオ（大学）やセミナリオ（中下級学校）も設立されていた。

こうした状況にたいし、新たに島原藩主となった松倉重政と子の勝家は、領内統治を安定化し、一〇万石の軍役負担を果たすため、寛永四年（一六二七）から同八年にかけてキリシタンを厳しく弾圧し、領内検地をおこない、年貢増徴を強行した。年貢を納められない農民たちには、厳しい拷問を加えた。たとえば、農民たちが、藁《わら》の外套《がいとう》に火をつけられ、苦しんで身体を地面にたたきつける動作は、蓑踊《みのおど》りと称された。農民の多くは、苦しみの果てに、水に飛び込み、溺死したのである。

天草地域もまた、キリシタンが多く、豊臣時代、キリシタン大名の小西行長（洗礼名アグスチノ）が領主として入ると、禁教下にもかかわらず、コレジオが建てられ、地域ではキリシタンによる組講（コンフラリア）も形成された。のち慶長五年の関が原合戦で、行長が豊臣方について敗れると、翌年肥前唐津《からつ》（佐賀県唐津市）藩主寺沢広高の領地となった。広高とその子堅高《かたたか》は、厳しい検地による増税と、キリシタン弾圧をおこなった。

キリスト教禁圧が強まるなか、寛永十四年八月、天草の大矢野村の農民松右衛門、久右衛門、善右衛門、宗意の四人が話すには、先年バテレンたちが本国に追放されるさい、『末鑑』という書を残した。ここには、二五年後に、天は神童を遣す。そのとき東西の雲が赤く焼け、枯木に花が咲くと予言した。今年秋から、たしかに、東西の雲が焼け、秋にもかかわらず所々で桜が咲く不思議な現象が起きたという。

このころ、天草の大矢野村（熊本県上天草市）に益田四郎時貞（洗礼名、ジェロニモのちフランシスコ）という十六歳の青年がいた。四郎は、小西行長の旧臣で土豪の益田甚兵衛好次の子とされる。四郎は、習わなくても読み書きが出来、諸教典を講釈し、やがて切支丹の世になると言った。その証拠として、鳩を招き寄せ、自らの手の上で卵を生ませ、それを割って切支丹の経文を取り出した。また雀が止まっている竹の枝を雀もろとも折り、さらに、天草と有馬の間の伊島（湯島、上天草市）に、

20—天草四郎

21—天草四郎陣中旗

海上を歩いて渡った。これらの奇跡が評判となり、切支丹に心をよせていた人々は、伊島に出かけ四郎のすすめを受け、以後、この島は談合島と呼ばれたという（『徳川実紀』他）。

しかし、寛永十五年正月の四郎の母の供述は、少し異なる。すなわち、「四郎時貞年ハ十六、九ツノ時より手習三年仕候、学問五六年程仕候、四郎長崎へ節々参学問仕候、京大坂へハ不参候」（「新撰御家譜」『原史料で綴る天草島原の乱』）と、四郎は当時十六歳で、九歳から三年間手習いをし、よりレベルの高い学問を五、六年間学んだ。時々長崎に行き学問をしたが、京や大坂には行っていないという。また、肥後国宇土《うと》村（熊本県宇土市）の甚兵衛（五十六歳、洗礼名ヘイトロ）の口述によれば、「四郎在所ハ江部村、致手習寺ハ禅寺、十四、十五の春長崎江参、四十日五十日程宛罷有候」（「肥前有馬役書留」『原史料で綴る天草島原の乱』）と、四郎は江部村（同宇土市）

に住み、禅寺で学び、十五歳のとき長崎に遊学し、四、五十日学んだという。諸説あるが、地域のリーダーとなる四郎は、若いころから、積極的に学問し、長崎で新しい知識を取り入れた青年であった。

一揆の勃発

寛永十四年十月、島原藩領で一揆が起きた。この年、九州の大名たちは、病気で江戸への参勤を免除された鹿児島藩主島津家久《いえひさ》を除いて、すべて参勤していた。一揆勢は、この時機をねらって蜂起したとされる。

この間も、島原藩松倉氏のキリシタン弾圧は、激しさを増していた。同年、島原領南有馬村（長崎県南島原市）の庄屋次郎右衛門と、弟の角蔵と三吉は、禁止されていたキリストの絵像の仏を取り出し、人々に拝ませていたことが露見した。十月二十五日、島原藩代官の本間九郎左衛門と林兵左衛門は、角蔵と三吉、そして妻子など一六人を捕縛し牢に入れた。二十七日朝、両人は見せしめのため殺されている。

二十五日、角蔵と三吉らが捕縛された日、島原藩の弾圧を恨む農民は、代官の林を殺し、本間の殺害も計画した。北有馬村（長崎県南島原市）の庄屋長助はキリシタンではなかったため、本間を助けようと弟と伜を遣わし、本間を逃がしている。

角蔵と三吉捕縛後の見分として、島原藩の甲斐野半之助が有馬村地域に赴いたが、農民らは鉄砲で襲い、「宗旨取返し」（キリシタン許可）を主張した。甲斐野は、かろうじて逃れたが、このとき、北有馬村の横目藤堂加兵衛と船頭水夫一五人、賀津左《かづさ》（南島原市）の代官山田小右衛門、小浜《おばま》村（長崎県雲仙市）の代官高橋武右衛門らが、一揆勢に殺害された。

一揆勢は、急速に勢力を伸ばし、島原藩は、これに備えて、城と城下を固めた。城下の町人たちも不安に思い、藩の重臣たちに武器の貸出しを願った。重臣らは、妻子を人質として城に差し出すように命じたため、町人らは、これに従い鉄砲や長柄などを借りた。島原藩にとっては、必死の攻城戦となった。

十月二十六日、農民らは、寛永十一年以来の凶作と苛政を訴えて深江村《ふかえ》（南島原市）で蜂起したが、島原藩はこれを鎮圧した。この戦いを避けて島原城に避難する農民も多かったが、なかには一揆勢に味方し、火付けをする者もいた。二十七日朝六ツには、村々から城中に、鍛冶三〇人が細工のために入城したが、彼らも「在所より切支丹に立帰り可申」、すなわち絵踏みなどで、改宗を強制されたものの、再びキリスト教に戻るという書状をもっていたため、全員処罰された。その後、籠城していた三会村《みえ》（島原市）の農民らは、鉄砲や長刀六〇ほどを奪い、城を脱出し一揆勢に加わったため、怒った藩は、城中に残った三会村の農民を取調べ、二百余人を獄門に処した。

他方、勢力を強めた一揆勢は、松倉軍を破り、島原城を包囲した。城下の神社や寺院を打ちこわし、僧侶を殺害した。

同じく二十七日、島原藩の家老は、幕府の豊後府内《ぶんごふない》（大分県大分市）目付に一揆の様子を報告し、隣藩の佐賀藩と、熊本藩に応援を要請した。しかし、両藩は江戸にいる藩主に報告するだけで、武家諸法度にもとづき、幕府の指示なく兵を動かすことはできないとして、出兵を断り、事情を豊後目付に報告するのみであった。

十一月九日、豊後目付からの報告が江戸に届いた。将軍家光は、その日のうちに、板倉重昌と石谷《いしがや》貞清《さだきよ》を上使として現地に派遣し、島原藩主の松倉勝家と、豊後府内藩主の日根野吉明《ひねのよしあき》に急ぎ帰国を命じた。また、鍋島勝茂《なべしまかつしげ》と寺沢堅高には、松倉氏のみで一揆を鎮圧できない場合は、国元の留守居の者も加勢するように命じた。

キリシタン一揆

幕府は、この蜂起を単なる百姓一揆とは異なる、キリシタン一揆と認識し、十一日、西国の探題《たんだい》としての役割をもっていた姫路藩主本多政朝《まさとも》、豊前小倉《こくら》藩主小笠原忠真《ただざね》のほか、豊前・豊後の譜代大名に帰国を命じ、十三日、細川忠利《ただとし》、黒田忠之《ただゆき》、鍋島勝茂など九州諸大名に、領地に子弟らを遣わして、キリシタンを厳しく取り締まるよう命じた。さらに、寺沢、松浦、久留島、相良、伊東、秋月など九州諸大名にも帰国を命じている。

十五日には、江戸に戻っていた長崎奉行の榊原職直《もとなお》と馬場利重《とししげ》を長崎に遣し、有馬、立花、大村の藩兵に長崎警固を命じた。十一月二十七日、幕府は先に派遣した板倉重昌ら上使が現地に到着しないうちに、続けて新たな上使として、老中で川越藩主の松平信綱《のぶつな》と、美濃大垣藩主の戸田氏鉄《うじかね》を派遣することを決定した。信綱は、その才能をもって「知恵伊豆《ちえいず》」と呼ばれた人物であり、幕府が受けた衝撃の大きさが、この矢継ぎ早の対応にあらわれたといえる。

一方、島原に呼応して、肥後天草でも一揆が起こった。島原一揆の一隊は、大将の天草四郎とともに、天草一揆の応援に向かった。彼らは、肥前唐津藩寺沢氏が天草支配のために置いた富岡城（熊本県天草郡）を攻めたが、攻めきれず島原へと引き返した。

島原城の城攻めでも、一揆勢は攻めきれず、城下から引きあげ、島原半島南部の古城原城（史料では「はるの古城」「はるのじやう」とあり、読みは「はるじょう」か、長崎県南島原市）に入った。この城は、慶長二十年閏六月の一国一城令で廃城になった有馬氏時代の城であった。

十二月、四郎は島原地域一四か村二万三八〇〇人余、天草地域一万三九〇〇人、総計三万七〇〇〇人余を率いて、原城に立て籠もった。城は修復・補強され、武器、弾薬、兵糧が集められた。

元島原領主有馬直純《なおずみ》の家臣で、南蛮絵師である山田右衛門作《えもさく》は、直純が延岡（宮崎県延岡市）に転封されたさい、島原に残ったキリシタンであったが、転宗して信者をやめたものの、再びキリシタンとなり原城に入った。しかし、彼はここで再び転宗して、城内から救出され、原城のなかのようすを幕府方に話した。その話によれば、四郎の周りには、五人の牢人らが集まり、一揆の中枢部を形成した。彼らは、かつて天草にいたバテレンのマルコスが、二六年前に追放されたさいに、二五年後に童《わらべ》が出現して奇跡を起こし、「でいうすの御代《みよ》」が到来するといったなどとして、四郎をまつりあげたという。

原城攻防戦

十二月五日、先に派遣された上使の板倉と石谷は、島原城（長崎県島原市）に入った。十日、島原、佐賀、久留米、柳川四藩の兵を合わせた計五万ほどで一揆勢の籠もる原城を攻めたが、一揆勢の反撃が激しく退いた。二十日にも、三万の軍勢で原城を攻撃した。すなわち、「殊更立花左近将監忠茂はみづから采幣取て諸勢を指揮し、城門近く進みしが、城中よりは木石を投出し、弓、鉄砲をそろへ防戦すれば、これにあたり打殺さるゝ者山のごとく、鍋島勢も打立てられ、寄手三百人ばかり討死し、城兵は手負一人もなし、此時板倉の本陣より使をたてゝ、松倉が後詰の兵を催促すれども、松倉は立花に先を奪はれしと怒て其指揮を用ひず、廿一日より銘々陣所々々をかため、又々鉄砲を打かくるのみにて日を送りしに、廿二日にいたり城中よりは、寄手の陣に矢文を以て、我々国郡を望み利慾のため反逆を企しにあらず、たゞ此宗門をふみつぶし給はんとの事ゆへ、止事を得ずして防戦するの趣をのせたりとぞ」（『徳川実紀』三—三八）と、立花忠茂はみずから采配をふって諸軍勢を指揮し、城門近くまで進んだが、城内からは木や石が投げられ、また弓や鉄砲で一斉に反撃され、山のような死者を出した。鍋島勢も戦死三〇〇を出した。これにたいして、一揆勢は無傷であった。

板倉重昌は使いをだし、松倉に後詰めの兵を命じたが、松倉は立花に後れをとったのが不満で従わなかった。翌二十一日からは、各藩がそれぞれ自分の持ち場を守って鉄砲を撃つのみであった。すると、城中から矢文が飛んできた。そこには、自分たちは、国や地域を占領するつもりはない、ただキリスト教を弾圧しようとするので、やむなく防戦していると主張した。幕府軍は、指揮が徹底せず、諸隊が勝手に戦ったことから、一揆勢の強力な抵抗にあい、城攻めは長期化したのであった。

新たな上使の松平信綱と戸田氏鉄が江戸を立ったという知らせを受けた現地の上使板倉重昌らはあせった。追討使として重昌に添えられた幕府目付の石谷《いしがや》十蔵貞清《さだきよ》と、重昌の長男主水重矩《しげのり》が連署して、西国諸藩を指揮していた大坂城番阿部備中守らに宛てた報告書によると、重昌は、鍋島信濃守勝茂《かつしげ》（肥前佐賀藩主）、有馬玄蕃頭豊氏《げんばのかみとようじ》（久留米藩主）、立花飛驒守宗茂《むねしげ》（筑後柳川藩主）、松倉長門守勝家《かついえ》（肥前島原藩主）らに総攻撃の計画を打診したところ、大丈夫という返事であったので、寛永十五年元日の明七つ（朝四時ころ）幕府軍は総攻撃を強行した。しかし、「鍋嶋先手の人数塀きわへ近クせめよせ候得共、乗きらせ不申候、少々手負死人御座候事」と、鍋島軍は塀際まで迫ったものの、城に入れず、少々の負傷者と死者を出して退き、「有馬玄蕃頭者共未明ニ塀きわへよせ候へ共、つよく被打立くずれ申候、手負死人数多御座候事」と、有馬軍も、夜明け前に塀ぎわまで迫ったものの、激しく鉄砲を打ち掛けられ、多くの死傷者を出した。さらに、「松倉長門守惣勢進ミかね申候、其内ぬけかけ仕者も御座候ニ付て手負死人御座候事」と、松倉軍は前進できず、抜け駆けして勝手に攻める者もいたため、いっそう多くの死傷者を出した。一方、「立花飛驒守者手負死人壱人も無御座候事」と、立花軍はあまり積極的に動かなかったのであろう、死傷者はなかった。

こうした状態に業を煮やし、ついに板倉重昌は突撃を命じた。有馬軍と松倉軍が前進しないので、重昌は前進して指示を出したが、それでも前進しない。そこで重昌と鍋島軍はやむなく、塀際まで進み味方を呼んだが、だれも付いてこない。その間、重昌は塀に手をかけたところで、撃たれて戦死してしまった。鍋島勝茂も同じ場所にいたため少々負傷し、同家の家臣たちもみな負傷・戦死したので引き返した（「勝茂公譜考補」『原史料で綴る天草島原の乱』）。

一揆勢の抵抗は強力であった。総攻撃は、重昌戦死、石谷負傷という散々な結果に終った。当時の人々は、「胸板を　打透された板倉や　則そこて　いのち内膳」などとうたって皮肉っている（「嶋原記」『原史料で綴る天草島原の乱』）。

オランダ船の原城攻撃

寛永十五年（一六三八）正月三日、板倉戦死の二日後、新たに任命された上使の松平信綱と戸田氏鉄が島原城に入り、翌四日に原城近くの幕府陣営の有馬に到着した。信綱らは、板倉が失敗した強硬策から、「干し殺し」（兵糧攻め）とよばれる持久策へと作戦を変更し、九州諸藩に動員を命じた。このとき、信綱は、この任務に失敗したら、腹を切る覚悟であると告げている。彼は、各大名の軍勢に軍監（監督）を派遣して統制を強化し、城の周囲の湿田を埋め、道を造り、城壁よりも高い山を築き、やぐらを設け、ここから城内に向かって鉄砲を撃った。砲台を造り、砲撃もおこなった。

幕府は、「正月中旬に、唐船二艘、紅毛船二艘被召寄、城近く寄せ、紅毛に石火矢を打せ被成共、少の利も得不申候、結句城より阿蘭陀一人鉄砲にて打殺し候に付、長崎に御帰し被成候」（「翁草」巻

四十五、『日本随筆大成』第3期20、吉川弘文館、一九七八年）と、中国船とオランダ船計四艘を城の近くに寄せて、石火矢を打たせたが失敗し、逆に城から鉄砲を撃たれオランダ人一人が殺され、長崎に引き帰した。

別の史料によれば、正月十一日、松平信綱は、オランダ商館長ニコラス・クーケバックルに命じ、平戸に来航していたオランダ船デ・ライブ号を回漕させ、陸と海から原城を砲撃させた。クーケバックルの日記によれば、正月十五日、「われわれは陸上のオランダの砲台の一つから、二門の大砲で二十六発発射した。貴人（身分の高い武士）たちが皆立会っていた。これらの人々はこの砲撃をとても喜んでいるらしかった。ここに到着してから、毎日のように陸上の主君たちの前に呼出されている。このようなことが将来もつづくのではないかと心配している……現在の状勢から見るのに、叛乱軍が全く降伏するまでにはなお相当時日を要するのではないか、すこぶる心配である。この農民戦争がすっかり収まるまでここに船を留めているように命ぜられている。それでは神の導かせ給うこの季節風（モンスーン）の時期にタイワン

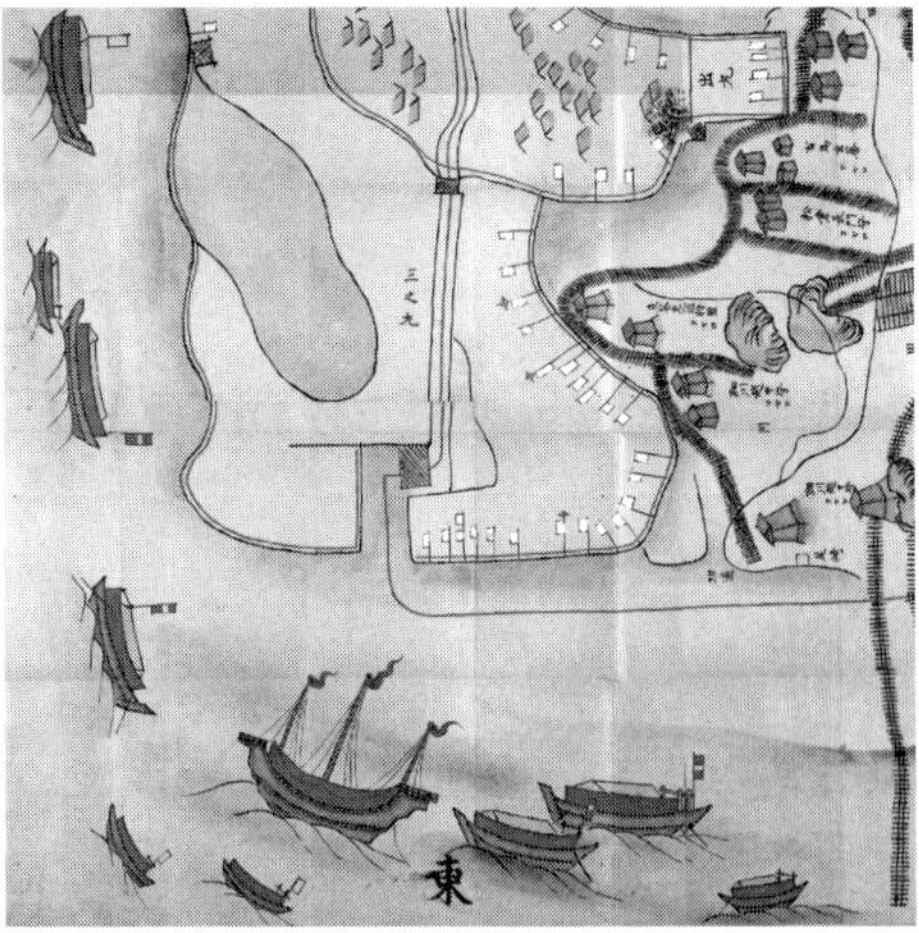

22―オランダ軍の原城砲撃（肥前国高来郡有馬原城図）

23——原城の攻防（『島原陣図屛風』）

に向けて出発することが出来なくなる」と、負担の増大と戦争の長期化を心配している（「平戸オランダ商館の日記」『原史料で綴る天草島原の乱』）。また、この砲撃には誤射もあった。正月十六日の記事には、「昨日船から皇帝（幕府）の軍に（誤って）撃った五ポンドの鉄の弾丸を、平戸侯の奉行が船に届けた。そして、これ以上の被害を防ぐため、もっと正確に撃つ様にと命令があった」（「平戸オランダ商館の日記」『原史料で綴る天草島原の乱』）と、幕府軍内への誤射であった。

それでも、十七日には、「今日は船と砲台から三十二発撃った。昨夜以来農民は海側を非常に補強し、彼らの要塞を強化するため、毎日勇敢に働いている」（「平戸オランダ商館の日記」『原史料で綴る天草島原の乱』）と、かなりの頻度で、原城への砲撃を続け、攻撃は、二十七日まで続いた。

しかし、十六日、一揆勢から「日本には名誉ある兵士が多数いるのに、何故オランダ人の援助を求めるのか」（「平戸オランダ商館の日記」『原史料で綴る天草島原の乱』）と非難され、また幕府軍内部でも反発が出たために、まもなくオランダ船からの攻撃は中止された。

一揆勢の反撃

さて、正月十一日、江戸の幕閣は、元旦の原城総攻撃失敗の報告を受けた。幕府は、急ぎ、細川、鍋島、有馬豊氏《とようじ》、立花、黒田、稲葉、木下、中川、有馬直純《なおずみ》に帰国して、一揆制圧にあたるよう指示した。正月下旬から二月上旬にかけて、諸大名が続々と島原入りをし、幕府軍は総勢一二万五〇〇〇に及んだ。

一揆勢は、夜襲で反撃した。二月二十一日、五〇〇〇人が黒田・寺沢・鍋島の陣を攻め、二五〇〇人が有馬豊氏・松倉の陣を攻めた。黒田軍の被害が最も大きく、一族の黒田内膳父子が戦死した。天草代官の鈴木重成《しげなり》の書状には、「こちらから石火矢や大筒を撃っても、塀の内側に掘った穴に隠れるので敵の被害は少ない。城中から先に撃つことはなく、攻め込もうとすると際限なく撃ってくる。鹿や鳥を撃ちつけているものばかりで無駄玉は一発もない」「女どもまで襷《たすき》をかけ、くるすを額にあて鉢巻をいたし、石飛礫を雨の降るほど撃つ」（『綿考輯録』『原史料で綴る天草島原の乱』）と、強力な信仰心をもち、頑強に抵抗した。

原城陥落

しかし、戦争が長引くにつれ、一揆勢は食料や弾薬が欠乏し、逃亡者も出た。幕府軍の兵糧攻めが効果をあげ、「城中は兵糧もきれ、東大手より磯物取に参りて帰申処御覧被成、（細川）越中守殿柵をあけ召置被成、落人参候はゞ生捕に可被成」と、海岸に磯物を取りに出る一揆勢を見た細川越中守が、柵を開けるように指示し、ここから出て降参してくる者を捕えるように命じた。すると、「御待被成処に、落人とも余多参候を、とられ被成候内に、島原よりまきごめに被成候者ども是有に付て、城中の様子こま〳〵御尋候へば、矢だねも尽き兵糧も無御座由申候」（『翁草』）と、多くの落人が出てきた。捕えたところ、そのなかに島原藩が忍ばせていた者たちがいたので、城中の様子を詳しく尋ねたところ、弾薬も兵糧も尽きていることがわかった。

戦力を強化した信綱は、二月二十八日を総攻撃の日と定めたが、前日の午後、鍋島軍が勝手に攻撃を開始した。これを抜け駆けと見た他の軍勢も城に乗り込もうと攻撃を開始した。戦闘は、夕方から翌日の昼前まで続いた。幕府軍が城に突入し、死闘が繰り広げられたが、本丸の四郎の家が焼かれ、細川忠利《ただとし》の家臣の神野《じんの》佐左衛門《すけざえもん》が四郎の首を取り、原城はついに陥落した。

「敗者」四郎の母

二月二十九日、四郎の首見分がおこなわれた。すなわち、「四郎が母姉等先ニ熊本ニ被返置候を、廿九日有馬ニ呼寄、諸手より出たる四郎か首と言を、上使衆より御見せ候ニ、老母少も臆せす、四郎殿ハ我子なからも実の天子ニて候得ハ思ひもよらす、容をかくし南蛮呂宗ニも至るべし、と彼是を見て驚く色もなかりし」と、人質となって熊本にいた四郎の母と姉を有馬に呼び寄せ、さまざまな者が自分の手柄にしようと、それぞれ四郎の首として差し出していたものを、上使が見せた。しかし、老母は少しも臆せず、四郎殿は我が子ながら、本当の神の子であるので、思いもよらず、姿を変えて南蛮やルソンに逃れたろうといい、いろいろな首を見ても驚くことがなかった。しかし、「佐左衛門か取たる首のやせたるを見て色を変し、辛苦せし事を察しぬと言て喚ひ落涙し、越方の事を悔ミ高啼烈打臥て、起も得さりしかハ強て御尋に不及、御軍功他ニ勝れたるを御感詞有、江戸へ言上有之と候」（「綿考輯録」『原史料で綴る天草島原の乱』）と、神野佐左衛門が取った首を見たとたん、これが痩せていたので顔色を変え、苦労したことを察して、大声で泣き出した。そして、これまでのことを悔やみ泣いて打ち伏し、起きることができなかったので、上使はあえて質問をせず、佐左衛門の軍功をたたえ、江戸に報告したという。

三月初め、四郎の母・姉・妹らも、すべて殺された。一揆勢は、女子どもまで二万七〇〇〇人が皆殺しにされた。幕府方の犠牲も大きく、一説によると、戦死者は千数百人に及んだ。

三月六日、江戸に原城入城の知らせが届き、七日には落城の知らせが届いた。四月五日、将軍家光の使者太田資宗《すけむね》が豊前《ぶぜん》小倉《こくら》（福岡県北九州市）に到着した。資宗は、諸将を集め、家光からの労いの言葉を伝えた。こうして四ヵ月に及ぶ島原天草一揆は、「勝者」幕府、「敗者」四郎・一揆勢の結果を残して、終息したのである。

3　一揆の処理と影響

戦後処理と政策変更

一揆後、幕府による戦後処理が実施された。幕府・諸藩による論功行賞がおこなわれたものの、戦功を名目に領地が増やされた大名はいなかった。この戦闘は、あくまでも一揆鎮圧であり、戦国時代の領土拡大戦争では、もはやなかった。むしろ、領主の松倉勝家は、一揆の責任を問われて所領を没収され、森長継《もりながつぐ》に預けられ、その後斬罪となった。寺沢堅高も、天草四万二〇〇〇石を没収され、のち正保四年（一六四七）に江戸浅草（東京都台東区）の海《かい》禅寺《ぜんじ》に入り自殺した。こうして、両家ともに断絶となった。また軍法違反の抜け駆けをした鍋島勝茂は、沙汰を待つよう命ぜられ、後日江戸に召還され閉門を申し渡された。その後、高力忠房《こうりきただふさ》が島原に、山崎家治《いえはる》が天草に、それぞれ転封され、新しい支配体制がしかれた。

一方、島原天草地域は、飢饉と一揆により、耕地が荒れ農民が激減したため、周辺諸藩から農民が入植することになった。周辺諸藩も疲弊していたが、島原天草復興のために、さらなる負担に耐えることになったのである。

幕府は、島原天草一揆の鎮圧の初動の遅れをうけて、政策変更をおこなった。五月二日、幕府は、領外で不測の事態が生じても、大名はその地を守り領外に出てはならないとしてきた武家諸法度第四条を変更し、「公儀」の定めを破る者や、国法に背く者がある場合には、幕府からの下知がなくとも、当該国の者は周辺国の者と申し合わせをしたうえで出兵し、鎮圧することにした。また、武家諸法度第一七条の五〇〇石以上の大船の禁止が、商船に限って解除されたのも、一揆のさいの輸送のためともいわれる。

一揆後、それまで東日本と西日本の大名が、交代で江戸に参勤していたのを、一揆のさいに、島津家久を除いて、九州に一人の大名もいなかった事態を反省し、同一地域で組み合わせ、交代で江戸に参勤させるようにシステム化した。

さらに、幕府はキリスト教への警戒をいっそう強めた。寛永十二年九月六日、譜代大名と旗本にたいして、領地での宗門改めを徹底するように指示し、また十一月から十二月には、外様大名を含めて全国一斉にキリシタン改めをおこなうことを命じた。これにより、奥州、越後、信濃などで多数の信者が摘発された。寛永十五年九月には、バテレン（カトリック宣教師、司祭）の訴人には銀子二〇〇枚、イルマン（修道士）の訴人には銀子一〇〇枚、キリシタンの訴人には銀子五〇枚または三〇枚を褒美として与える密告制・褒賞制を全国に達した。国民規模のキリシタン禁止体制が成立したのである。

対外政策の変更

寛永十六年（一六三九）七月四日、幕府は、当時布教活動を続けていたポルトガル人を排除するために、キリシタン禁制を発布するとともに、ポルトガル船の来航を禁止した。当時、数十年来日本に生糸、絹織物、薬種など必要物資を安定的に運んできたポルトガルとの関係を断ち、オランダと新たな関係を結んだのである。このパートナー変更は、幕閣が物資の安定的供給の可否をオランダに確認したうえで実行に移された。これをうけて、幕府は太田資宗《すけむね》を長崎に派遣し、八月五日、ポルトガル人にたいして、日本追放と来航禁止を伝えた。ポルトガルの反撃に備えたのであろう、七日、幕府は長崎において、九州の諸大名にたいして沿岸防備の強化を指示し、九日には江戸城において、長崎周辺の諸大名（当初肥後熊本細川、筑前福岡黒田、筑後久留米有馬、肥前佐賀鍋島、筑前柳川立花の五家、のち福岡と佐賀に固定）による長崎警備体制を指示した。

寛永十七年五月、マカオのポルトガル船が貿易再開を求めて、長崎に来航した。六月十八日、将軍家光の意を受けて、江戸から長崎に到着した大目付の加々爪忠澄《かがつめただずみ》と目付の野々山兼綱《ののやまかねつな》は、乗組員七四人全員にたいして、昨年出された渡航禁止令違反を理由に死罪を申し渡し、長崎西坂（長崎県長崎市）で六一人を斬首し（キリシタンでない黒人やマカオ原住民は赦された）、ポルトガル船を焼き沈めた。こうした強硬姿勢により、ポルトガル人は最終的に日本から姿を消したのである。処刑直前の六月三日には、九州諸大名（さらには中国、四国の大名）にたいして、遠見番所の設置が指示され、沿岸警備が、さらに強化された。

幕府の統制は、ヨーロッパで唯一貿易を許可されたオランダにも及んだ。寛永十八年五月、オランダ人は全員、三〇年にわたって活動した平戸のオランダ商館から、長崎の出島へと移転し（平戸商館は破壊）、オランダ船の入港も長崎一港に限定されたのである。オランダ人は、この移転の理由を、日本を安定させるため、有馬（島原天草）で起きたような反乱が再度外国人の援助によって起こるのを防ぐため、としている（『オランダ商館長日記』）。

さらに、今後海上でポルトガル船やイスパニア船に会ったら攻撃し、日本に連行してきてよいと知らされた。出島には館員住宅のほか、倉庫、花畑、家畜飼育場などが置かれた。しかし、オランダ人は必ずしも「勝者」とは言えず、出島に閉じ込められて日本人との自由な交流を禁じられ、長崎奉行の監視下におかれたため、「国立の監獄」と呼んだ。

24── 出島（『寛文長崎図屛風』）

また、一六四〇年代以降九州北部などでは、キリシタン摘発のために、キリスト像やマリア像などの聖画を踏ませる絵踏《えふみ》を実施し、国民一人一人がキリシタンでないことを檀那寺《だんなじ》が証明する寺請《てらうけ》制度も始めた。一六六〇年代には宗門改《しゅうもんあらため》を実施し、仏教への転宗を強制するなど、国内におけるキリスト教の根絶をはかったのである。

寛永十年（一六三三）にはオランダ商館長の毎年の江戸参府が始まり、翌年には第一回琉球使節が三代将軍家光の上洛祝賀の名目で京都二条城に参上した。また、寛永十三年には、泰平祝賀の名目で、朝鮮から第一回通信使が派遣された。この時期、江戸時代の平和的な新外交体制が確立したのである。

一揆の本質

島原天草一揆の原因や性格については、古くから領主の圧政に対する百姓一揆とする説と、キリシタンによる宗教一揆とする説があった。前者によれば、島原藩は検地を実施し、最初の検地で表高《おもてだか》四万石を一〇万石にし、二度目の検地で一三万石近い高とし、年貢徴収の徹底化をはかった。未進に対しては、体に巻き付けた蓑に火を付ける「蓑踊」や逆さ吊りなどで農民を責めた。農民が、松倉家の圧政に対して立ち上がった百姓一揆と見ることもできるのである。

たしかに、城中から幕府軍にくり返し放たれた矢文のなかには、領主の苛政や重税を理由とする主張もみられる。すなわち、天野（草）四郎の名前で作成された矢文には、今このたびの籠城は天下への恨みは別になく、近年の領主松倉長門守勝家が、検地を厳しくし、重い年貢を課し、牛馬を売り、妻子を離縁している状況を述べている。重税や苛政は、間違いなく一揆の原因であった。

しかし、より本質的には、島原天草一揆は、キリシタン一揆の性格をもっていた。当時、島原藩領のキリシタンは、松倉氏の厳しい改宗政策によって、ほとんどが棄教していた。しかし、密かにロザリオの組などと呼ばれた講組を組織し、信仰を保持する者もいた。また、弾圧の最中、一旦棄教したものが「立ち返る」ケースも多く見られ、潜入してきた宣教師たちがそれを助けていた。一揆は、潜伏したキリシタンの多い島原半島の南部を中心に起こり、北部の村々からの参加は少なかった。そして、四ヵ月間も幕府軍と戦うことができた一揆の結集論理は、やはりキリスト教であった。十月八日に一揆に加わった庄屋、乙名《おとな》、百姓たちが、天草四郎宛てに出した誓紙には、自らがキリシタン宗門に立ち返ったことに偽りのないこと、宗旨のために一命を捨てて、四郎の下知に従うことが記されている。一揆は、当初からキリスト教の信仰を結集の核としていたのである。

矢文が語る一揆の論理

城中から幕府軍に放たれた矢文のなかにも、この立場からの主張が多く見られる。たとえば、正月十九日の矢文には、「四郎殿之儀、浅々敷平人之上ニて可申儀あらす候え共、返答之分ニて候、忝も生なからの才智天使ニて御座候へハ、凡慮之非所及候、尤今生之儀ニ御座候ハハ、天下様を相そむき申儀ニ御座有間敷候」と、自分は身分が低い平人であり、尊い存在の四郎について話す立場ではないが、返答ということで申し上げる。四郎は、生まれながらの能力をもつ天使であり、凡慮の考えが及ぶところではないが、天下様（将軍）に背くつもりはない、「若背天下様謀反人なと御座候ハハ、何時も此きりしたんニ一方ハ可被仰付候、軽一命可抽御奉公之処、誓天主偽御座有間敷候、今生之儀も如此存究居申候、於後生一大事者天使之随御下知不退申候、用安穏申候事」（「新撰御家譜」『原史料で綴る天草島原の乱』）と、もし将軍に刃向う謀反人などがいたら、いつでもキリシタンに命じていただければ、一命をかけて鎮圧することは、けっして神に背くことにはならない、現世ではこのようにすることと決めており、来世で神に従うことにしている、と将軍権力への服従の意志を示している。

他の矢文においても、「今度、下々と〆及籠城候事、若国家をも望ミ、国主をも背申様ニ可被思召候歟、聊非其儀候、きりしたんの宗旨ハ従前々如御存知、別宗ニ罷成候事不成教にて御座候、雖然、従天下様数ケ度御法度被仰付、度々致迷惑候」(「城内矢文」『原史料で綴る天草島原の乱』)と、自分たちが籠城に及んだのは、国家建設を望んだわけでも、将軍に反抗したわけでもない、ただキリシタンの教義が、他の宗派に変わることを禁じているにもかかわらず、将軍がたびたび改宗を命じたために迷惑しただけである、と述べている。また、別の矢文では、「今度下々として島原・天草両所之儀、御取懸候ニ付ふせき申たる分ニ候、国郡なと望申儀、少も無御座候、宗門に御かまい無御座候へハ、存分無之候、籠城之儀も、しきりに被成御取懸候付、如此御座候、右之仕合きりしたんのさほうニ候、御不審可被思召候得共、此宗旨に敵をなす輩ハ、身命を捨ふせき候ハて不叶」と、今回、島原と天草で戦ったのは、国家や領地を望むことでは全くない、キリスト教の信仰を許されることを望むだけであり、籠城戦も、さかんに攻撃されるので防いでいるにすぎない。これはキリシタンの作法であり、不審に思うかもしれないが、キリシタンに敵する相手には、命を捨ててこれを防ぐものである、と弁明している(「新撰御家譜」『原史料で綴る天草島原の乱』)。

一揆勢は、将軍権力に対抗するものではなく、あくまでもキリシタン信仰の自由を求めて立ち上がったと主張しているのである。

さらに、別の矢文では、領主松倉が、「来嶋以来数ケ年……三ケ年一度つゝ、横目・奉行・代官をかへ、私の御検地、太閤以来代々御赦免寺私領、ミやうしう以下のちかた迄あれうしられ、御領地四万石之処すへて十二万石余之御所務、数年かうめん一りうとしよちなき米をめし上けらるゝのミならす、其上種々のくわやくを相かけられ、とかなきものとも縄をかけ、目口鼻より血を出し、きやうたうはたうのやうに打擲せられ候故、当座のくけんをのかれんかために、すしなき事を申上候を、御しやういんニて、首銭過料なとゝて、金銀米銭ハ不及申ニ、家財衣装の類迄はき取、種々もふあく、誠にあほうらせつのかしやく、前代未聞の御ほうくわい是有」と、私検地をおこない、四万石を十二万石に増やし、さらに厳しい年貢の取り立て、さらには罰則を科したことを述べている。

しかし、その後段において、「将又去年にて御座候哉、上意として日本中キリシタン御法度御座候ニ、御内の者をはなこめをかれ、如我のふせうのやからは、かたくせいきんせられ候」と、全国令のキリシタン禁令が、厳しく実施されたことを不満としている。そして、一揆勢は、最終的には、「(松倉)長門首を我々ニ見せ被下候ハヽ、城中人民ニ悉縄をかゝり、始終の事とも申上け死罪ニ行れ本望ニ可存候由申事」(小豆嶋壺井家蔵『原史料で綴る天草島原の乱』)と、苛政をしいた領主松倉の首を差し出せば、城中の人民はみな縄をうけ、すべて申し上げて、死罪に処されても本望であると述べている。

以上のように、天草島原一揆は、本質的にはキリシタン一揆であり、そのきっかけとして、重税や禁制を強いた松倉家への抵抗(異議申し立て)があったといえる。

島原天草一揆の事後処理として、幕府は重税の不満にたいしては、支配領主の交代をもって対応した。農民たちは、多大な犠牲の一揆により、生産と生活の安定を得たのである。すなわち、事後処理の第一の「敗者」は、旧領主で厳しく年貢を取り立てたために御家断絶となった松倉氏と寺沢氏であった。寛永年間（一六二四〜四四）の全国的な飢饉をこえて、農民たちは、幕府や藩などの領主にたいして、自らの生活の保障を求めていく「百姓成立《ひゃくしょうなりたち》」の論理を獲得するのである。

勝者、敗者の得たもの

他方、事後処理の第二として、禁教の強化がおこなわれた。このさい、幕府はキリスト教に対峙する「神国日本」の論理を強化し、普及した。これまでも、たとえば豊臣秀吉は、天正十五年（一五八七）のバテレン追放令において、「日本は神国」と規定し、家康も、慶長十八年（一六一三）に崇伝に起草させた「伴天連追放之文」において、日本を「神国・仏国」としていた。

こうした流れを加速するように、将軍家光は、祖父家康を日本泰平の神として、祭り上げていった。すなわち、寛永十一年日光東照社を大造替し、同十三年四月正遷宮をおこなった。正保二年（一六四五）には、朝廷から宮号が授与され、東照社から東照宮へと格上げされた。翌三年から、毎年東照宮に勅使の例幣使を迎えることになり、東照宮の祭礼は朝廷の行事となり、国家儀礼のなかに位置づけられた。これとともに、東照宮信仰は、全国に広まり、東照宮は、日本の「泰平（平和）」＝「国恩」の守護神の位置を獲得していくのである。

他方、朝鮮から通信使、琉球から慶賀使が東照宮に参詣し、オランダからは東照宮にシャンデリアや回転灯架が寄付された。東照宮は、国際関係においても、日本を象徴する存在となったのである。

江戸幕府の鎖国体制は、島原天草一揆をへて、最終的に確立したが、こののち、天保八年（一八三七）の大塩平八郎の乱まで、国内の内乱は姿を消し、長期にわたる「平和」が実現した。家康は、この「平和」の創出者、守護神として祀られていったのである。そして、これを推進したのが、島原天草一揆の「勝者」家光であった。家光の守り袋が日光輪王寺《りんのうじ》（栃木県日光市）に保存されているが、そのなかには、「東照大権現、将軍、心も体も一ツ也」と記した紙が入っているという。そして、島原天草一揆の「敗者」天草四郎や多くのキリシタンたちは、自らの敗北・死をもって、こののち二〇〇年以上続く「平和」の時代＝国内秩序・国際秩序の形成、すなわち鎖国体制を完成させることになった。近世の「平和」「泰平」は、戦国時代以来の軍事的、思想的「敗者」のうえに成立したのである。

Ⅲ　武士たちの異議申し立て

25――慶安事件の芝居絵

由井正雪による反乱未遂事件を題材にした『樟記流《くすのきりゅう》花見幕張《はなみのまくはり》』の芝居絵．中央が由井正雪，左が丸橋忠弥．

1　徳川政権の安定期

集団指導体制

国家秩序形成の一つ、武家諸法度にもとづく幕府の大名統制は、幕府権力の強化を最優先におこなわれた。幕府の強大な軍事力を背景に、大名を敵視して改易（取潰し）、転封（移転）させる近世前期の強圧的な「武断政治」は、短期間に秩序編成を達成したが、一方で、さまざまなひずみを生み出していった。その一つが、武士の困窮化や、膨大な牢人の発生であった。

慶安四年（一六五一）四月二十日、三代将軍家光が四十八歳で病死し、かねてから後継者と定められていた嫡子家綱《いえつな》が、わずか十一歳で将軍職に就任することになった。二代将軍秀忠の就任のときには家康が、三代家光の就任のときには秀忠が、それぞれ「大御所」として新将軍を後見する体制をとったのに比べると、家綱政権の出発はずいぶんと不安なものであった。

当時、幕閣として、この幼い将軍を補佐したのは、前将軍家光からとくに遺命をうけた家綱の叔父（家光の異母弟）の保科正之《ほしなまさゆき》、家光の代からの重臣の酒井忠勝、老中の松平信綱、阿部忠秋、松平乗寿《のりなが》、その他井伊直孝ら譜代門閥の老臣たちであった。このうち松平信綱は、家光政権のもとで島原天草一揆を制圧し、家綱政権のもとで明暦の大火に対応するなど、近世前期の秩序確立期の難問を処理し、「知恵伊豆」とよばれた。彼ら幕閣は、家光までの将軍の個人的意思にもとづく政治とは異なり、集団指導体制（合議制）による政治へと、幕政を大きく転換させたのである。

近世後期に幕府が編纂した『徳川実紀』は、彼ら老臣たちのチームワークを、「直孝、忠勝、信綱、忠秋等の諸老臣よく協和して、力をつくし輔佐し奉り」（四―二）と、強い結束でよく家綱を補佐したと、高く評価している。

26── 保科正之

さて、家綱が正式に四代将軍に就任したのは、家光の死から四か月後の八月十八日のことであった。しかし、この間将軍交代の間隙をぬうように、二つの大きな事件が相次いで起こった。一つは松平定《さだ》政《まさ》事件であり、もう一つは由《ゆ》井正雪《いしょうせつ》の慶安事件である。

松平定政事件

松平定政事件とは、家光没後、約三ヵ月のちの七月九日、徳川一門の三河国刈谷《かりや》（愛知県刈谷市）二万石の領主松平定政が起こした事件である。

定政は、慶長十五年（一六一〇）、家康の異父弟の松平定勝《さだかつ》（久松松平家）の六男に生まれた。元和元年（一六一五）の大坂夏の陣のときには六歳であり、ほとんど「戦争を知らない」世代であった。寛永十年七月、定政は家光の小姓となり、十二月能登守《のとのかみ》に叙され、翌十一年

27――松平定政御霊屋

には小姓組組頭七〇〇〇石となった。寛永十二年、兄定行《さだゆき》は、伊勢桑名（三重県桑名市）から伊予松山（愛媛県松山市）一五万石に転封された。

定政は、慶安二年（一六四九）二月、一万三〇〇〇石を与えられ、三河刈谷二万石の大名になった。家光との関係から、家光が亡くなったときに殉死《じゅんし》をしてもおかしくないほどの人物であった。

『徳川実紀』によると、七月八日、定政は、増山正利《ましやままさとし》、中根正成《なかねまさなり》、宮城《みやぎ》和甫《まさよし》、牧野成常（作事奉行）、石谷貞清《いしがいさだきよ》（町奉行）、林信勝（羅山）の六人を自邸に招き、饗応したのちに、次のように話した。すなわち、「各に頼みたき事あり、定政、前代の御恩蒙る事、海山も猶比しがたし、よて一度は命をすて丶、御恩にむくひんと希《ねがい》し身の、徒《いたずら》にをくれ進らせ年頃の本意を失へり」と、皆さんに頼みたいことがある、私は、家光公に大変な御恩を蒙ってきたので、一度は殉死をして御恩に報いようと願ったが、機会がないまま、本意を失ってしまった。「今幼君につかへ、心力をつくさむとおもへども、今の執政だちが万機輔佐し奉るさまを見るに、はや世は乱るべく思ふなり」と、今後は幼将軍に仕えて、心力を尽くそうと思っているが、酒井忠勝や松平信綱ら今の幕閣の政治を見ていると、近々世の中は乱れるであろうと述べた。

そして、定政は、「井伊殿、阿部殿へ此事聞えあげんと思ふなりとて封事を托しければ、人々驚きしかど、さてあるべきにあらねば、直孝のもとへ至り、そのさまをかたり封事をいだしたり」と、老中の井伊直孝、阿部忠秋に自分の意見を伝えてほしいと言ったので、招かれた六人はとんでもないことと思いつつも、井伊のもとに行き、事情を話し、定政から預かった書状を提出した。「直孝も、こは一人して見るべきにあらずとて、今日執政の人々と共に開緘してみれば」と、これは一人で見るものではないと、幕閣らを集めたうえで開封した。

書状の内容は、「をのが廿歳より四十二歳まで、夢にみし歌など多くかきつらね、思ふ所もしたづねとはせ給はんには、めしにしたがひ参るべきよしなり」と、定政が二十歳から四十二歳に至るまで夢で見た歌を書きつらねたうえで、もし私の考えを尋ねたいのならば、呼び出してくれれば説明にあがるというものであった。

定政諫言への対処

これを読んで幕閣らは、「この封事のさまにては、定政いかになりしやと人々愕然たりしが、定政はやがて上野にて父子とも入道し、幼子は兄隠岐守定行がもとにたのみやり、妻をもかへし、又直孝に消息す」と、定政はどうしたかと驚愕したが、定政は上野（東京都台東区）で子とともに出家し、幼子は伊予松山の兄定行に預け、妻を実家に帰し、そのうえで、井伊直孝に第二弾の書状を提出した。

この出家について、同じく『徳川実紀』には、「昨夜松平能登守定政、長子吉五郎定知を具して、東叡山の最教院に入て遁世し、衣を墨染にかへて能登入道不白と号す」（四―一五）と、定政・定知父子は、上野東叡山の最教院《さいきょういん》で出世し、衣を墨染めに替えて、能登入道不白と名乗ったと記されている。

定政の第二弾の書状には、「其消息にはみづから天徳大居士と号し、諷諫の詞など少し書のせ、居城刈屋に年ごろ儲し兵器雑具こと〳〵く上に献ずべしとあり」と、出家した定政は天徳大居士と名乗り、幕政を諫める言葉を記し、居城刈谷城の兵器などをすべて返上することを申し出た。しかも、「さて定政父子家人四人ばかり、緇衣《しい》の下に打刀よこたへ、銅鉢を手にし、東西の町々を、松平能登の入道に、ものたべ〳〵といひながら、はしりめぐるよし聞えければ、これ全く狂気の所意と定められしとぞ」と、定政父子と家臣四人で、江戸市中を托鉢して廻り、定政は、ものたべたべと言いながら走り回ったとの話しも伝わってきたため、直孝ら幕閣は、「狂気の所為」と断じた。

その後、七月十三日に、「この日井伊掃部頭《かもんのかみ》直孝の邸に、町奉行石谷十蔵貞清、作事奉行牧野織部成常会議す、能登入道不白が事とぞ聞えし」と、直孝は、饗応に同席した石谷と牧野を屋敷に呼び話しあった。おそらく定政の様子を確認したのであろう。

十八日、幕閣はついに定政の兄定行を呼び出し、裁決を申し渡した。すなわち、「此日松平隠岐守定行をめして、弟能登入道が所業狂気のいたす所なれば、その罪をなだめられめしあづけらる、二人の子どもは定行が心に任すべき旨仰下さる、よて三州刈屋の居城収公せられ、水野監物忠善、丹羽式部少輔氏定に在番を仰付らる」と、定政の行為は「狂気」のなすものであるため、その罪は赦されて、兄定行に預けられ、定政の二人の子どもは定行の判断に任された。さらに、定政の居城刈谷城は、幕府に収公され、水野忠善《ただよし》（三河岡崎藩主）と丹羽氏定《にわうじさだ》（美濃岩村藩主）が在番役を命じられた。

この事件は、幕府権力の強化を最優先させる政治にたいする武士階級、しかも徳川一門という上級武士からの批判である点において、注目すべきものであった。すなわち、この時期、将軍権力のもとで力をつけてきた譜代大名たちの集団指導体制が固まりつつあるなかで、たとえ徳川一門であっても、このような形でしか自己主張・幕政批判、すなわち「異議申し立て」ができない段階に到達していたことを示す事件であった。時代は、「勝者」徳川家が、血縁関係を頼りに政治をおこなうのではなく、幕府という機構のもとで、台頭してきた譜代大名らが政治をおこなう段階へと移ったことを示すものであった。

2 慶安事件

由井正雪の計画

しかし、定政の処置が決まったわずか五日後の七月二十三日、幕府は第二の、しかもより深刻な事件に直面することになった。牢人で軍学者の由井正雪による幕府転覆計画が発覚したのである。この事件は、当時の年号をとって、「慶安事件」とよばれる。

『徳川実紀』によれば、「世に伝ふる所は、正雪もとは、駿河の国油井といふ所の染工の子なり、性

28 ― 由井正雪銅像

質こさかしく、幼年より戦記などよみならひ、後には兵学を業とし、楠正成が末葉といつはり、名をもとめ世にてらひ、やがて府にまいり、こゝかしこ諸侯のまねきに応じ、兵書を講じければ、貴賤にもてはやされ、その身また紀伊殿の眷顧を蒙るなどいひて、人を多くつどへけり」と、世間の噂として、正雪は、駿河国由比（静岡県静岡市）の染物屋の子どもに生まれたという。性格は生意気で抜け目がなく、幼いころから戦記物などを読み、成長してからは兵学を生業とし、楠木正成の子孫などと偽り、名声を求めて、自分の才能を世にひけらかし、その後江戸に出て、あちこちの大名の招きをうけ、兵書を講義した。その結果、身分の高低なく人々にもてはやされ、自分はまた紀州藩にかわいがってもらっているなどと言ったことから、人が多く集まったという。

正雪の友人に丸橋忠弥《まるはしちゅうや》がいた。すなわち、「忠弥は、本郷弓町にて、かぎ槍をつかひ、長曾我部が類葉なりとて、これも徒弟をあつめ、頗る門地をたのみ凌傲《りょうごう》の志ある者なり、この二人いつしかちなみむつましく、共に軍物語し、古今の成敗を論じけるより、遂に覬覦《ぎゆ》の思ひを生じ、こゝかしこ無頼亡命の徒をかたらひ、すでに二千余人にいたりける」と、丸橋忠弥は、本郷弓町（文京区）に住み、かぎ槍を使い、関が原の「敗者」長曾我部の旧臣といい、こちらも多くの門人を集め、身分を頼み激しい志を持つ者であった。この二人がいつしか仲良くなり、ともに戦物語をし、古今の戦の勝敗を論じ、あちこちの無頼者や牢人に演説し、すでに二〇〇〇人を集めているという。いわば、近世前期の武士階級の「敗者」を糾合したのである。

しかも、「ことし大喪の御事ありて、人心おだやかならざるを、よき時至りぬなどいひふらして、四月廿五日の夜道灌山《どうかんやま》に人数を会合し、先江戸は忠弥、大坂は吉田初右衛門、京は熊谷三郎兵衛、加藤市右衛門を魁首として、より〳〵人数を催し」と、今年は家光の死去にともなう大喪の儀式があり、人心が不安なのを、時機が到来したなどと言いふらした。そして、四月二十五日の夜、道灌山（東京都荒川区）に集まり、江戸には丸橋忠弥、大坂は吉田初右衛門と金井半兵衛、京都は熊谷三郎兵衛と加藤市右衛門をリーダーとして、人数を集めたという。

彼らの計画は、「さて忠弥は大風を待て、先二丸塩硝蔵に火を放ち、江戸の水源に毒を流し、江戸すでに事ありと聞ば、京坂も一時に旗をあぐべし、正雪は駿河の久能山を割拠して、東西に命令を伝ふべしなど手配を定め、各京坂に分散してひそかに借屋し、正雪は腹心の与党九人を引つれ駿府に赴たり」と、江戸の同志丸橋忠弥は、風の強い日を選び、江戸城二の丸の焔硝蔵《えんしょうぐら》に火を付けて爆破する。江戸の水源に毒を散布して市中を混乱に陥れ、同時に京・大坂でも蜂起する。首領の正雪は、駿河の久能山に陣取り、東西を指揮するという、大胆なものであった。当時、一党はひそかに京・大坂にも借家をしていた。そして、正雪はみずから腹心九人を連れて駿府に向かっていた。計画は、実行の一歩手前であった。

計画の露見

しかし、七月二十三日夜、一党の中から密告者が出た。すなわち、「この夜本郷にすめる処士丸橋忠弥、党をむすび不軌をはかるよし訴人あり、にはかに町奉行石谷十蔵貞清行むかひ、忠弥并に徒弟三人、妻子ともにめしとらへ獄につなぐ、又その魁首油井正雪は、駿河にありと聞えければ、新番頭駒井右京親昌追捕の事命ぜられいとま給ふ」と、本郷の丸橋忠弥が、徒党を組んで不法を働こうとしていると訴える人がいた。急ぎ町奉行の石谷貞清が向かい、忠弥、門人三人、妻子を捕え、獄につないだ。リーダーの正雪は、駿河にいるというので、新番頭の駒井《こまい》親昌《ちかまさ》が捕縛のため江戸を立った。

二十四日、幕閣も、「井伊掃部頭直孝の邸に松平伊豆守信綱会議す、丸橋忠弥が事によてなり、またその事により、箱根の関をかため、厳に行旅を査覈すべき旨、小田原城主稲葉美濃守正則に下知せらる」と、井伊直孝の屋敷に知恵伊豆が赴き、忠弥のことについて話し合った。このとき、東海道の箱根関所を固め、移動をしっかりチェックするよう、小田原藩主の稲葉美濃守正則《まさのり》に命じている。

この日、「歩行頭の宮城三左衛門和治が隷下の歩行士、忠弥が兄なるを以て獄に下さる」と、歩行頭の宮城和治の部下で、徒士の忠弥の兄が獄に入れられた。

二十五日には、正雪の追手として、御側兼番頭中根壱岐守正盛の与力が駿府に向かい、二十六日には、同じく中根の与力を中山道の碓氷《うすい》の関の警固に向かわせている。正雪一派の包囲網は、確実に強められていったのである。

正雪の最期と微忠

七月二十八日、ついに正雪は、駿府で最期を迎える。三日前の二十五日、正雪は同志八人とともに、駿河府中の梅屋という店にいるとの訴えがあった。早速捕り方が向かうと、正雪は同志とともに自害して果てたという。

正雪の主張は、遺書に残されていた。すなわち、「正雪死にのぞみ書のこせる文には、天下に対しいさゝか微忠の志あり、決して不軌を謀しにあらず、方に今幼主の御時、執政の輩輔導其道を得ず、政道横ざまにて下民困究す、能登入道が忠諫却て狂人といひなされ御咎を蒙る、このさまならんには、幼主の御ため尤然るべからず、よてしばらく人数をあつめ、酒井讃岐守などいへる君側の姦佞を追払ひ、天下の御為を志ざすなど、あらぬ事ども書つらねたりとぞ」と、自分は天下に対して、わずかな忠義の心はある。決して、誤った道を謀ったものではない。ちょうど今、幼将軍の時、補佐役たちはその道を得ず、政道を誤り民衆は困窮している。松平定政の忠諫も、かえって狂気の沙汰として咎められた。このような状態は、幼将軍のためにならない、そこで人数を集め、酒井忠勝ら誤った側近たちを追い払い、天下のために立ち上がろうとしたなどと、記されていたという。正雪らは、定政の主張を「忠諫《ちゅうかん》」（忠義心から主君をいさめること）として評価し、集団指導体制の幕閣らを批判したのである。

このような挙動にたいして、幕府側は、「必竟正雪は名を好むの賊、忠弥は無謀の小人にて、かゝる児戯にひとしき事より、遂に衆人をして大刑に誘引しぬるは、嗚呼なるしはざなりき」と、正雪は名声を好み、忠弥は小者であり、幼稚な計画を立てて、人々を重い罪に導くという歎くべき結果となった、として厳しく批判した。

慶安事件と紀州藩

しかし、そのなかに見逃せない重要な問題もあった。それは、「たゞしその遺書の内に、紀伊殿の御名をかりしは、全く衆人を誘召の計略なりしよしをば、返々白状せしとぞ、また其頃正雪が遺物の中より、紀伊殿の判物とてさゝげし者ありしかば、これを忠勝うけとりて紀邸に行むかひ、亜相に見せ参らせ」と、遺書のなかで、先に記したように、紀州藩主の名前を使ったことであった。それについて幕府側は、まったく多くの人を誘う計略であることを、繰り返し白状したと記しているが、さらに正雪の遺物から、紀州藩の判物（発給者自らが花押を据えた文書）を見つけた者がいたため、忠勝はこれを受け取り、紀州藩邸に向かった。

忠勝は、紀州藩邸において藩主徳川頼宣《よりのぶ》にたいして、「こは偽書に疑ひなし、かゝる物は直に焼すつるこそよけれとて、即時に引破り焼すて、さて申けるは、今より後御判などは、むつまじく召つかはるゝ近臣にも、御心ゆるさるまじく候と申ければ、卿は尤の事なりと仰けるを聞て、側にありし加納といへる少年つと立て腹切て死たり、こは此ものしりたるにあらざれど、当座無実の難を一身に引うけたるを見せけるとしられたり、かゝりければ其子孫、かの邸には登庸せられ、今も其祀を伝へしとぞ聞えける」と、まず偽書として破り焼き捨てた。そのうえで、忠勝は、今後印などは、近臣の者にも心をゆるして貸してはいけないと言った。頼宣が尤もと言ったのを聞いて、側近の加納という少年が、さっと席を立って腹を切って亡くなった。これは、この少年がかかわる話ではないが、無実の罪を一身に背負った行為という。そのため、少年の子孫が紀州家に登用され、今も先祖を敬っているという。

二十八日には、目付の石河利政《いしことしまさ》が、事後処理のために駿府に派遣された。

二十九日には、正雪・忠弥一味の五七人と、その妻子百余人が獄につながれた。そして、残る大坂の金井半兵衛や寺島孫九郎を捜索するように、尾張藩と木曽福島の関所にも出された。

慶安事件と松平定政

この日、先の事件の結果、松平定政を預かっていた兄隠岐守定行が、正雪の遺書で支持されていた弟定政と正雪一党との関係を心配して、急ぎ自領に向かっている。すなわち、「松平越中守定綱急脚をはせて注進せしは、弟能登入道が事、狂気のいたす所といへども、またいかなる謀あらんもはかりがたければ、定綱先これが居城に行むかひて鎮撫しぬ、又家人を国境に出して、あやしげなるものはからめとりて参れと令し置しに、定政は江戸をはしりいで、兄隠岐守定行にあづけらるゝと称し、西をさしてのぼりしをば、とゞめ置ぬとなり、よて定綱がふるまひ、心とゞきしとの褒詞を蒙る」と、定政の監視のために、居城の伊予松山に戻り領内を鎮撫し、家臣を国境に配置して、不審者は捕縛するように命じておいたが、兄に預けられていた定政が、兄定行のもとに預けられるといって江戸を走り出て、西に向かおうとするのを留めおいたという。幕府は、定綱の処置を褒めているが、幕府や伊予松平家が、定政と正雪残党との連携を警戒していたことがわかる。

翌晦日、「紀邸より、百か日御法会結願によて葛一箱献ぜらる」と、紀州藩邸から百か日法会をした報告があり、葛一箱が献上されているが、一連の疑惑を晴らすための行為ともいえる。この日、幕府は、「逆党十一人の姓名を、府内にふれながし査検せしめらる」と、正雪一党の姓名を示し、新番頭駒井親昌が駿府から帰り、正雪一党二五人を逮捕して獄に繋いだと報告し、大坂軍役で上京していた大番役が二隊、しばらく駿府に留まり、警固するように命じられた。そして、正雪一党の熊谷三郎兵衛が、桜田（東京都千代田区、ただし泉岳寺は現在の高輪に移築されている）の泉岳寺《せんがくじ》の空いた坊の中で、自殺したとの報告があった。

じつは、この七月、幕府は奇妙な法令を出している。すなわち、「この月令せらるゝは、しこなと異名をつけしものあらば、すみやかにうたへ出べし、昔より相撲をわざとなすものは、異名を付しとも、このゝちかたくとゞむべし、市中家持の事はいふまでもなし、家借て住むものも、その組合をわかちさだめ、無頼ものなきやう常に査検すべし、もしさるものあらば考覈して、その組合のものもおなじ罪に処せらるべし、市人等いさかひするときは、よりつどひてとり鎮め、争闘にばしむべからず、警火の事、風ふくときはわけて心を付、番人を増し、手桶に水をたくはへ、昼夜となく少しも怠るまじとなり」と、しこなや異名を持つ者は届け出ること、以前から相撲の力士で異名を持っている者も、今後はかたく禁止する。市中の家持はもちろん、借家人も組合を作り、無頼者がいないように、絶えず検査をすること。もし、そうした者がいた場合は、吟味して組合の者も同じ罪で罰すること、町人たちが喧嘩をした場合は、集まって取り静めること、風の吹くときは特に火事に注意し、番人を増やし、手桶に水を入れ、昼夜なく用心すること、などを命じている。

先の一党十一名の氏名を公表して手配する動きと一致するものであり、正雪一党が、偽名や変名を使って市中に潜伏することを防止しようとするためであった。正雪一党への追及・圧迫は、日を追って厳しくなっていったのである。

一党の掃討

翌月八月一日、幕府は、「正雪、忠弥が余党熊谷三郎兵衛が親族査覈すべき旨、松平安芸守光晟、松平千代熊に仰せ下さる」と、松平（浅野）光晟《みつあきら》（広島藩主）と松平千代熊（毛利綱広、長州藩主）にたいして、先に泉岳寺で自害した熊谷の家族の吟味を命じた。

翌二日、京都から勅使が到着し、四代将軍家綱の将軍宣下の儀式の準備が始まる。八日、「けふ諸駅に令せらるゝは、伝馬の御朱印、さき〱のごとく駅々にて拝覧し、人馬とゞこほりなく出すべし、駅路宿次の券は宿老連署の外、京よりは板倉周防守重宗、大坂よりは両町奉行、或は定番、駿河よりは両町奉行または城代大久保玄蕃頭忠成、城番井戸新右衛門直弘印記すべし、その他の券にては一切通すべからずとなり」と、街道の宿駅にたいして、人や荷物を運ぶ伝馬の朱印を、以前のように宿駅で確認し、命じられた人馬を滞りなく差し出すことを指示した。その朱印状は、京都からは所司代の板倉、大坂からは町奉行など、駿府からは町奉行か小田原城代大久保忠成《ただなり》、あるいは城番が確認の印を押すので、これらの許可証以外の者は、一切通さないことも命じている。

十日には、品川鈴ヶ森（東京都品川区）の刑場において、忠弥他二八人が磔《はりつけ》とされ、二六人が大辟《たいへき》（死刑）となった。さらに正雪以下、駿河で自害した者たち一〇人は、梟首《きょうしゅ》に晒《さら》された。

十三日には、「この日故の一伯入道忠直、配所にて設けし松千代（永見《ながみ》長頼《ながより》）、熊千代（永見長良《ながよし》）といへる二人の庶子は、松平越後守光長が家人とし、入道が配所にてたまはりし五千石の地も、越後にてかへたまはる旨仰下さる」と、松平定政が配所でもうけた二人の庶子は、越後高田藩（新潟県上越市）の松平光長の家臣とし、定政が配所で与えられた五〇〇〇石の地を越後に替えられている。

同日、「中間頭《ちゅうげんがしら》大岡源右衛門父子佐渡に遠流せらる、こは忠弥に宅地かし置、其上諸浪人等群集せしをもうたへ出ず、所属にも逆徒に加はりしものあるがゆへなり、又其余党金丸権左衛門は土屋民部少輔利直、河内山八兵衛は三浦志摩守安次、小川六左衛門は戸田主膳忠昌、斎藤九右衛門は京極主膳高通、加藤長右衛門は建部内匠政長、画工彦兵衛は堀大学直輝へ召あづけられ、その外催促に応ぜざりし浪人十五人はゆるさる」と、中間頭の大岡源右衛門父子は、丸橋忠弥に宅地を貸し、そこに諸浪人が群集していても訴え出ず、自分の組の者に正雪一党に加わる者までいたことから、佐渡に流された。さらに、画工を含む正雪一党六人は、彼らはおそらく幕臣と思われるが、出頭に応じないことから、大名に預けられた。

十四日には、訴人に対する褒賞が行われている。すなわち、「またこたび逆党の事訴へし処士林理左衛門知古は五百石、松平伊豆守信綱の家臣奥村権之丞が弟八左衛門某、従弟七郎左衛門幸忠、処士田代次郎右衛門信久は三百石づゝ給はり、四人とも御家人に召くはへられ、また弓工藤四郎は廩米百五十俵加へて弐百俵になされ、別に銀百枚下さる、権之丞には金拾枚、時服弐下され、信綱の臣たれば、信綱より五百石加恩せしとなり」と、牢人や「知恵伊豆」松平信綱の家臣の親族らが、石高や蔵米を与えられ、御家人に召し抱えられている。

十八日には、ついに家綱の将軍宣下の大礼がおこなわれ、この場に渦中の紀州藩主頼宣も列席している。同日、大坂では、「又さきの叛党坂城の与力吉田勘右衛門を、摂州有馬にて捕吏等討取、金井半兵衛は天王寺にて自殺せんとせしを搦捕、其父市左衛門は長柄川に入水せし旨注進あり」と、正雪一党の大坂地域の首領吉田勘右衛門を摂津有馬（兵庫県神戸市）で討ち取り、金井半兵衛は天王寺（大阪市）で自殺しようとする所を捕え、半兵衛の父は長柄川で入水自殺したとの知らせがあった。

九月九日には、「さきに丸橋忠弥が党人等を追捕せし町奉行の下吏に銀卅枚、相州煤谷村の代官下吏に銀廿枚、農民に米三百苞下さる」と、一党を捕縛した町奉行や代官の下役人、農民に褒美が与えられた。

十九日には、「この日稲垣摂津守重綱三州刈屋の城をたまはる」と、松平定政の跡の刈谷藩主に稲垣重綱《しげつな》が任じられた。

こうして、由井正雪の「慶安事件」は終息した。由井正雪、丸橋忠弥ら牢人たちは、明白な「敗者」であった。しかし、彼等が「勝者」である幕府に与えた衝撃は大きかった。この事件を機に、幕府は支配の理念と方法を大きく転換していくのである。

3 慶安事件以後

幕閣の議論

慶安事件後の幕閣の議論を見ておきたい。『徳川実紀』によれば、十月十日、幕閣は、この事後処理をめぐって江戸城で議論している。すなわち、「井伊掃部頭直孝、保科肥後守正之并に大老、執政の輩、白木書院に会集して政を議しけるに、酒井讃岐守忠勝申けるは、去頃正雪、忠弥が党、非望のくはだてをなし、既に海内の騒擾に及ばんとせり、祖宗の威霊と国家の幸福をもて、速に其こと露顕して静謐に及ぶ」と、酒井忠勝は、先に正雪一党は、野望の計画により国内を争乱に導こうとしたのを、家康の霊威と国家の幸福により、さっそく事件が露顕して社会は静謐になったと述べた。忠勝は続けて、「これしかしながら、天下の処士等、多く府下に群居するゆへ、かゝるひが事も出来るによて、この後府下の処士を悉く追払はゞ、永世静謐の基たるべし」と、この原因は、江戸に牢人たちが多数住んでいるために起きたことであり、今後彼等をすべて追い出せば、永久の静謐の基本になると主張した。

これにたいし、「正之并に松平伊豆守信綱も、此義尤しかるべしと申けるに、阿部豊後守忠秋聞て、忠勝の議その理なきにあらずといへども、必竟国家の令甲、かくのごとく狭隘なる事あるべからず、府下は天下の諸大名の会期する地なれば、何方にも出身するに便あるをもて、処士のたづきなき者、みな来りて府にあつまり、生産をもとむるなり、しかるに処士みな追払はれば、彼等出身の路を失ひ、旦夕にせまりて進退きはまらば、又いづかたにひそまりて山賊、強盗をもなし、良民の害を企むもはかりがたし、又彼等、さしあたりての困究はさらなり、その妻子たるもの、いかで悲歎せざらんや、この事ゆめ〳〵しかるべからずと申しけるに」と、まず保科正之と松平信綱が尤もと、忠勝に同意した。しかし、阿部忠秋は、国家の法令がこのように狭いものであってはならない。江戸は天下の大名たちが集まる場所であるので、どこの出身の牢人であっても、みな江戸に来て仕事を得ようとする、これをすべて追い払えば、彼等は世に出る道を失い、進退がきわまる。また、どこかで山賊や強盗を働くことになり、市民に害を企てる者も出てくる。しかも彼等自身当座の困窮がすすみ、その妻子も悲嘆する、牢人追放は、決しておこなってはいけない、と反論したのである。

阿部の意見を井伊直孝が支持した。すなわち、「直孝聞て、忠秋申さるゝ処尤その理あり、かれ等府下に群居して、いかなる悪事を企たりとも、又此度のごとく追捕せられんに、何のかたき事かあるべき、天下の生霊はみな上の民なり、正雪等が所為に手懲して、諸浪人を追払ひ、彼等を飢餓せしめしと評論せられん事、天下後世に対し尤恥べきなりと申けるに、忠勝も信綱も感服して、その議はやみぬるとぞ」と、井伊は、牢人が江戸に多数住んで悪事を企もうとも、またこのたびのように捕えればいい、何の難しいことがあろうか。天下の人々は、すべて将軍の民である。正雪の事件にこりて、牢人たちを追い払い、飢えさせようと議論することは、天下や後世への恥であると主張すると、忠勝や信綱も感服して同意したという。

文治政治への転換

この議論は、当時幕閣内部に「武断政治」（牢人の江戸追放という強硬路線）と「文治政治」（江戸追放に反対する温情路線）の二つの流れがあり、後者が前者を押さえ込むのに成功したことを示すものといえる。

先の松平定政事件が、大名という上層武士の幕政批判であったのにたいし、慶安事件は、牢人という武家奉公からドロップアウトした者たちの幕政批判であった。家綱政権は、その成立段階において、武士階級内部から厳しい洗礼を受けたのである。

以上のような状況にたいし、家綱政権がおこなった政策は、前代までの強圧的な「武断政治」から、儒学思想を基礎として、将軍の権威を高め、法律や制度を整え、人々を教化して社会秩序を保とうとする「文治政治」への転換であった。

この会議の翌日の十二月十一日、幕閣は「末期養子の禁の緩和」とよばれる法令を出した。すなわち、五十歳以下の者が死に臨んで急に養子を願い出た場合、家柄・血統が確かならば、これを認めるというものである。

栗田元次の研究によれば、慶長七年（一六〇二）から慶安三年（一六五〇）までの約五〇年間に、末期養子の禁のために改易・転封された大名は五八家、幕府が没収した石高は四三〇万石弱にのぼる。この石高は、当時大名処罰で没収した石高全体の四三パーセント余にあたる。いまこれを慶安二年の軍役令の一万石＝二三五人という基準で換算すると、一〇万一〇五〇人の牢人が末期養子の禁のために発生したことになる。この禁の緩和により、以後、牢人の発生が大きく制限されることになるのである。

承応事件

しかし、翌慶安五年（承応元年・一六五二）、江戸で慶安事件の余波ともいうべき牢人たちの蜂起未遂事件が起きた。幕閣の予感が当たったのである。同年九月十三日、「今夜松平伊豆守信綱がもとへ、普請奉行城半左衛門朝茂が家人長崎刑部左衛門嘉林といふもの来りて訴へしは、別木庄左衛門、林戸右衛門、三宅半六、藤江又十郎、土岐与左衛門といへる処士、このほど無頼の悪少年をかたらひ党をむすび、此十五日三縁山御法会畢をまちて、風烈しき夜、寺のほとり二三か所に火を放ち、寺に乱入し金帛を奪ふべし、其時は執政の人々、消防の下知すとて出馬せらるべし、もし出馬あらば物陰より鉄砲にて打取べし、さらば府内大に騒動すべければ、其虚に乗じ天下の変をうかゞはんとの結［構］す、吾もしゐて其党に入べしとすゝめられしかば、同意せしよし答て、即時注進するとなり」と、松平信綱のもとに、夜、普請奉行城朝茂の家臣長崎嘉林が直訴に及んだ。内容は、二日後の三縁山《さんえんざん》（芝増上寺）の法会が終るのをまち、風が強い夜をねらい、寺の周囲二、三か所に火を付け、寺に乱入して金帛《きんぱく》（金と絹）を奪う。そして、幕閣らが消防を指揮するために出馬してきたところを、物陰から鉄砲で打ち取るというものであった。そうして江戸中を騒動状態とし、混乱に乗じて天下をねらうという計画であった。長崎嘉林にも仲間に加わるよう誘いがあったので、長崎は同意したふりをして、すぐさま訴えたのである。

この知らせを受けて、幕閣は、「信綱これを聞速にまうのぼり、阿部豊後守忠秋が増上寺にありしをもよびむかへ、酒井讃岐守忠勝が日光山に赴くをもとゞめ、老臣衆議して両町奉行に、みづから行むかひ、反人等を追捕すべき旨を令す、又今夜烈風なれば、こと更人数を増し、寺を警衛せしめたり、町奉行神尾備前守元勝、石谷左近将監貞清各人数を引つれ、芝札の辻幷に増上寺門前町に押寄しに、彼者ども勇をふるひ、拒ぎたゝかひしかば、取（捕）手も手負者少からざりしかど、遂にことごとく搦取ぬ、土岐与左衛門は逐電して、行衛しれずとぞ聞えし」と、松平信綱は急ぎ登城し、増上寺にいた阿部忠秋を呼び返し、酒井忠勝が日光に行こうとするのを留めた。そして、いつものように、皆で相談し、町奉行に、自ら出動し、謀反人らを捕えるよう命じた。また、今夜は風が烈しいので、寺の警備の人数を増やした。神尾《かんお》元勝《もとかつ》と石谷貞清の両町奉行は手勢を率いて、芝札ノ辻（港区）と増上寺門前（同）に押し寄せたところ、一味は必死で戦ったので、取り手方も多くの負傷者を出した。一味の土岐は逃れて行方知れずになったという。

十五日には、老中阿部の家臣で、戦国時代武田家に仕えた山本勘助の孫の山本兵部が、一味に加わったと訴える者がいて、兵部が捕えられた。先に逃れた土岐も増上寺の裏で自殺を図ったものの、いまだ死なないうちに、訴人が出て町奉行の下役人に捕えられた。

二十日、増上寺の法要が無事終わった。翌二十一日、一味に加わった者と、その一族は皆死刑となった。首領の別木庄左衛門も、このとき処罰されたといわれる。

二十八日には、普請奉行の家臣長崎嘉林が叛乱の企てを訴えたことにより褒賞され、五〇〇石を与えられ御家人に加えられている。十月十日には、牢人たちの親戚が浅草（台東区）で公開刑に処された。

この別木庄左衛門ら牢人たちの蜂起計画は、年号をとって承応《じょうおう》事件とよばれる。しかし、すでに幕閣たちの議論で見られたように、江戸市中の牢人らによる承応事件は、いわば「想定内」の出来事であった。こののち、幕府は、江戸市中の牢人らを厳しく検査することにより、牢人の叛乱を未然に防ぐという危機管理体制を強化していった。事実、これを最後に、牢人たちが武力をもって正面から幕府に異議申し立てをする企てはなくなったのである。

慶安事件と承応事件の関係者を厳しく処分する一方、幕閣は、江戸市中の牢人対策を積極的に推進していった。

牢人対策

『徳川実紀』によれば、十月十八日「この日巡夜番の輩に令せらる丶は、頃日辻切するやから多ければ、怠なく見廻り、辻番人もし熟睡するか、あるは風雨の夜など、番所を戸ざし臥たるものあるは、検撿して二三人も搦取べしとなり」と、辻斬り防止のために、江戸の夜間の警備体制、治安体制を強化したのである。

二十六日には、「令せらる丶は、今度府内に散在する処士を、査［検］せらる丶によて、恐懼するものあるべけれども、罪せらる丶にもあらず、又追払はる丶にもあらず、地を借すともがらも、心まかせにかしあたふべし」と、このたび江戸に散在する牢人を査検することから、牢人たちには恐怖する者もあるが、罰せられたり、追い払われるわけではない。土地を貸す者も自由に貸し与えていい。ただし、寺社は寺社奉行、町は町奉行、江戸近郊は代官に訴え、帳面に記載すること、新たに貸すさいも同じく帳面に記載すること、また、武家屋敷に抱えおく場合も所属の上司に報告し、帳簿に記すことが指示された。

こうした法令の必要性を裏づけるように、この時期、治安や風俗の悪さを示す事件が続いている。同二十五日、「又訴人ありて、賤吏四人、万石以上の家人并に処士五人追捕せらる、博奕の罪科によりてなり、今夜水邸の家士吉田平三郎宅地の界を争ひて、鷹匠真野庄九郎正勝を切て逐電す」と、博打の罪で武士九人が捕縛され、また別に水戸藩の家臣が宅地の境を争って、鷹匠を斬り殺して逃亡した。

二十九日には、「小普請岩間勘兵衛吉次、小十人組小笠原七右衛門某、并に賤吏、その外藩士、処士等若干繋獄せらる、これも博奕せしによりてなり」と、幕臣や牢人らが、博打の罪で投獄された。

こうして、江戸の治安・風紀の秩序は、多くの武士階級の「敗者」の上に形成された。しかし、これは同時に、将軍家綱のもとで、教化にもとづく新たな秩序の強化・安定化、すなわち文治政治への転換を意味した。

寛文三年(一六六三)五月二十三日、幕府は、主君の死のあとを追って切腹して死ぬことを禁ずる「殉死の禁」を出し(「御当家令条」)、同五年七月十三日には、幕府に人質(証人)を出す「証人制」を廃止した。この殉死の禁と証人制の廃止は、「御代善政」(家綱政治の善政)の中の「一大美事」とされ、戦国時代の遺風を一掃し、文治政治の流れを作った点において、大きな意義をもったのである。

4 徳川秩序の確立

前期御家騒動の展開

近世前期の武家秩序の確立は、これに適応する大名家(藩)の秩序形成としても展開した。その過程で、大名家内部の権力闘争＝「御家騒動」が起こる場合もあった。これを、近世中期、後期の御家騒動と区別して、近世前期の御家騒動とよぶ。ここでは、筑前福岡黒田家と讃岐高松(香川県高松市)生駒《いこま》家の例を見る。

筑前福岡黒田家五二万石の祖黒田長政は、秀吉子飼いの武将であり、のち家康に仕え、関が原の戦功によりこの地を与えられ、元和九年(一六二三)に没したが、跡を継いだ忠之《ただゆき》は粗暴とされる。一

29―黒田忠之

方、黒田家の「一の老職」とよばれる家老で、忠之の傅役《もりやく》であった栗山大膳《だいぜん》（利章《としあき》）は、一万八〇〇〇石の大身であり、長政死後、忠之に意見することが多くなり、忠之と対立した。忠之による大膳毒殺の噂もあり、大膳は、福岡の屋敷に引き籠もった。寛永九年（一六三二）六月十一日、忠之は大膳の屋敷を包囲すると、大膳は息女を人質として差し出し、忠之を油断させたうえで、家臣や仲間を集め、あらためて屋敷に立て籠もった。長崎奉行の竹中重義《しげよし》（豊後府内藩主）が騒動に介入し、大膳を豊後府中に預かった。一方忠之は、領国を固めるなど緊張が高まった。結局、幕府が審議することとなり、寛永十年三月江戸で審問がおこなわれた。大膳は、忠之が謀叛を企てたので意見したと「忠之謀叛」を訴えたが、この主張は証拠がないと認められず、大膳は南部藩（岩手県盛岡市）お預け、忠之は領地を安堵された。この結果、藩主黒田家の地位は保全されたが、以後、家老の合議制が強化されることとなり、藩制の官僚化が進んだ。

また、讃岐高松生駒家の祖生駒親正《ちかまさ》は、織田信長に仕え、秀吉の与力となり、讃岐一国の領主となった。元和七年親正の曾孫高俊は三歳で藩主となり、藤堂高虎父子が後見人となった。寛永三年、讃岐の農村が干ばつとなり、その責任をめぐり藤堂家を背景とする江戸家老の前野助右衛門（五〇〇〇石）と、譜代重臣派の国家老の生駒将監《しょうげん》・帯刀《たてわき》父子が対立し、病死した助右衛門の子治太夫は藩士とともに藩を去った。寛永十七年七月二十六日、幕府は、治太夫らを徒党の罪で死刑に処する一方、高俊は家中を治める器量なしとして出羽国由利矢島（秋田県由利本荘市）に流し、生駒家は取り潰しとなった。生駒家の跡には、寛永十九年に、松平頼重《よりしげ》が常陸国下館《しもだて》（茨城県筑西市）から一二万石で入封した。

さらに、同じく豊臣系の有力大名家で賤ケ岳七本槍の一人、加藤嘉明《よしあき》らを祖とする会津（福島県会津若松市）加藤家四〇万石の場合、寛永十六年四月十六日に嘉明の跡を継いだ嫡子明成《あきなり》と、加藤家重臣で猪苗代《いなわしろ》（福島県耶麻郡）城主の堀主水《もんど》との対立が明確化した。原因は、主水の従者と他の家臣の従者が争論し、明成は主水側を非とした。同日、怒った主水は、一族郎党あわせて三〇〇人余で槍や鉄砲を持ち会津を出奔した。主水らは、城下のはずれで若松城に向かって発砲し、途中橋を焼き落とし、さらに関所を破った。明成は討っ手を差し向けたが、間に合わなかった。しかし、明成は、鎌倉、高野山、紀州徳川家領と執拗に主水を追ったため、たまらず主水は江戸に出て幕府大目付に訴えた。寛永十八年三月、幕府は評定所で審問をおこない、主水に理はあるが、会津退去のさいにとった行動を問題とし、主水と弟二人を明成に処罰させた。寛永二十年、明成は病を理由に領地返上を申し出、同五月二日、幕府はこれを許し、嫡子明友《あきとも》に石見国安濃《あの》郡（島根県）に一万石を与え、明成を預けた。同二十年、加藤家の跡の会津には将軍家光の異母弟の保科正之が、二三万石で入国した。

以上、前期御家騒動では、藩主対家老・重臣という対立が多く見られた。藩主の地位・権力がいまだ十分に確立していなかったことを示すものであった。そして、これらの決着には、幕府権力が深くかかわっていた。幕府は、公儀としてこの騒動を裁き、藩主の地位・権力を保障する方向で解決したのである。さらに、騒動により没収した跡地に、多く徳川一門譜代の大名たちが入ったのも特徴的である。こうして、豊臣系外様大名は次々と姿を消し、徳川系大名たちが進出した。ここにも、徳川の新秩序確立過程における「勝者」と「敗者」を見ることができるのである。

民間秩序の編成

町人の住む町、農民の住む村でも新たな秩序が確立した。

町や町人の存在形態はさまざまであるが、江戸の場合、町の責任者である町名主は、幕府からの触や達を伝達したり、訴訟や願書の保証人になったりして、もめごとの仲裁、人別改めなど、町政にかかわるさまざまな仕事に責任を持った。江戸の町人は、家持《いえもち》（地主）、家主《やぬし》（家守・大家）、地借《じがり》・店借《たながり》の三つに分けられる。家持は、地主として自分で所有する家屋敷に住んでいる人をいう。家主は、家守または大家ともいわれ、家持から家屋敷の管理をまかされ、地代や代金を集めた。また、管理している家屋敷とその住人（店子）にも責任を負った。家主が集まって五人組を構成し、五人組のなかから毎月交替で、町内の事務や幕府に命じられた仕事を務める月行事が任命された。月行事は、毎月交代で町内におかれた自身番屋に詰め、町名主を補佐し、触を伝達し、訴訟の保証人になり、奉行所の検査に立ち会った。また、防火や防犯のために見まわりをしたり、捨て子や行き倒れ人などの世話をしたりした。捨て子は、町で世話をしたのちに、子を望む家に引き取られた。

地借は、地代を払って借りた土地に、自費で家を建てた人で、裕福な中層以上の町人が中心であった。

店借の店とは家のことで、表通りに面した店舗を借りてさまざまな商売をする表店借と、路地をはいった長屋を借りる貧しい裏店借がいた。裏店借は、日給ではたらく日雇や、ほそぼそと暮らす職人などであった。また、店舗をもたずに天秤棒に下げたかごに野菜などを入れ、かついで売り歩く行商人（棒手振《ぼてふ》り）もいた。彼らの多くは、村で農家のあとをつがない二男、三男たちであった。日当はわずかで、一日の食費や家賃を差し引くと、金はほとんど残らなかった。

長屋には、井戸やゴミ溜め、便所などがあり、共同で使用していた。また、稲荷社もあって、人々の信仰を集めていた。

一方、村にも新たな秩序ができた。農民には、自分の土地をもち、年貢を納める本百姓と、土地をもたない水呑百姓《みずのみ》（無高百姓）がいた。本百姓は、村の寄合（集会）に参加し、村の運営にたずさわった。また、調理用や暖房用の薪を取るなど、山野を共同で利用する入会の権利や、農業や生活のための用水を管理し、利用する権利などをもっていた。

また、水呑百姓は、自分の農地をもたず、他人の田畑を耕すことで生計をたてた。彼らは、年貢を納めないかわりに、村の政治に参加することもできなかった。

村には、名主・組頭・百姓代の村方三役がおかれた。名主は村の責任者であり、地域によっては庄屋、肝煎《きもいり》などともよばれた。年貢は、村単位で、名主が責任をもって集め、領主に納めた。このような年貢の納め方を「村請制」という。名主は、日照りや水害などで不作の年には、領主に年貢の減額を願い出た。また、村内を取り締まり、村民同志の争いごとをおさめた。さらに、用水や山野の利用、争いごとなどについて他村と交渉し、領主への報告書を作成・管理し、領主からの触や達を農民たちに伝えた。

組頭は、名主の補佐役であり、百姓代は名主や組頭がおこなう村政に不正がないか監視する役である。

農民は、およそ五軒を基準に五人組を作り、農業や生活で互いに助け合った。しかし、他方では、年貢を納めるさいには、連帯責任を負わされたり、犯罪を起こさぬように監視しあったりした。村には、村の法律（村掟）があり、これに違反すると村内で交際を断たれる村八分などの制裁もおこなわれた。

農民たちは、田植えや稲刈りなど忙しい時には、互いに協力した。屋根の修理も協力しあい、川の堤防普請、川浚《さら》い、堀浚い、道の補修なども、総出で働いた。

町や村においても、あらたな共同体・共同組織が形成され、近世的秩序が確立したのである。

かぶき者の消滅

この時期、形成されつつある社会秩序にたいして、反社会的行動によって不満を表現する若者たちもいた。彼ら反社会的行動をとる者たちは、当時「かぶき者」とよばれた。「かぶく」の原義が「傾く」とされるように、彼らは派手かつ異形《いぎよう》の風体をして町で示威行動を展開した。

慶長九年八月の豊国大明神の臨時祭礼を描いた「豊国祭礼図屏風」には、「いきすぎたりや廿三」と記した太刀をもち、喧嘩をする若者が描かれている。

また、慶長十七年、江戸のかぶき者のヒーロー大鳥居一兵右衛門（大鳥逸平、大鳥一兵衛とも）が処罰されたが、その大刀の鞘にも、「廿五までいきすぎたりや一兵衛」と記されていたという（『慶長見聞集』）。戦国時代が終わり、社会秩序が確立するなかで、当時の若者の閉塞感と意地、見栄が示されている。

正保五年（慶安元年、一六四八）七月二十二日、幕府は町人にたいし、長刀や大脇差を差し、武家奉公人のまねをして「かぶく」姿をし、粗暴で不作法な者がいる場合は、目付衆が見廻り、見つけしだい捕え、罰することをあらためて町中に触れている（『徳川禁令考』三一四五号）。

『徳川実紀』では、承応元年正月二十日、かぶき者を、次のように説明している。すなわち、大目付の命により市中に役人を向かわせかぶき者を捕らえるので、かぶき者をかくまうことを禁じたうえで、「かぶきものといふは、中小姓以下の者にて、天鵞絨の襟ある衣を着し、大撫付、立髪、大鬚をつくり、太刀、大脇差をさして、遊行するものなりとぞ」と、天鵞絨《ビロード》の襟《えり》のついた衣服を着て、髪を大撫付《おおなでつけ》（総髪）や立髪《たてがみ》（長髪）にし、大鬚《おおひげ》をたくわえ、大刀や大脇差をさして遊び歩く、中小姓《ちゅうこしょう》以下の者で、武家奉公人とした。しかし、これをまねる町人たちも、多数あらわれた。彼らはその派手な姿をもって、「奴《やっこ》」「男伊達《おとこだて》」などともよばれたという。

同年六月二十日、幕府は、当寺歓楽街として賑わっていた堺町《さかいちょう》（東京都中央区）の少年たちの前髪をすべて剃らせた。最近、大名や旗本の男色が横行し、かぶき者を集め、酒の酌をさせ、競って遊ぶことは法を逸脱している。また、大坂では保科忠正の屋敷で、少年たちが盃を交わし、闘争に及ぶ寸前であったこともあり、幕閣は相談し、京都・大坂にも同様に、かぶき者の少年たちの取締りを発布している。

また、明暦三年（一六五七）七月二十二日、当時「かぶきもの」と称する遊侠たちが、半なでつけ（髪を結わずにときつけて後方に流したままにすること）にし、下髭《したひげ》（口の下の髭）をたくわえ、草履取りなどの下僕に絹布の襟や帯など着付けさせて、町を徘徊する風俗を禁ずる「かぶき者禁制」を出している。

この時期、武士・町人の身分の違いを超えて、「かぶき者」が町に横行していたことが知られるのである。

幡随院長兵衛と水野十郎左衛門

30── 幡随院長兵衛

彼ら「かぶき者」は、集団で「かさつなる」行為をおこない、喧嘩などをくり返した。『徳川実紀』明暦三年七月二十九日の記事によれば、先の正保五年「かぶき者禁制」が出される四日前の七月十八日、「此十八日寄合水野十郎左衛門成之のもとに、俠客幡随（院）長兵衛といへるもの来り、強て花街に誘引せんとす、十郎左衛門けふはさりがたき故障ありとて辞しければ、長兵衛大に怒り、そはをのれが勇に恐怖せられしならんとて、種々罵り無礼をふるまひしかば、十郎左衛門も怒りにたえず討すてゝ、其よし町奉行のもとに告しかば、奉行よりも老臣にうたへしに、長兵衛処士の事なれば、そのまゝたるべきむね老臣より令せられしとぞ」と、旗本奴の水野成之《なりゆき》のもとに俠客の幡随《ばんず》院長兵衛《いんちょうべえ》が来て、強引に花街に誘った。水野は今日は都合が悪いというと、長兵衛は大いに怒り、それは私の勇気に怖がっているとさんざん罵倒し無礼をした。そのため、十郎左衛門は怒り、長兵衛を斬り殺し、町奉行のもとに訴えた。町奉行は幕閣に訴えたが、幕閣は被害者の長兵衛は牢人なので、十郎左衛門はそのままにすべしと命じた。

罪を問われなかった十郎左衛門であったが、その素行は改められず、ついに幕府から罰されることになる。すなわち、寛文四年（一六六四）三月二十七日、「小普請水野十郎左衛門成之無頼の聞えあるにより、昨日評定所に召て、松平阿波守光隆に預られんとせしに、被髪して袴も着せず、其様尤不敬なればとて、切腹せしめらる、其母弟は光隆に預らる」と、十郎左衛門は、幕府の評定所に呼び出されたさい、被髪《ひはつ》（髪を結わずに解き乱してある状態）で袴も着けなかったため、「尤不敬」として、切腹させられた（『徳川実紀』四―四九六）。

三月二十八日、「此日水野十郎左衛門成之が二歳の男子を誅せらる、女子は松平阿波守光隆にあづけらる」と、水野の男子は殺され、女子は阿波徳島藩主松平光隆に預けられた。

この時期流行した「かぶき者」であったが、幕府の支配体制が確立し、彼らへの統制が強化されることにより、活動は急速に終息していった。五代将軍綱吉の時代の貞享三年（一六八六）、火付盗賊《ひつけとうぞく》改《あらため》の中山勘解由《かげゆ》が旗本奴二百数十人をいっせいに検挙し、厳重な処分をして以後、「かぶき者」の活動は、すっかり影をひそめた。

派手な衣装で「異議申し立て」をおこなった武士・町人などの若者たち、「かぶき者」もまた、徳川秩序の確立・編成のもと、「敗者」として歴史の舞台から去っていったのである。

本章では、大名、旗本・御家人、牢人など、「徳川の平和」＝「近世的秩序」の確立とともに、巨大な秩序に編成されていった武士諸階層の、さまざまな「異議申し立て」を見てきた。これらは、いずれも「自らの武力」を背景に、「自らの意志」で「自らの生き方」を決めてきた戦国までの武士の武力や論理が、大きく制限されることへの「異議申し立て」であった。しかし、これらが、あくまで

「戦国への回帰」であり、「武士の自由」の主張である限り、幕府が許すはずはなかった。江戸時代の武士たちは、徳川将軍家を頂点として、国家規模で編成された巨大な組織の中で、自らの判断を超えた法＝規律にもとづくことによってのみ、存在を許されることになった。近世的秩序の形成過程において、社会的、身分的には「勝者」の地位を得た武士たちであったが、彼らの意識には、確実に「敗者」の部分も存在したのである。

Ⅳ もう一つの享保改革

将軍の地位と政治をめぐる尾張家対紀州家

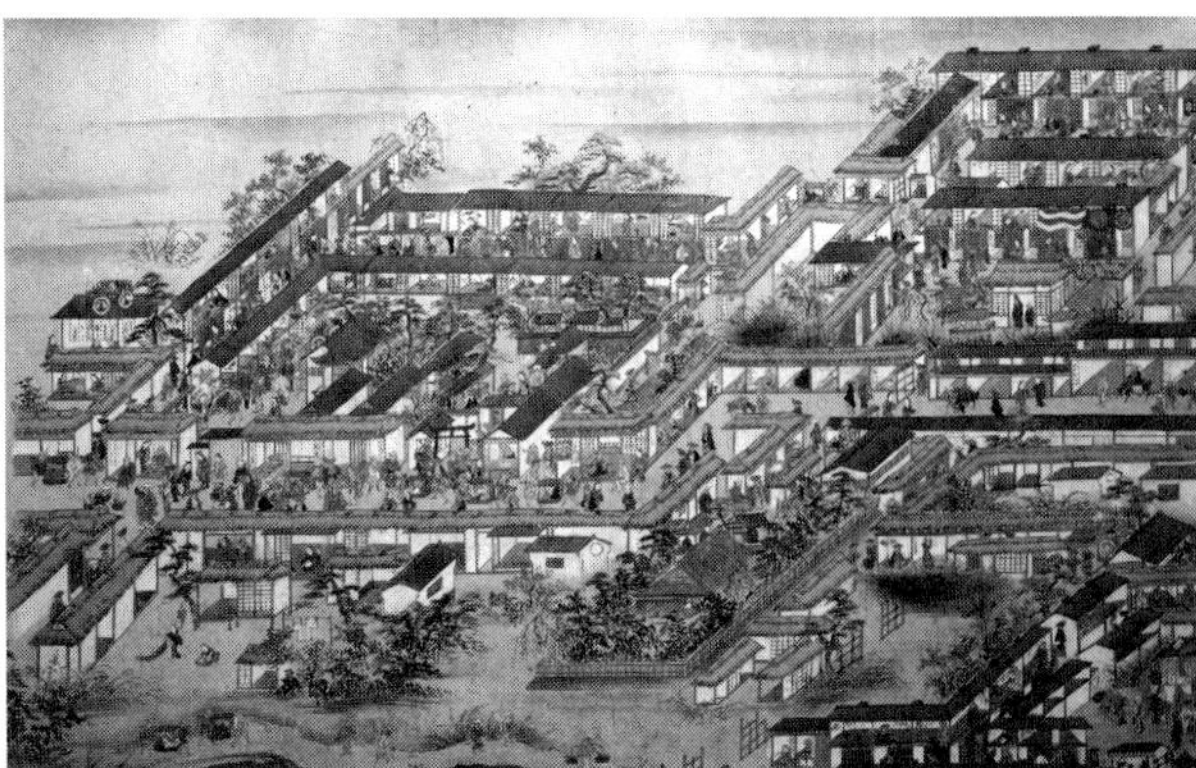

31──名古屋の繁栄
質素倹約を推進した吉宗の享保改革に対抗して，徳川宗春は名古屋城下に華美・消費を奨励した．名古屋は三都を越える繁栄を見せ，住民の支持を集めた．(『享元絵巻』)

1 将軍就任

尾張家と紀州家

関が原の合戦（一六〇〇年）から一一三年、江戸幕府の成立（一六〇三）から一一三年、大坂夏の陣の豊臣滅亡（元和偃武《げんなえんぶ》）から一〇一年たった正徳六年（一七一六）は、「徳川の平和」と「文明化」が、社会・国民の間に深く浸透した時期であった。しかし、この年、中央政界で大きな変動が起きた。四月三十日、七代将軍家継が、跡継ぎのないまま八歳で病死し、幕初以来一〇〇年間続いてきた徳川将軍家の血筋が絶えたのである。

本書がこれまで見てきた対立は、徳川家と対抗者の関係であり、「勝者」はいずれも徳川家であり、「敗者」は対抗者たちであった。しかし、徳川体制が安定した江戸中期、今度は「勝者」徳川家内部で、将軍職をめぐる対立が生じたのである。

こうした非常事態に対処するために、徳川家康が設けたのが、尾張、紀州、水戸の御三家であった。この時期、御三家の当主は、尾張が継友《つぐとも》（二十五歳）、紀州が吉宗《よしむね》（三十三歳）、水戸が綱条《つなえだ》（六十一歳）であった。

六代将軍家宣の侍講《じこう》新井白石の自叙伝『折たく柴の記』によると、家宣は重病の枕元に白石を呼び、子の家継がいまだ幼少なので、跡継ぎは尾張家四代の吉通《よしみち》にしてはどうか、と相談している。

これにたいし白石は、実子がいないのならばともかく、家継がいながら、吉通を後継にすると、将軍家に派閥争いが起こる危険性があると述べ、家継を将軍にすべきと主張した。家宣は、この意見を受け入れ、家継を後継者に決定し、正徳二年十月十日に、御三家にたいして家継の補佐を依頼し、その四日後に死去したのであった。

32 ―徳川氏略系図

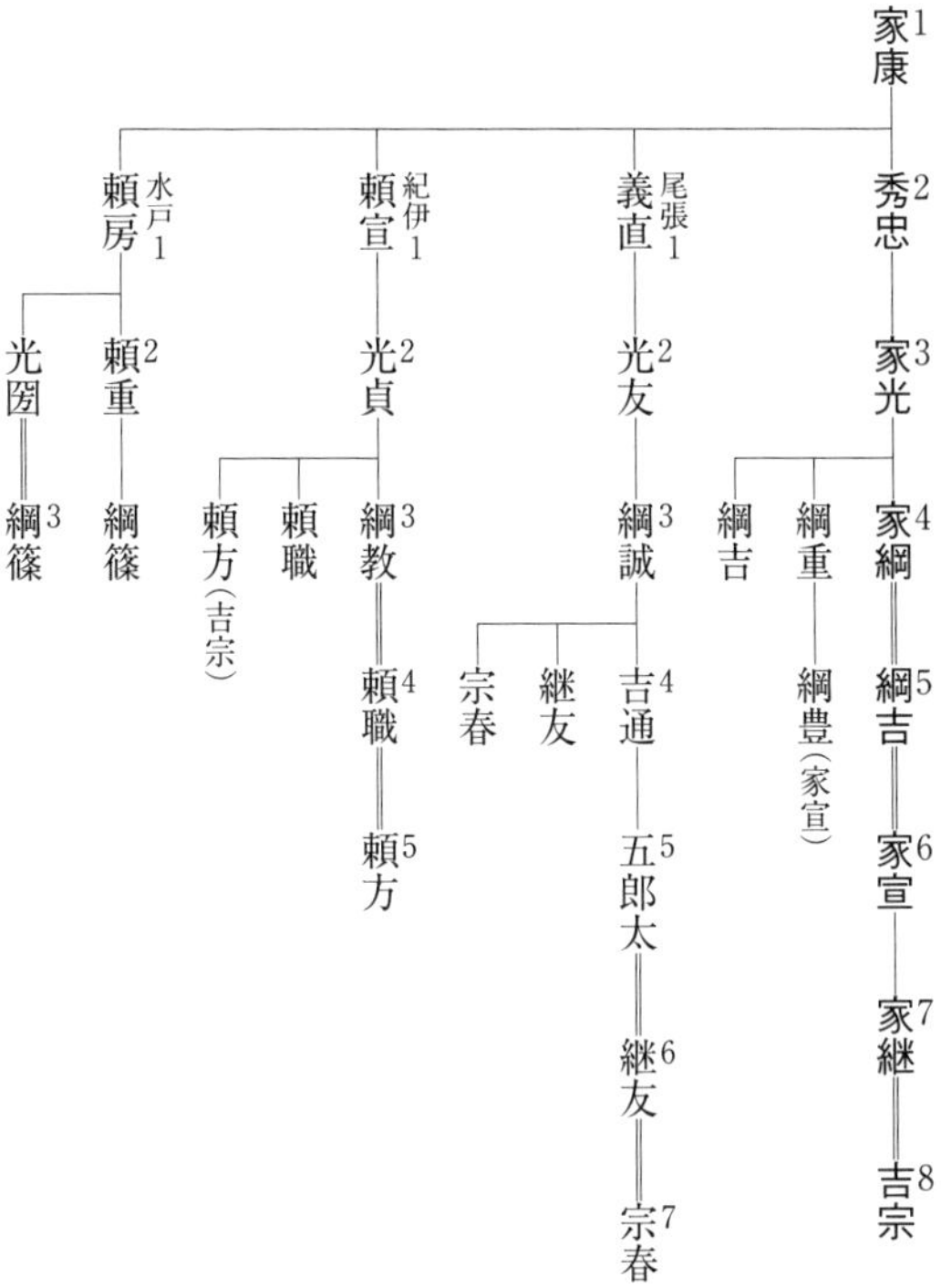

尾張の吉通は、家宣が病床で名をあげるほどの人物であった。七代将軍家継が、もしもの場合、八代将軍の座にもっとも近かったのは、この吉通であったといえる。しかし、家宣が亡くなって一年もたたない正徳三年七月に亡くなってしまう。しかも、そのあとを継いだ吉通の子の五郎太もまた、同年十月に亡くなり、この時期、尾張家当

主には、吉通の弟継友《つぐとも》が就任していたのである。
事態は、最有力者を欠く後継者争いとなった。

吉宗の将軍就任と御三家

『徳川実紀』には、こののち、八代将軍決定までの様子が次のように記されている。すなわち、「正徳六年四月廿九日、赤坂の邸内なる岡山といふ園亭にて、弓を射ておはしましけるに、本城よりとみの事とて御使あり、三家のかたがたとく出仕あるべきとのことなれば、いそぎ湯漬の飯をめして、ただちに本城にのぼらせ給ひぬ、然るに有章院殿御病重らせ給ふよしにて、尾張中納言継友卿、水戸中納言綱条卿ともにまうのぼり給ひしに、天英院殿の御旨として、こたび君の御病あつきにより、文昭院殿御遺命のごとく、紀伊中納言殿御後見あるべきよし、土屋相模守政直、間部越前守詮房仰ごとを伝へまいらす」と、吉宗は、赤坂（東京都港区）の紀州藩邸の岡山という園亭で弓を射ていたが、江戸城より出仕の指示があったため、吉宗は急ぎ湯漬けを食べて登城した。尾張継友《つぐとも》、水戸綱条《つなえだ》も登城したところ、天英院《てんえいいん》（家宣正室）が、現在七代将軍家継の病が重いので、家宣の遺命として、紀州吉宗が後見となると述べたことを、老中の土屋政直《まさなお》と側用人の間部《まなべ》詮房《あきふさ》が伝えた。

これにたいして、吉宗は、「公聞召れ、門地をもて申さば尾張殿、年齢をもて申さば水戸殿こそ、こたびの重任をば奉はり給ふべけれ、某に於ては、さらに思ひよらざる事なれば、辞し奉るなりと仰らる」と、家格からいえば尾張継友、年齢ならば水戸綱条が、この重職にふさわしい、私は思いもよらないことであり辞退する、と述べた。

すると、「綱条卿、ただそのままに御受あるべしとありしに、宿老等一人も詞を出す者なし、越前守一人すすみ出て、文昭院殿の御遺教あるうへは、速に御受ありてしかるべしと申けれども、猶あるまじき事とのみ宣ひて従ひ給はず」と、水戸綱条が、そのまま受け入れるように説得したが、老中らは誰も発言しないという、微妙な雰囲気であった。このような中、間部詮房が一人進み出て、家宣の遺言があるからには、すみやかに受諾してほしいと述べたが、吉宗はこれも断った。

就任の決定

すると、「其時、天英院殿より召ありて、大奥にまねかせ給ひ、やがて御対面ありて、文昭院殿御遺教のままに、国家の政務を摂し給ふべし、何事もただただのみ思召と宣ひて、みづから熨斗鮑《のしあわび》を進せられしかば、則いただかせ給ひ、猶とに出、老臣等の公議に従ひ申すべしと仰せられしかば、天英院殿御声高く、弥辞退あるべからずと仰らるるにより、公つつしみて拝し給ふ」と、吉宗は、天英院から大奥に呼び出された。対面ののち、天英院は、家宣の遺言の通りに、国家の政治を担うように、何事もお願いするのみであると言って、自ら吉宗に熨斗鮑を与えた。吉宗は、これを受け取りつつも、なお、幕閣の議論に従うと述べたところ、天英院は、大きな声で、いよいよ辞退は許されない、と述べたので、吉宗は了承した。

『実紀』は、続けて、「間部越前守事は、文昭院殿思召旨ありて、何事も委任し給ひしものなれば、この後も棄させ給ふなと仰ければ、其事もまた群議に任せ侍るべしと答させ給ひて、速にまかり出給ふ、綱条卿待迎へ給ひ、尾張殿ニハ祖統も遠くへだたり、公には正しく東照宮の御曾孫なれば御系統も近し、まげて天英院殿の御旨にまかせらるべしと申さる、是につづき越前守もまたすすみ出て、恐れおほき御事ながら、天下万民のためと思召れ、御辞退なく御受あれかしと聞えける、この時も宿老等は、あへて一言も申す者なかりしとなり」と、側用人の間部詮房が、家宣の思し召しがあり委任しているのだから、こののち辞退しないように述べたところ、吉宗は再び幕閣らの議論に任せると答え、さっそくに退出した。すると、水戸綱条がこれを迎え、尾張継友は、家康からは代が進み関係が薄くなっているが、吉宗はまさに東照宮の曾孫であるので関係も近い、天英院の依頼を受けてほしいと述べた。さらに、間部も進み出て、恐れ多いことではあるが、天下万民のためと思い、辞退せずに受けてほしいと言った。このときも、老中たちは皆黙っていたとある。すなわち、水戸綱条が、尾張継友の将軍就任の可能性をあえて否定し、間部が繰り返し受諾を願ったのである。これにたいして、吉宗の返事は一貫して幕閣の総意に任せるというものであった。

しかし、「綱条卿すすんで公の御手をとられ、しゐて上段にすすめ給ひ、継友卿、綱条卿ともに佩刀を脱て拝伏せられしかば、そのままにと仰ありて、上段を下りさせ給ひ、此後も各と共に、天下の事を議し申すべければ、ただかくてはべるべしとて、其日は遂に上段につかせ給はず」と、水戸綱条が進み出て、吉宗の手をとり、上段へとみちびいた。綱条と尾張継友は、ともに佩刀《はいとう》(さしていた刀)をはずし、伏して吉宗に従う意を示した。しかし、吉宗は拝伏は無用として上段をおり、こののちも国政については、二人と相談して決めたいと述べ、この日はついに上段に上らなかったという。

『徳川実紀』の別の箇所の記述によれば、このさい、「尾張水戸の両卿拝謁せられし時、公上段より下りかからせ給ふをみて、綱条卿はしりより、しゐてとどめ進らせられけれど、今日ばかりはと仰ありて、下段にて御対面あり、其後は上段にて、謁をうけ給ひしとなり」と、吉宗が上段から下りようとするのを、水戸綱条が走り寄って制したが、吉宗は、今日だけはといって、下段で二人と対面したという。

これらの記述には、一貫して、吉宗の将軍就任に積極的な水戸綱条と間部詮房、消極的な尾張継友、黙認か様子見か意志を示さない幕閣らが、明確に描かれている。

将軍として

そののち、江戸城では、尾張継友と水戸綱条が退出するさい、紀州家の供侍らに向かい、紀伊殿はとどまられると言われたので、皆拝伏した。しかし、紀州家の供たちは、何が起きたかわからず、互いに目を見合ったが、やがて幕府の目付が出て、吉宗の乗り物や長刀など、すべて調度品をこちらに渡すように指示があった。しかし、紀州家の供たちは、まだ理由がわからないので、従わなかった。このため、紀州家の内藤という小姓が奥から出てきて、仰せである、早く幕府の人々に渡すように大声で言ったので、ようやく渡した。

間もなく、日が暮れたので、明かりをつけ、供の者たちもみな御殿にのぼり、食事を与えられ、二の丸に移った。このときは玄関の上から輿《こし》を使い、本丸の幕臣たちも紀州家の供とともに従い、二の丸に入った。この夜、供の者たちはみな吉宗の側で夜を明かした。翌日、七代将軍家継が亡くなったことにより、吉宗を「上様」ということが達せられたのである。

『徳川実紀』は、他の箇所で将軍が決定するさいの、別の武士（おそらく旗本）たちの様子を記している。すなわち、彼らは将軍決定のさい、御三家の当主たちが江戸城に出仕し、話し合いがおこなわれていることを聞いた。彼らは、吉宗が跡継ぎになることを望んでいた。夜になり、吉宗の刀を奥に持っていくように指示があり、人々はなんとなく喜び合ったという。その理由は、吉宗が紀州家の本家を継いだころから、身分の上下の違いなく、先代からの旧臣たちをしっかりと遇し、とくに寵愛する家臣や、嫌う家臣もいないという評判を聞いて、人々は吉宗の将軍就任を渇望していた。当時のことわざに、「よきものは今の公方様」とあるように、幼い子供たちまで吉宗を慕っていた。たしかに、吉宗の将軍就任は「天心人意」にかなうものであったと記している。

こうして、吉宗の将軍就任が決定した。吉宗は将軍就任が決まると、供と一緒に二の丸に入り、再び紀州藩邸には戻らなかった。近習の者たちと相談して、自分用の鎧、刀、脇差、その他、身に着けるものだけを紀州藩邸から取り寄せた。これらの他に、吉宗が望んで取り寄せた物はなかったという。将軍就任の決定が、何の準備もなしに、突然決まったことを示す記述となっている。

こうして、吉宗の将軍就任は、一気に決まった。「勝者」紀州家と、「敗者」尾張家の立場は、明白であった。

2　紀州家の勝因

表向きの理由

しかし、実のところ、紀州家が「勝者」になった本当の理由は、よくわかっていない。すでに引用してきた『徳川実紀』には、「公はまさしく東照宮の御曾孫なるがゆへに、尾張、水戸両卿にくらぶれば、御血統の近きによりし所とぞ聞ゆ、これしかしながら天意人望に応じたまひしものなるべし」と、吉宗が家康の曾孫であり、尾張継友、水戸綱条に比べて、血統が近いためといわれるが、やはり天の意志と人望によるものと説明している。これが、幕府の公式見解であるが、「天の意志」「人望」は、具体的に何をさすのか、わからず、表面的な理由づけとしかいえない。

そもそも、紀州吉宗は、母の身分が低い（農民の娘、罪人の医者の娘、巡礼者の娘など諸説ある）という点で不利であった。たしかに、家柄ならば尾張継友、年齢ならば水戸綱条が選ばれても不思議はなかった。しかし、一方、吉宗、綱条が家康の曾孫であるのにたいして、継友は玄孫にあたり一世代若く、さらに継友は先の六代家宣の臨終にさいして、遺命を受けていないという問題もあった。一長一短の将軍後継争いであった。

これらさまざまな条件を勘案して、家康との世代的距離、遺命の有無から、実質は紀州吉宗と水戸綱条の対決とし、紀州が水戸よりも家格が上ということで吉宗に決まったとする説や、継友の尾張藩政、綱条の水戸藩政に比べ吉宗の紀州藩政の実績が上回ったためとする説などがあるが、いずれにしても、先例のないはじめての将軍家断絶という状況のなかで、そう簡単に決まったとも考えにくい。むしろ、この間の事情については、当時から、御三家とりわけ紀州と尾張の間の水面下での激しい対立抗争の結果と見る人も多かった。

享保七年（一七二二）の「御老中碁会《ごかい》」と題する落首には、「尾張様ハ一手たらず」（『江戸時代落書類聚』）というものがある。人々は、八代将軍の就任を紀州家と尾張家の勝負に見立てていたのである。

紀州家謀略説

当時、吉宗の将軍就任について、より厳しく、紀州家の陰謀とする見方もあった。たしかに、この時期、相次いで亡くなった人々の年齢を見ると、六代将軍の家宣が五十歳、七代家継は八歳、さらに吉宗よりも有利な立場にあった尾張家の吉通は二十五歳、その子五郎太が二歳と、いずれも早すぎる死であった。

将軍吉宗のブレーンの一人室鳩巣《むろきゅうそう》の書簡集『兼山秘策《けんざんひさく》』には、吉通の死について、食後急に血を吐いて、苦しみながら死んだものであり、しかも医師がそばにいながら、まったく脈をとらないばかりか、重病の吉通を引き立てて、部屋を移したとして周囲から不審の目で見られたという話が記されている。あまりにも、紀州家に有利に動いた偶然を、謀略としてとらえる向きもあったのである。

しかし、この決定を両家の情報収集力の優劣とする見方もあった。たとえば、尾張藩士の朝日文左衛門重章《しげあき》の日記『鸚鵡籠中記《おうむろうちゆうき》』は、先の『徳川実紀』とは、異なる部分もあるが、将軍就任前後の紀州・尾張両家の動きを次のように記している。

正徳六年四月晦日（三十日）の午後二時頃、七代将軍家継の危篤を受けた尾張藩邸は大混乱に陥り、駕籠《かご》が間に合わなかった。このため、藩主継友は馬を出させ、ただちにこれに乗り、供が切れ切れに走って登城した。この様子を見て、江戸の庶民の間では、よしという者、あるいは散々にいう者、とにかく評判になったという。

これに対して、紀州家は、二十九日の夜、すでに密かに情報を得ていたらしく、三十日の朝から準備が整えられていた。出入りの魚売りや油売りなどが、紀州藩邸がざわついていると不審がっていた。そして、午後一時には、ふだんの倍の供を率いて、吉宗が整然と登城したという。これに水戸家が続き、尾張家は紀州家に送れること三〇分、先のありさまでようやく登城し、御三家の最後になったのである。

尾張家では、将軍の危篤という最重要情報を得られなかった担当者の水野弥次大夫を、「御城是程の事を、物色せざるを、おおぬかり油断と叱るものもあり」と、厳しく批判する者もいたという。

尾張家の敗北

吉宗が将軍職に就くことが決まった三十日の夜、尾張藩邸では、江戸城から戻った藩主継友が、人払いのうえで付家老《つけがろう》（幕府から付属された家老）の成瀬隼人正正幸《なるせはやとのしょうまさゆき》ら重臣と話し合っている。あるいは、紀州家にたいする遅れなどが話題となったのかもしれない。成瀬は、「隼人正何やら大声二つ三つして不機嫌にて出られし」と、不機嫌な様子で退室したという。六代家宣の時の吉通に続いて、またしても将軍職を逸した尾張家内の重苦しい雰囲気が伝わってくる記述である。

『鸚鵡籠中記』によれば、この時期、江戸の市中では、尾張家を題材に多くの落書《らくしょ》が見られた。

待まつる　天下は終に　紀伊の国　尾張の首尾は　水戸もないこと
水戸はなし　尾張大根　葉はしなび　紀の国みかん　鈴成りぞする
天下取る　事はきらひで　尾張には　家中の物を　取るがすき也
尾張には　のふなし猿が　集まりて　見ざる聞かざる　天下とらざる

いずれも、家格からいえば最有力であったはずの尾張家が、水戸家とともに紀州家に敗れたことをうたったものである。

また、同書によれば、この頃紀州家の間者がさまざまな商人に変装して、尾張・水戸両家をはじめ、諸大名の屋敷の様子を聞いている。五月三日には、尾張藩邸に薬売りに変装して来たところ、尾張家の知り合いの中間《ちゅうげん》に見つかっている。紀州家は、わざとこのような活動をしていることを誇示しているのだという意見も記されている。紀州家の活発な情報活動や、諸藩への無言の威嚇がうかがわれる。いずれにしても、情報収集力において紀州家が尾張家を上回っていたことは、事実だったようである。

『徳川実紀』などによれば、五月一日、江戸城にすべての大名が登城し、老中から、家継の後見人に吉宗が決まったことが知らされた。家継は、この日午後四時に没している。

翌二日、江戸城白書院において、老中の他、側用人の間部詮房や本多忠良《ただなが》が列座のうえ、諸大名にたいして家継が没したことが知らされた。さらに同日、吉宗を「上様」と称することが告げられ、吉宗は二の丸において、大名らの挨拶を受けたのである。

『鸚鵡籠中記』によれば、この後しばらくの間、紀州藩士は「意気揚々」と、気勢があがり、天下の大名たちが、赤坂の紀州藩邸へお祝いにつめかける状況が続いたという。

こうして、紀州家四男坊は、ついに江戸幕府八代将軍の地位に就いたのである。時に吉宗三十三歳であった。この年、六月二十二日、正徳から享保へと改元され、吉宗の享保改革が始まったのである。

3 尾張宗春の挑戦

宗春の経歴

尾張継友との将軍継嗣争いの「勝者」、八代将軍吉宗の国家再編＝享保改革が軌道にのり、幕府財政が好転した享保十五年（一七三〇）、この改革に真っ向から立ち向かう藩主が出現した。先の将軍継嗣争いの「敗者」尾張家で、新たに七代当主となった徳川宗春《むねはる》である。

吉宗対宗春、これは二人の個人的感情の対立や、先の将軍継嗣の因縁を超えて、当時の社会状況を背景とした、政治のありかたをめぐる深刻な対立であった。

宗春は、元禄九年（一六九六）十月二十八日、尾張家の第三代当主徳川綱誠《つななり》の二十男として生まれた（二十二男十八女の四〇人の兄弟の三四番目、『名古屋市史』人物篇）。ただし、『徳川諸家系譜』には、二十一男十八女の三三番目の十九男とある。吉宗よりちょうどひとまわり、十二歳年下であった。幼名万五郎、また求馬《もとめ》とも言い、のち通春《みちはる》と改めた。

享保元年二十一歳の時将軍に御目見えし、譜代大名の列に加えられ、従五位下に叙せられ、松平主計頭《かずえのかみ》通春と名乗った。第二十子ということもあり、部屋住みの生活が長く、享保十四年に三十四歳で、ようやく奥州梁川《やながわ》藩（福島県梁川市）三万石の当主になった。ただし、彼は領地には赴かず、江戸に居たまま藩政を執ったと言われる。

翌十五年十一月に尾張家六代当主で、将軍後継争いでライバル吉宗に敗れた兄継友が、三十九歳で亡くなったため、宗春は本家に戻り、七代当主（尾張藩藩主）となったのである。翌年正月、従三位左兵衛権中将になり、宗春と改名した。宗春の宗は将軍吉宗の宗の字をもらったものである。宗春もまた、紀州家四男から当主に、そして将軍になった吉宗同様、尾張家第二十子の立場から、兄の四代吉通（正徳三年七月）、甥の五代五郎太（同十月）、さらに兄の六代継友という当主の相次ぐ死により、尾張六一万九五〇〇石の当主となったのである。

藩主の政権公約

宗春は藩主に就任すると、自らの政治理念や施政方針など二一か条を、翌享保十六年（一七三一）三月中旬に脱稿し、『温知《おんち》政要《せいよう》』と題して藩士に配った。いわば政権公約である。

『温知政要』によって、宗春の政治理念や政方針を見ると、まず序において、君主にとって大切なのは、「慈」と「忍」であると述べている。これは宗春が、藩政に取り組むにあたって、民に対する慈しみと、耐え忍ぶことの重要性を自ら確認したものとされる。

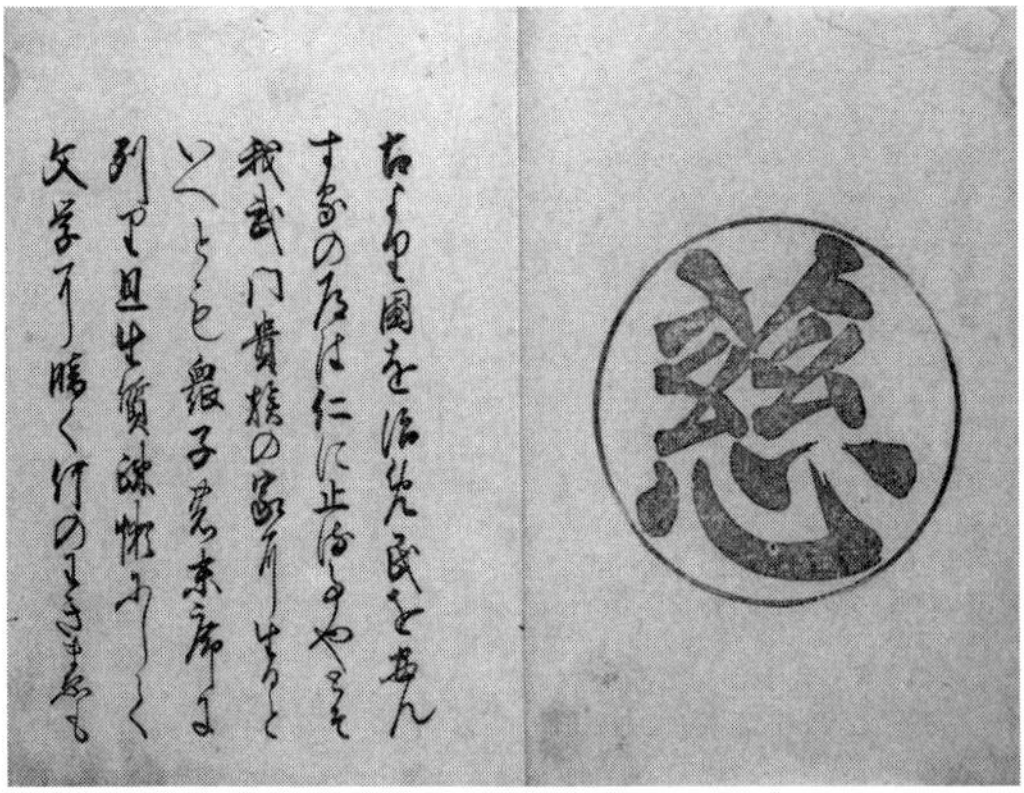

33――『温知政要』

以下、内容について見ると、第八条において宗春は、「法令が年々多くなってくるにしたがい、当然のことながら違反者も増えている。これを取り締まるためにますます細かな法令を出すことになる。法令は簡略にすれば守ることも楽になり、違反者も少なくなる」と、述べている。

すなわち、法規制の緩和である。宗春は、藩主就任後に示した享保十七年の法度においても、「国に法令多きは恥辱の基」と、法令が多いことを恥としている。同年、将軍吉宗の詰問に対する宗春の反論をまとめた『享保尾州上使留』においても、「国に法度が少なければ罪人もなく、盗人の心配がなければ平和となる」と述べている。

宗春のこうした法規制の緩和は、当時将軍吉宗が、法令の整備・強化、すなわち規制強化によって社会の安定をめざしたのとは正反対の理念であった。吉宗の規制強化に対し、宗春はこのままでは高声で話すことも規制されるのではないか、夜寝る間もなくなってしまうのではないか、と皮肉っている。

また、第三条では、刑罰を科すにあたって、いったん誤って科してしまうと、どんなに悔いても取り返しがつかないので、慎重に行わなければならないと述べ、「千万人の中に一人、誤り刑しても、天理に背き、第一、国持ちの大いなる恥なり」と、誤審を厳しく戒めている。第一七条では「たとひ千金をのべたる物にてもかろき人間一人の命には代へ難し」と、人命の尊さも述べている。こうした考えに基づき、宗春は藩主在任中、ついに死刑を執行しなかったという。

さらに第九条においては、「やたらに省略するばかりでは、慈悲の心は薄くなって、知らず知らずのうちに、むごく不仁なる政治となり、諸人は甚だ痛み苦しみ、省略がかえって無益の費となることがある」と、倹約主義・緊縮政治が、かえって庶民を苦しめ、無駄が多くなることがあると述べている。

先の『享保尾州上使留』において、宗春は吉宗への反論として、「華美はかえって手下の助けとなる」と、君主の浪費こそが、実は民衆の経済を刺激し庶民生活を活性化する、と消費の有効性を主張している。これもまた、領主・庶民にわたって緊縮・倹約を強制し、物価統制に奔走する吉宗の改革政治と真っ向から対立するものであった。

これと関連して宗春は、第一二条において、「神社仏閣の破損、道橋の修復、所々の衰微などで困っている場合、調査のうえ勧進能や相撲などの見世物を期限つきで免許したり、神社参詣の途中に相応の茶店、餅、豆腐類などの売店を許可すべきである」と、積極的な経済振興策を打ち出している。

さらに、第一八条では、「数万人から一人を支配する者まで、上に立つものは、下情に通じていなければならない。しかし、下情に通じすぎて、物の値段まで知るようになると、かえって下の苦しみになることもある」と、あまりに細部にわたる支配や統制を批判している。吉宗が、いつも浅草の米相場を気にしていたことと対立する考え方である。

また第六条では、画一化よりも個性の多様化を重視する考えが見られる。すなわち、物には、それぞれ効用がある。たとえば木を例にとると、松には松の使い方が、檜には檜の使い方があるように、人にも持ち前の才能があり、人材を用いる際には得手不得手を考慮して役職に就けるべきと述べている。

自由と個性を尊重する『温知政要』の考え方は、たちまち評判となり、尾張藩領内では「先年温知政要御著述、慈悲の二字の意味御覚悟の趣、世こぞって希代の名君と、打寄々々評判し、世のとなへ大かたならず、犬打ち童までも、宗春卿は慈悲者也と知る」(『元文世説雑録』巻之十九、『続日本随筆大成』別巻所収）と、宗春は「希代《きたい》の名君」と讃えられた。

また、京都の儒学者の中村平五（三近子、蒼一）も、享保十六年十二月に、『温知政要』の評論注釈書である『温知政要輔翼《ほよく》』という本を書き、その序文で「後代不易《こうだいふえき》の教書」（後世までかわらない教科書）と、宗春の『温知政要』を絶賛している。

宗春の華美・浪費

さて宗春は、享保十五年（一七三〇）十一月に、尾張藩主に就任するや、江戸の藩邸において規制緩和を実行した。遊芸、音曲、鳴物を自由とし、藩士の門限をなくしたのである。

『温知政要』を書き終えたのちの享保十六年四月、宗春は尾張へ初めて「御国入り」する。宗春の時代の名古屋城下の様子を記した『夢の跡』によれば、宗春のお国入りは、「楽しみ相待つ人も多かりける」と、期待をもって迎えられた。この時の宗春の姿は、こうした期待への演出もあってか、浅《あさ》黄色《ぎいろ》の頭巾に、全身黒づくめの衣装、しかも駕籠に乗らず、馬にまたがるという、藩士や領民を大いに驚かすものであった。

入国後、宗春は名古屋城にあって、次々と彼の思想を実行に移していった。『夢の跡』によれば、宗春はまず、全国的に倹約・緊縮の風潮の中、名古屋東照宮の例祭を盛大に行った。この祭りをきっかけに、名古屋城下での宗春の人気は高まっていった。六代藩主の継友が、享保八年に禁止した藩士の芝居見物も許可した。

享保十六年七月の盆祝いが娘（八百姫）の喪のために取り止めになった際にも、その代りとして、七月二十四日と八月一日に盆踊りを許した。町々は揚提灯《あげちょうちん》を並べ、見物人も群れをなし、京都の祇園《ぎおん》祭りを上まわったとも言われた。さらに八月二十二日から一昼夜、城下の下《した》屋敷（名古屋市東区）において町中の踊り組二〇〇組を踊らせ、自ら見物したのち、褒美《ほうび》として銀二枚ずつを与えている。九月以後、西小路《にしこうじ》、葛町《かずらまち》、富士見原《ふじみはら》（いずれも名古屋市中区）のあたりに遊女町も開かれた。

名古屋の繁栄は、目を見張るものがあった。享保十七年正月には、「春たつや東に富士見西小路」と、遊女町が栄えるようすをうたった句や、「初春の子をも若やく新都《しんみやこ》」と、急速に成長してきた名古屋をたたえる句が見られた（安田文吉『徳川宗春―よみがえる自由人のこころ―』名古屋市市民局広報課）。この時期、将軍吉宗は、倹約・緊縮政治のなかで、江戸を「国都」（首都）にふさわしい都市へ改造する諸政策を展開していた。宗春の政治は、まさにこれと対抗するように、名古屋を「新都」として栄えさせるものであった。

宗春の派手なふるまいは、享保十七年三月、江戸に参勤した際にも見られた。寛政期に京都町奉行与力を勤めた神沢杜口《かんざわとこう》が著した随筆『翁草《おきなぐさ》』の「尾陽侯の事」によれば、「始ての参勤の行粧花麗を尽さるる事、前代未聞なる由、兼て沙汰有て、江都の貴賤品川に群がりて是を見る事市の如く、各目を驚す」と、最初の参勤交代で江戸入りするときの行列は華美を極め、東海道の品川宿は、さまざまな身分の人が集まり、大いににぎわったとある。

江戸入りののち、宗春は、市谷（東京都新宿区）の尾張藩上屋敷にあって、派手な生活をした。長子万五郎の初節句の際には、緞子《どんす》、紗《さ》綾《あや》、繻子《しゅす》の幟《のぼり》を四〇本、白縮緬《ちりめん》に染め込みの幟を四〇本、さらに徳川家康が尾張家の祖義直《よしなお》に与えた旗まで立て、菖蒲兜《しょうぶかぶと》を三〇、その他武具や馬具類をおびただしく並べ、これらを町人たちに見せたのである。

宗春の華美・派手な演出は、翌十八年四月に二度目の入国をしたのちも見られた。定光寺《じょうこうじ》（愛知県瀬戸市）を始め、社寺参詣の際には、白い牛に乗ったり、猩々緋《しょうじょうひ》（深紅色）の衣服や、萌黄《もえぎ》の頭巾《ずきん》と唐人笠《とうじんがさ》をかぶったりした。供回の者たちも、長い衣服の両袖下、背縫いの下を割り、紅縮緬《べにちりめん》、紅緞子《べにどんす》、今織《いまおり》（最新流行の金襴地）を身にまとうなど、目立つ衣装であったという（『名古屋錦』）。

同年、尾張徳川家の菩提寺である建中寺《けんちゅうじ》（名古屋市東区）に参詣した際も、宗春は真っ赤な衣装を着け、緋縮緬のくくり頭巾をかぶり、天井のない駕籠に乗った。帰りは、衣装を替え、真っ白な着流しに帯を前結びにし、二間ほど（三・六メートル強）もある長煙管《きせる》の先を茶坊主に持たせ、煙草をふかしながら帰ったという（『夢の跡』）。

名古屋の賑い

また宗春は、幕府が厳しく統制していた遊郭の営業を広く許可した。このため、名古屋城下には全国から一〇〇〇人を超える遊女が集まって来た。

『翁草』によれば、「名古屋城下には、西小路・月見原とて、方四五町の新地二箇所開かれ、此の所に傾城《けいせい》町を建られ、京大坂伊勢等より、余多の遊婦を取寄られ、其の外町々にもあらはに遊女を抱置き、昼夜歌三味線の声絶ず、傾城町の結構は、名にしあふ御領内木曽山の良材を以て営み、格子の掛り座敷のしつらひ、其の広く花美なる事、京大坂江戸と云ふとも、中々及がたし」と、遊郭は江戸、大坂、京都の三都を越える豪華さ、賑かさであったことが記されている。

宗春自身も、楽しんだようである。『翁草』によると、「名古屋城中には乾御殿と申すを新造せらる、此の花麗言語に絶す、此の内に京大坂より女を五百人抱置かれ　酒宴の伽《とぎ》とし給ふ、又在江戸の内は、常に葭原《よしはら》へ通ひ給、相馴給ふ傾城の禿《かむろ》へ御名乗の一字を賜ひ小春と称せしとか、去臘二十八日より吉原の遊宴に蕩て、既に晦日に至り帰り不給、仍て御屋敷より櫛の歯を挽如く御迎参といへども、沈酔にて帰り不給、漸、元日暁に至り帰給、行水髪月代抔《さかやきなど》有て、朝五時登城なり、是等の事上聞に達し候也」と、名古屋城には、他地域から多くの女性が集められた。江戸吉原での遊びも過ぎ、外泊や登城遅刻などが、将軍の耳にも入ったという。

芝居や相撲なども許可された。享保十七年の芝居興業は一一七回を数えている。城下の南方の大須《おおす》（名古屋市中区）には当時芝居小屋が六〇軒以上も並んだ。それまで菰《こも》張り、葦簀《よしず》囲いであった芝居小屋が、この時期、常設の劇場となったのである。地役者（地元の役者）だけでなく、旅役者や上方役者もさかんに名古屋へやってきた。

すでに述べたように、芝居見物は、町人だけでなく武士たちも許された。宗春自らも遊びに出かけている。町人たちは、宗春の御成を歓迎したという。宗春をモデルに「傾城妻恋桜《けいせいつまごいざくら》」という芝居も作られた。

『翁草』によれば、「又芝居を被取建、三ケ津の役者多く呼集て、常芝居を興行し、名古屋の壮観今古類ゐ無し、御自身にも斯様の地へも立寄せ給、或は町人共の家々にも編笠様の御忍にて御入有り」と、芝居小屋を取り立て、名古屋に壮観を出現させた。宗春は、みずから芝居も見に行き、町人の家にも御忍びで訪れたという。その後、「又二ヶ月ばかり御所労の沙汰有しが、其の間に近習四五人召連られ、潜に上方へ御登り、四条河原の納涼、島原の夜見世、祇園町の踊抔御覧有り、夫より大坂天満の祭礼、新町の夜遊等、人も怪しみけれ共、唯遠国の侍衆と披露して、飽迄、遊興有りて帰給ふ」と、仕事の合間をぬつて、京・大坂の遊郭にも繰り出している。そこでは、身分は明かさず、ただ遠国の侍衆と名乗って遊んだという。

遊郭や芝居小屋の周囲にはさまざまな店ができ、商人たちが集まって来た。江戸の越後屋（三井）、京都の大丸屋《だいまるや》（下村）、近江の松前屋（岡田）などの有力な呉服商も名古屋に進出した。江戸の幾世餅《いくよもち》や伊勢の赤福餅《あかふく》、新蕎麦なども名古屋で売られるようになった。

地元の新興商人も成長し、呉服商の伊藤次郎左衛門家（のちの松坂屋）、米穀商の関戸五兵衛家と内田忠蔵家（内海屋）など、後に名古屋商人の「三家衆」と呼ばれるようになる商家も、この時期大きく成長した。

『夢の跡』には、名古屋が享保十六年の暮れから、「日々繁盛、都まさりのにぎわいなり」と大いに

34―伊藤呉服店（『東照宮祭礼図巻』）

賑わうようになり、享保十七、八年には、「三ケ津（三都）にもあるまじきけっこうなる芝居、田舎人は更なり、交代の京、大坂の役者までも目を驚くばかりなり」と、名古屋の発展ぶりは、三都をしのぐまでになっていたことが記されている。

名古屋の繁栄に驚いた伊勢の旦那衆が、「名古屋の繁華に興（京）がさめた」と言ったとされるほどその発展はめざましく、この時期、名古屋の人口は五万人台から七万人台へと四割も増え、三都に次ぐ都市となったのである。

また、『元文世説雑録』には、「名古屋の繁昌、神武以来ない図、新芝居を立て遊女町のにぎやかさ、どうも〳〵」と、名古屋の繁栄ぶりが述べられ、『夢の跡』にも、「老若、男女、貴賤ともに、かかる面白き世に生まれ逢ふ事、只前世の利益ならん、仏菩薩の再来し給ふ世の中かと、善悪なしにありがたし」と、庶民が宗春の政治を歓迎したことが記されている。

このような宗春の政治は、まさに吉宗の緊縮政治に対する明確な批判であり、反乱とも言えるものであった。

4　将軍吉宗の反撃

吉宗の譴責と宗春の反論

自らの改革政治を批判された将軍吉宗は、まもなく反撃に出た。宗春が江戸市谷の尾張藩邸で派手な節句を催した享保十七年の五月二十五日、吉宗は尾張藩邸の宗春のもとへ、小姓組頭の滝川播磨守元長《もとなが》と大目付の石川庄九郎政朝《まさとも》の二人を使者として派遣し、三か条の詰問をつきつけた。その内容は、

一、国元ならともかく、江戸でほしいままに物見遊山をしたこと。
一、嫡子万五郎の節句のとき、江戸屋敷においてみだりに町人に見物させたこと。
一、倹約令を守らないこと。

の三つであった。使者はさらに、「天下の儀、公儀に相続きて候ては三家と申す儀」と、将軍家に続くものとして、御三家（尾張・紀州・水戸）を位置づけ、「右三か条の趣、御請け仰せ上げらるべく候」と、三か条の内容について、宗春に「請ける」ことを求めたのである（『享保尾州上使留』）。

これに対して宗春は、陳謝しながらも、反論を展開した。それは、使者の言葉づかいへの批判から始まった。

すなわち宗春は、御三家とは、そもそも将軍家・尾張・紀州の三家をさすのであり、この考えは、

権現様（家康）が存命中に決めたと聞いている。したがって、同格の将軍吉宗から派遣された滝川らは、「上使」ではなく「御使」であり、吉宗の言葉は「上意」ではなく「御意《ぎょい》」であり、さらに自分の答えは、「御請」ではなく「御返答」であると反論したのである。

この宗春の御三家理解は、けっして荒唐無稽なものではなかった。たとえば、徳川家に関係する女性の家系をまとめた「柳営婦女伝《りゅうえいふじょでん》」（『徳川諸家系譜』第二）には、慶長八年（一六〇三）のこととして、「東照宮の仰せに云く、尾張・紀伊の両家は鳥の両翼の如く、将軍家の補佐すべしとあって、是を御三家と称せり、其後頼房《よりふさ》卿御出生ましく〳〵て准三家と称せり」と、御三家を将軍家・尾張・紀州とし、水戸は三家に准ずるとする記事が載せられている。

また、『南紀徳川史』所収の元和元年の「公武法制」には、「尾州大納言義直・紀州大納言頼宣両人、将軍ト三家ニ相定、是将軍万一傍若無人ノ振舞ヲ致シ国中ノ民可及愁訴《しゅうそ》時ハ、右両家ヨリ相代リ可申」と、御三家は将軍家・尾張・紀州とすること、将軍が悪政を行い、民衆が嘆き訴えた場合、尾張と紀州のうちから、これに代わって政治を行うことが記されている。さらに、随筆『武野燭談《ぶやしょくだん》』にも、水戸の初代藩主の頼房《よりふさ》が、「世上に尾州・紀州・水戸を三家と称すると聞召し、愚なる事を申す者かな、兄弟相並んで卿相に昇るを以て、斯くは申すならん、公方殿・尾張殿・紀伊殿を御三家といふなるべし、我等は御家門、越前・越後と同前なり」（国史研究会編輯兼発行『武野燭談全』一一七頁）と、自ら水戸を御三家から除くことを述べた話が収められている。

これらの史料には、事実関係において誤りが見られ、史料が作成された背景も慎重に検討する必要があるが、少くとも近世日本において、宗春の御三家理解と同じ考え方が存在していたことは間違いない。

以上のような御三家論を背景に、宗春は先の三か条に対して、

一、自分は江戸では慎んだふりをして、国元で庶民を顧みず、遊びにふけるような裏表のあることはしない。

一、節句祭りを町人に見せてはいけないという法令など聞いたことはない、権現様から拝領した旗を天下万民が拝して遺徳を仰ぐことに問題はないはずである。

一、倹約とは、他の大名がおこなっているように、重税をとって庶民を苦しめることではない。自分は増税したり、藩札（藩発行の領内のみに通用する紙幣）を発行するなど、庶民を苦しめることはしていない。聖賢（聖人や賢人）がいう倹約とは、上に立つ者が倹約し、下の者がむさぼられず、万民が心を安んずるようなものをいうのである。

と、反論を展開した。

このうち、とくに倹約については、「しかれども、其の身倹約にして他を責むる事あらず。自分、中々聖賢にあらねば勤まらず」と、自らの倹約を他人に押し付けるのは、立派な君主がすることではないと、吉宗を厳しく批判している。

そして、自らの領国支配については、「先代の借金を済まし、新たに借金をすることもない。町人には新たな役をかけず、民とともに楽しんでいる」と、述べたのである。これは当時紀州藩が、将軍吉宗の許可を得て藩札《はんさつ》を発行したため、金銀の流通が困難になり、町人が苦しんでいたことを皮肉るものでもあった。

この享保十七年五月の吉宗の詰問と宗春の反論によって、両者の対立は一気に表面化したのである。この直後の享保十七年閏五月、吉宗は『温知政要』を出版しようとしていた京都の西堀川の版元に対して、奉行所を通してこれを発売禁止とした。

宗春政治の動揺

しかも、宗春の主張にもかかわらず、規制緩和に基づく開放政策は、彼自身の足元を動揺させていった。それは、まず名古屋城下の風紀の乱れとなってあらわれた。急激な開放政策の結果、城下では、武家・庶民を問わず、博奕《ばくち》、喧嘩《けんか》などが広まっていったのである。

藩財政も悪化していった。前代継友の時代の享保十三年(一七二八)の財政収支は、米二万八〇〇〇石余と金一万三〇〇〇両の黒字であったが、宗春が藩主に就任した翌年の享保十六年には早くも二万七〇〇〇両の赤字となったのである(赤字は宗春が藩主を退く前年の元文三年には、金七万四〇〇〇両余と米三万六〇〇〇石余とさらに膨大なものになる)。

宗春は、財政再建のため、町人から借金をすることにした。元文二年(一七三七)六月には四〇〇〇両、十二月には一万両、翌三年八月には一万五〇〇〇両と、次々と借上金が課されていった。

この累積赤字は、吉宗が主導した幕府財政と対照的であった。幕府財政は、完全な赤字状況でスタートしながら、享保七年から十七年までの一〇年間に米約三万五〇〇〇石と金一二万八〇〇〇両の黒字へと好転した。黒字は、その後、享保十七年から寛保二年（一七四二）までの一〇年間に米約四万八〇〇〇石と金約三五万四〇〇〇両へ、さらに、寛保二年以降の一〇年間に米約七万五〇〇〇石と金約九六万両へと、大きく伸びている。

享保末年から元文年間にかけて、宗春の政治は軌道修正を余儀なくされた。享保二十年、宗春は三度めの国入りに際し、まず風紀の取り締まりのために遊郭と芝居小屋を縮小した。遊郭は一か所にまとめられ、宗春時代になって新設された芝居小屋は、すべて取り払われた。名古屋の繁栄は、一気に終息に向かったのである。

他方、宗春は、芝居町である橘町《たちばなちょう》（名古屋市中区）に、強大な権限をもつ警察組織である「橘町役所」を設置し、小禄の腹心たちを送りこんだ。宗春は、すでにある藩の官僚機構とは別に、新たな権力基盤を創出して、藩政を主導しようとしたのであった。

同時に彼は、梁川《やながわ》藩時代以来の側近の星野織部《おりべ》則昔《のりひさ》を年寄（家老）に抜擢し、官僚機構内における自らの政治力の強化もはかった。『翁草』によると、「御部屋住の中より、僅の給金にて被召仕し、星野弥左衛門と云ふ下ざまの者、無類の出頭にて、御家督以後段々に挙用られ、采地三千石を賜り、星野織部と改名して、権勢双者無し」と、出世目覚ましいものであった。

しかし、吉宗は宗春に対して猶予を与えなかった。すでに尾張家の重臣たちは、宗春と距離を置き始め、幕閣との間で藩主の扱いをめぐって話し合いを始めていた。

宗春包囲網の強化

宗春の身辺には、さまざまなうわさや憶測が流れた。

京都の公家で、のちに関白となる一条兼香《いちじょうかねか》は、日記『兼香公記』において、享保十七年四月、尾張家が江戸城西の丸に放火したという話や、同年九月、米価が暴騰し社会が動揺する中で、将軍家対尾張家の戦乱が近いという話、また、関東の某所で尾張家の依頼を受けた山伏が祈禱をしたという話、さらに享保二十年には、宗春の放蕩はわざとしていることであり、将軍の咎めを待って兵を出す心底だという話など、この時期のさまざまな風説を記している。

この他、享保十八年（一七三三）初冬には、宗春が藩士から農民まで含め、二万人を超える大規模な猪狩りを尾張藩領内の木曽でおこなおうとしたものの、これは謀叛《むほん》のための軍事動員であるといううわさが流れ、中止に追い込まれたという話も伝えられている。

天明年間（一七八一〜八九）に、尾張で書かれた『葎の滴《むぐらしづく》』にも、狩りの際に隠密が潜んでいたのを宗春が自ら切り捨てたという話や、幕府の歌会始めの時、肩衣《かたぎぬ》（継裃《つぎかみしも》）を脱ぐ際に、吉宗より早く宗春が脱ぎ、諸大名もこれをまねたので、吉宗は機嫌を損ねて戻ってしまったという話など、両者の不和を伝える話が載せられている。

同じく天明年間に書かれた尾張家の史書『趨庭雑話《すうていざつわ》』にも、宗春が藩主を継いで、名古屋城の居間である南御座の間に入った際、四方を見渡して、兄継友は生涯このような場所にいたのかと涙し、心ある家臣たちが、これを見て宗春の野心を察したという話や、いずれかの大名から宗春に来た書状をうしろから盗み読んだ女中を宗春が刺し殺したという話など、宗春に謀叛の気持ちがあったことをうかがわせる話が載せられている。

これらの話は、吉宗と宗春の対立が極端に増幅されたものと見られるが、享保末年以降、二人の対立がさまざまな形でうわさされるなか、吉宗の攻勢と藩内での孤立化によって、宗春の立場は、しだいに苦しいものになっていった。

宗春失脚

こうした状況を打開すべく、先に述べたように、宗春は藩主としての権力を強化しようとしたのであるが、これがかえって藩の重臣たちとの距離を拡げていった。享保末年頃から、藩の重臣たちは、宗春失脚を画策し始めるようになったのである。

元文元年（一七三六）、尾張家の付家老《つけがろう》の竹腰正武《たけのこしまさたけ》は江戸勤務を命じられたが、正武は、この機会に吉宗の側近や老中の松平乗邑《のりさと》ら幕閣と密会を重ね、宗春失脚の計画を立てたと言われる。『徳川実紀』には、元文三年に、松平乗邑が藩の重臣たちに対して、宗春を諭すよう指示したことが記されている。

こうした状況の中、元文三年六月九日に尾張藩評定所は、藩の政治をすべて宗春以前に戻すという触《ふれ》を出した（『夢の跡』）。この触は、宗春の江戸滞在中に、宗春の了解がないまま出されたものであり、いわば成瀬・竹腰・石河《いしこ》ら重臣たちによる造反であった。遊郭は禁止され、芝居小屋は大幅に縮小された。宗春が創設した橘町役所も廃止され、宗春は藩内の権力基盤を一気に失ったのである。

その後、元文四年正月十二日、尾張家の重臣五名は江戸城の羽目の間に呼び出され、老中列座のうえ、吉宗の意を受けた松平乗邑により、宗春の蟄居《ちっきょ》謹慎を申し渡された。不行跡が重なり藩政が乱れ、士民が困窮したというのが理由であった。翌十三日には宗春のもとへ、浅野安芸守吉長《よしなが》（広島藩主、宗春の近縁にあたる）と松平大学頭頼貞《よりさだ》（陸奥守山藩主）、松平播磨守頼幸《よりとみ》（常陸府中藩主）の三名が上使として遣わされ、宗春に対して隠居を申し付けている（『徳川実紀』）。

尾張家の家老たちが、このようなことは家康の時代以来なかったことだ、と述べたのに対して、宗春は、「おわり（尾張）初もの」と洒落て、藩主の座を去ったという。

こうして、宗春の吉宗（中央政府）への反乱は、わずか八年で失敗に終わった。宗春四十四歳のことであった。尾張家当主の座は、宗春の実子がすべて早世していたこともあり、従弟で美濃《みの》高須《たかす》家（尾張家分家、二代光友の二男義行《よしゆき》が祖、岐阜県海津市）当主の松平但馬守義淳《たじまのかみよしあつ》（徳川宗勝《むねかつ》）が継ぐことになった。

宗春の失脚にともない、宗春に仕えていた側近たちも引退や知行削減という処分を受けた。『夢の跡』によれば、星野則昔は隠居させられたうえ、知行五〇〇〇石のうち、一族に八〇〇石が与えられただけで屋敷も没収された。さらに河村九郎右衛門以下の多くの者たちも知行や扶持米を没収された。

当時、江戸の庶民は、

わるだねの、尾張大根かぶとりて、あさづけにしておしこめておきや
見わたせば、妾もお部屋も居ざりけり、うき一か谷（市谷）のあきのゆふぐれ

と、宗春の押し込め、隠居の事件を、落書に詠んでいる。

5 幕政改革批判の広がり

隠居謹慎

さて、この宗春隠居の一件について、東海道五十三宿の一つである伊勢国三重郡四日市宿の本陣（大名や公家などの宿泊・休憩施設）を勤めた家の史料（四日市市立博物館寄託清水家文書）には次のように記されている。

すなわち、元文四年正月十二日六つ時（午前六時）頃、幕府の月番老中から市谷の尾張藩邸（上屋敷）へ上使が遣わされ、尾張家の臣下（付家老）二名と、年寄三名に対し、急ぎ江戸城へ登城するよう伝えられた。

そこで五名が登城したところ、老中列座のうえ、中納言（宗春）の行いがよくないので、先年（『享

保尾州上使留』によれば享保十七年五月二十五日）、小姓組頭の滝川播磨守元長と大目付の石川庄九郎政朝の二人を派遣し意見したが、宗春は承諾しなかった。このため将軍吉宗は腹を立て、宗春をしばらくの間謹慎させることを、老中が五名に申し渡した。

五名は、直ちに市谷の藩邸に戻った。藩主の謹慎なので、市谷の上屋敷のみならず、中屋敷、下屋敷など所々の控屋敷の門を残らず打ち、長屋の窓を閉め、出入りを厳禁し、所々門々に尾張家役人を見張りとして配置し、門々を封印した。御三家の不祥事ということで、紀伊・水戸の両藩邸も同様に門を閉め、出入りを禁止した。

吉宗は、同日七つ時（午後四時頃）から体調が思わしくなく、諸大名や旗本などが残らず登城するなど、夜になっても町中が騒がしく、武家や庶民がみな肝をつぶした。

翌十三日の朝、市谷の藩邸に上使が到着し、追って宗春に対して別の上使が遣わされるので、麹町《こうじまち》（東京都千代田区）の藩邸（中屋敷）で待つようにとの指示があった。このため、宗春以下市谷の上屋敷にいた藩士たちは、四つ時（午前十時頃）に残らず中屋敷に移った。やがて、上使として松平（浅野）安芸守吉長が遣わされ、宗春に対して中屋敷において隠居するよう申し渡しがあった。宗春はこれを了承し、そのまま隠居した。さらに、水戸家の関係の松平大学頭頼貞、松平播磨守頼幸の両名から、宗春のあとの尾張家当主には、美濃高須家（江戸の四谷に屋敷があったことから四谷家ともよばれた）の松平但馬守義淳（のち徳川宗勝）が就任することが伝えられた。

義淳は、十三日の夜四つ時（午後十時頃）、（四谷屋敷から）上屋敷に入り、これにより御三家の閉門は解かれ、みな安堵した。宗春が謹慎している中屋敷には、守衛として成瀬豊後守が十三日から十四日までに移り、義淳が入った上屋敷の守衛として、十四日に成瀬大和守が左内坂《さないざか》（東京都新宿区市谷田町一丁目から市谷左内町にいたる坂）の年寄屋敷に移った。

宗春失脚と幕府政治

十四日には、幕府から尾張家家老に改めて仰せ渡しがあり、今後尾張家の支配は、何事によらず成瀬隼人正《はやとのしょう》（正太《まさもと》）と竹腰志摩守（正武）の二人の付家老が取り計らい、そのうえで藩主へ達することが示された。また、諸大名に対しても、幕府からの仰せ渡しがあり、宗春の隠居の理由が身持ち不行跡であること、さらに、諸大名はこの事件をよく考え、以後諸事を家老たちに任せ、庶民に憐愍《れんびん》を加えるよう指示している。

宗春処罰について、加賀藩の「護国公年譜」（金沢市立玉川図書館所蔵加越能文庫）には、「一、正月十二日、於江戸（中略）尾張殿近年段々不行状相重候間、急度御指控御慎候様被仰渡候、御門も閉、御長屋窓、火之見櫓迄も閉申候」（屋敷道明「加賀藩主前田吉徳」『歴史海流』一九九六年一〇月号）と、尾張藩邸では、門や長屋の窓の他に火の見櫓までも閉めたことが記されている。

さらに、仙台藩の『獅山公治家記録《しざんこうじけきろく》』（仙台市博物館所蔵）には、元文四年正月十五日の記事として、江戸から国元へ、尾張家当主が不行跡を理由に「慎《つつしみ》」を申し渡されたこと、尾張家家老が十二日に登城し、当主の不行跡を止められなかったことを理由に「指控《さしひかえ》」を命ぜられたこと、尾張家当主には松平義淳の就任が決まったことなどが知らされている（齋藤鋭雄「仙台藩主伊達吉村」、同前）。

先の尾張家への達では、尾張藩政について、以後、成瀬・竹腰の二人の付家老が主導し、当主はこれをふまえて藩政を執ることが、家老たちに示されている。吉宗ら幕府首脳が、宗春のように幕府政治を批判し、独自の藩政を展開する尾張藩主の出現を警戒していたことがうかがえるのである。

しかも、これに続く記述によれば、幕府は先の総登城の翌々日、諸大名に対して宗春の謹慎の事情を知らせ、事件の意味をよく考え、今後藩政については、家老たちに任せるよう指示している。前述のようにこの指示に関連して、仙台藩では、老中松平乗邑から今回の宗春謹慎の一件を教訓として、他の藩主も行跡を慎み、「領分家中作法正敷有之様」心掛けるよう言い渡されたことを知らせる書簡が江戸から届いている（齋藤鋭雄前掲論文）。藩主の専制を抑え、藩政の独自性を抑える政治の方針は、幕府権力（中央権力）を強化し、法と官僚機構による国家支配のシステムの確立をめざした享保改革の方針と一致するものであった。

宗春の敗北とは、まさに享保改革における「勝者」吉宗による幕府権力の強化、大名統制という動向の中で起こった象徴的な事件であったのである。

宗春の晩年

さて、『夢の跡』によれば、謹慎の身となった宗春は、元文四年（一七三九）九月二十二日に江戸を出立し、十月三日に名古屋に入った。木曽路を通っての名古屋入りであったが、幕府の達により、人々が宗春を出迎えることは許されなかった。

帰国した宗春は、名古屋城三の丸の東大手内の西角にある屋敷に幽閉された。その一五年後の宝暦四年（一七五四）、宗春は城下の下《した》屋敷（名古屋市東区）に移された。このとき人々は、葬式に用いる提灯を門前に掲げ、宗春に哀悼の意を表したと言われる。

名古屋には再び倹約令が出され、町の賑わいは消えた。屋敷に閉じ込められた宗春は、外出も許されなかった。『夢の跡』によれば、宗春に外出許可が出たのは、謹慎して二二年後の宝暦十一年、父母の霊廟に参拝することが幕府に認められた時のことという。許可を得た宗春は、同年六月五日と九月二日、父母の墓のある建中寺《けんちゅうじ》（名古屋市東区）へ参詣に出かけている。この他宗春は、尾張家とゆかりの深い八事山興正寺《やごとさんこうしょうじ》（名古屋市昭和区）も訪れた。現在、興正寺には、宗春直筆の「八事山」と書かれた額が本堂に飾られ、「朝暾（朝日）と富士」と題された絵も残されている。

宗春が、下屋敷で世を去ったのは明和元年（一七六四）、謹慎処分を受けてから二五年後のことであった。享年六十九。ライバルの吉宗は、すでに一三年前の宝暦元年（一七五一）に死去していた。

しかし、宗春は死してなお、幕府から許されなかった。宗春の墓石には金網がかけられたとも伝えられる。尾張家の繰り返しの願いにもかかわらず、宗春の謹慎処分は解かれなかった。彼が許されるのは、没後七五年たった天保十年（一八三九）のことである。この年十二月に、十一代将軍を退いた家斉《いえなり》の子の斉荘《なりたか》が尾張家十二代当主に就任するのを機に、同年十一月五日宗春に従二位権大納言《ごんだいなごん》を追贈し、歴代尾張家当主に加えることが許されたのである。

宗春事件の社会的背景

しかし、宗春の失脚は、吉宗と宗春の個人的感情の対立や、吉宗と尾張藩との因縁というレベルの問題ではなかった。吉宗がここまで徹底して宗春を追い込んだのは、現実に進行している享保改革の成否にかかわる問題を含んでいたからである。すなわち、宗春の背後には改革政治に対する大きな社会的不満や批判が存在していたのである。

すでに早く享保六年（一七二一）、牢人の山下幸内《やましたこうない》は目安箱《めやすばこ》に投書し、吉宗の改革政治を批判している。幸内は、吉宗が金銀箔の使用を禁止したり、子供の玩具《がんぐ》箱の製造にまで規制を加えたりしたのを批判し、「恐れながら、御器量狭く、すなわち押しつけ、日本衰微の元にて候」と、経済の活性化には逆効果であると述べ、「金銀箔をつかうような者は、いずれ大身か裕福な者が遊ぶわけであるから、溜まり金銀を出させ、これを流通させるべきである」と、消費拡大による景気浮揚策を主張した。

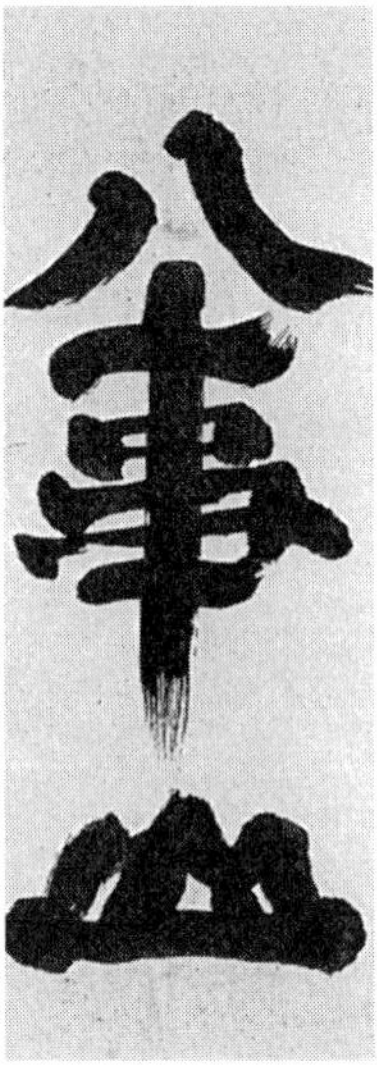

35──書「八事山」

36──徳川宗春の墓

このころ庶民の間でも、「狐《きつね》への達しとして、これから以後女に化けても金絲《きんし》縫箔《ほうはく》などの小袖《こそで》を着ることは許さぬ。猿への達しとして、尻を赤くするのはけしからぬ、黄金虫への達しとして、名前が不届きゆえ、真鍮虫《しんちゆうむし》とせよ」、「閻魔《えんま》大王より地獄への触れ。倹約を守るべし。これまで鬼どもは虎の皮のふんどしを用いてきたが、以後はやめ、木綿に虎の皮染めしたものに変えよ。鉄の棒も樫を用いるべし。角に金銀を付けることはなく無用のこと」など、規制強化・緊縮政治を皮肉る落書が見られた。

享保七年の落書でも、吉宗の政治について、「我天下之徳を不知、紀伊国同前之事」、「酒宴遊興音《おん》曲《ぎよく》を止、家々淋しき事」、「江戸中に有ゆる金銀をひた絞りに絞り給ひて、何国々々の蔵にもひた詰に詰め給ひて」など、その緊縮ぶりや増税ぶりを批判している。

吉宗の政治に対するこうした批判は、改革中期にも見られた。宗春が尾張家当主に就任した翌年の享保十六年八月、関白の一条兼香は、日記『兼香公記』の中で、「紀州は札つかひて和歌山商売せしむ。町人共へ金銀渡らず、ことのほか迷惑せしむ。しかるに尾張ははなはだ大気の沙汰。後世を知らず町人の輩は喜悦せしめ、ここに行向かふ」と、吉宗が享保十五年六月に藩札の発行を許可したのをうけて、吉宗の出身藩である和歌山藩ではこれを採用したものの、金銀の流通が悪くなり町人たちが困窮したのに対し、尾張藩では藩札を発行せず、「大気の沙汰」と、度量の広いことを町人たちが喜んでいると述べている。

また、吉宗と宗春の対立が明確になりつつあった享保十八年八月には、儒学者の太宰春台《だざいしゆんだい》（一六八〇〜一七四七）は、上野国沼田藩（群馬県沼田市）の藩主の黒田豊前守直邦《なおくに》に対する上書の中で、次のように述べている。

すなわち、将軍は、享保以後の政治で、奢侈を嫌い倹約を好み、女性を遠ざけ、人々を憐れみ、すべて政治に心を尽くして仁政を施しているのに、将軍になったころから天災が起こり、人々が安心した生活ができない。この理由を考えてみるに、唯一利益を追求することが第一の病根である。およそ利益は天下の人が同じく好むものであるから、だれでも一人利を好めば、人の怨《うら》みをかい、天の憎しみを受ける（中略）東照宮は利を好まなかったので天下を手に入れ、二代将軍から七代将軍までの六代の将軍も利益を好んだということは聞いたことがない。上が利を好めば、下に利益をあげようとする臣が出て、下が損をし、上が利益を得る政治をおこない、民と利を争うことになる。このため天下の人々が上を怨み、愁言《しゅうげん》することとなり、天災が起こる原因となっている。利益を求める臣がする政治は、国運の衰微や天下の万民の憂、さらには政治の敗れも顧みず、当座将軍の意に合わせ、己《おのれ》の立身栄耀（栄華）をはかるのみである（中略）このため、現在天下の万民が吉宗を怨《うら》むこと讐敵《しゅうてき》のごとくである。この時節、どのように仁政を施そうとも、将軍の前ではありがたがりお礼をいうが、内心は毛頭よろこばず、ひそかに集まって互いにつぶやき、上を誹謗《ひぼう》し、決して油断するなと申し合わせ、自分の利益を守ることを計るばかりである（「春台上書」『日本教育思想体系十五・徂徠学派』日本図書センター）。

この時期、吉宗の緊縮政治に対する不信・不満が庶民の間に、かなり広まっていたことが知られる。そして太宰春台は、民衆の怨みを解き天災を防ぐ方法として、「利益を追求する役人をすべて退け、以後いっさい利益追求の政治を止め、新田開発も止め、諸国の藩札を止めること」、「山王《さんのう》、神田《かんだ》以下の諸社の祭礼も以前のようにおこなわせ、遊女町や見世物場などを元のように許可することである。さらに繁雑になった法令をいっさい停止すれば、天下は静謐《せいひつ》になり、万民は欣喜《きんき》し、民心は服するであろう」（同前）と、減税と規制緩和こそ、民衆の支持を得る方法である、と主張したのである。

同じころ、伊勢国一志《いちし》郡川上村（三重県一志郡美杉《みすぎ》村）で生まれ、江戸で商人として成功した食行《じきぎょう》身禄《みろく》（伊藤伊兵衛）は、山岳信仰の「富士講」を信じ、四民平等を主張した。彼は、農民たちが苦しむのは、吉宗の強権政治のせいであるとして、享保十八年に「世直し」のために富士山で断食して果てている。

「敗者」宗春への称賛と「勝者」吉宗の弾圧

これら改革政治への批判と対照的に、当時、宗春の政治を称賛する風潮が広まっていた。先に述べたように、尾張家内では宗春を「希代《きたい》の名君」と讃え、京都の儒学者の中村平五も『温知政要』を高く評価している。先の食行身禄も、伊勢に別れを告げるために一時帰郷した際、途中の名古屋で『温知政要』を読み、大いに感動したという。当時の落書には、「公方《くぼう》様は乞食に似たり、尾張は天下に似たり」と言うものがあった。庶民の間には、あきらかに吉宗の政治と宗春の政治を対比的にとらえ、宗春を讃える風潮が見られたのである。

宗春の評価は、とくに尾張藩領内の庶民に高かったらしく、彼の失脚後も、その政治を懐しむ者は多かった。たとえば城下町商人の一人、小刀屋藤左衛門は、蟄居中の宗春の恩赦を幕府に出願して、これを不届きとされ、尾張藩の流刑地である篠島《しのじま》（愛知県知多郡南知多町）に流され、許されないまま同地で死去している。

また、宗春の時代の名古屋の繁栄の様子を記した『夢の跡』は、現在名古屋地域で、六〇種類以上の写本が存在しているという。名古屋の庶民たちは、宗春の時代を「夢」として語り伝えたのであった。

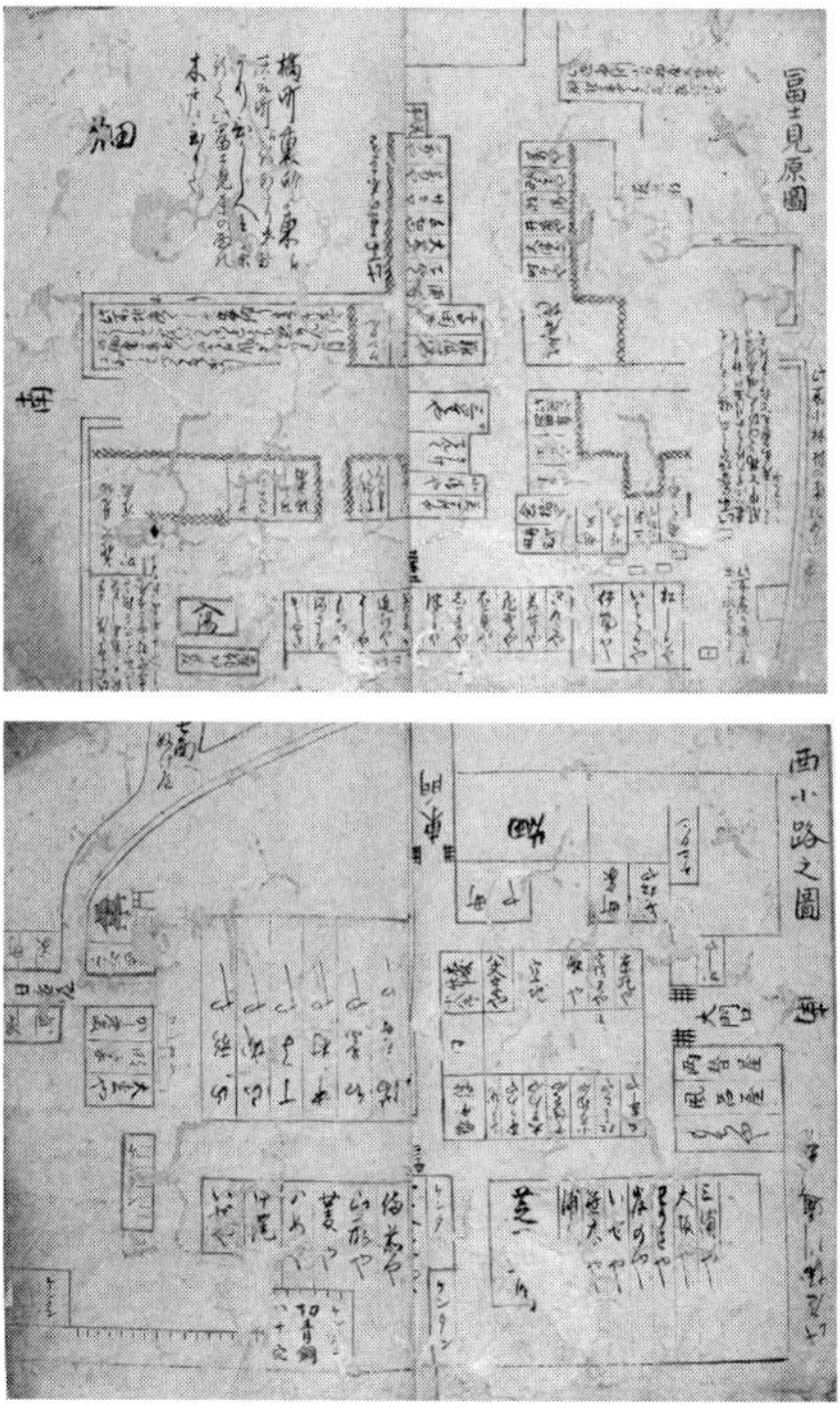

37―『夢の跡』

庶民による宗春称賛の風潮は、幕府にとっては、ゆゆしき事態であった。このまま放っておくと、御三家筆頭の尾張家当主宗春は、反吉宗・反改革の政治的シンボルになる恐れすらあった。国中の民衆が苦しみ「愁訴」に及んだ時、尾張と紀州の中から代わって政治を行うとした宗春の御三家論も、吉宗にとっては不安の材料であったと思われる。

この時期、すでに改革政治は、勝《かつ》手掛《てがかり》老中の松平乗邑《のりさと》を首班として最終段階に突入していた。宗春失脚とは、不道徳な君主、野放図な君主としての宗春の処罰ではなかった。改革政治を完遂しようとする勢力が、批判勢力を目に見える形で押しつぶしたことに、宗春処分の本質があったのである。

将軍吉宗に敗れた尾張宗春であるが、「敗者」宗春によるもう一つの享保改革＝「重商主義」は、その後、幕府では田沼意次の政治、諸藩においては上杉鷹山など名君たちの藩政改革＝「重商主義」へと引き継がれていく。「勝者」吉宗の重農主義の享保改革の流れは、「敗者」宗春が主張したもう一つの享保改革・重商主義へと、方向転換させられるのである。

V　天璋院の「内政」と「外交」

徳川家存続の戦い

38――上野戦争を描いた浮世絵

江戸開城を肯《がえ》んじない幕臣らは，彰義隊を結成して，江戸上野で官軍と戦った．天璋院は徳川家の将来を心配し，諸方に触や書状を送り，戦争の防止を呼びかけた．

1　幕末の将軍家

御台所候補

天璋院《てんしょういん》（最初一《かつ》子、のち篤姫《あつひめ》、落飾後天璋院を名乗る）は、薩摩藩島津家分家の今和泉《いまいずみ》家当主島津忠剛《ただたけ》の長女として生まれた。これより早く、薩摩藩では、二十二代当主島津継豊《つぐとよ》の時、継豊の弟たちが当主となり、越前（重富《しげとみ》）家、加治木《かじき》家、垂水《たるみず》家、今和泉家の四つの分家が成立した。

一子は、のち島津本家の藩主島津斉彬《なりあきら》の養女となった。斉彬は、当時十二代将軍家慶《いえよし》（一七九三〜一八五三）の世嗣《せいし》でありながら、病弱で二人の正室に先立たれた家祥《いえさち》（のち家定《いえさだ》、一八二四〜五八）に、一子を嫁がせようとした。そして、その斉彬が、家定に次ぐ十四代将軍に推していたのが、御三卿《ごさんきょう》一橋家の当主慶喜《よしのぶ》であった。

一子と家祥の縁組は、幕府老中の阿部伊勢守正弘《まさひろ》が、島津斉彬ら一橋派の大名たちと連携して、推進した。

嘉永六年（一八五三）六月三日、アメリカ東インド艦隊司令官ペリーが浦賀《うらが》沖（神奈川県）に来航し、七月二十二日に将軍家慶が六十一歳で没すると、婚姻の準備は一時中断した。しかし、阿部の意欲は強く、同年八月ごろ、婚姻準備は再開・本格化した。

十一月二十三日、家祥の将軍宣下がおこなわれ、家定と改名した。ここに一子は、将軍家定に嫁ぐことになった。

越前福井藩主松平慶永《よしなが》（春嶽《しゅんがく》）の家臣中根雪江《なかねゆきえ》の日記『昨夢紀事《さくむきじ》』などによれば、一子の縁組については、御三家水戸藩の前藩主徳川斉昭《なりあき》が反対していた。斉昭は九月二十一日付の書状において、かつて徳川家康の敵であった薩摩藩の、しかもその家臣（今和泉島津家）の娘に、大奥で旗本の娘たちが従うのは問題であると述べ、このままでは、やがて徳川家以外から将軍になる者が出ても、徳川家は何も言わないのではないか、と心配している。

こうした障害を乗り越え、一子の婚礼は正式に決まった。安政三年七月七日、諱《いみな》（実名）が一子から「敬子《すみこ》」へ、君号が「篤君《あつぎみ》」へと変わっている。

十一月十一日、篤姫は江戸城に入る。入城後の十一月十五日、篤姫のお披露目の儀式があり、「篤君御方姫様と可奉称候《となえたてまつるべくそうろう》」（『徳川実紀』）と「姫様」と呼ばれるようになった。同日、婚礼にむけて、正式に近衛忠煕《このえただひろ》（一八〇八〜一八九八）の養女となった。十二月十一日に結納が交わされ、十八日に婚礼の儀式がおこなわれ、「是ヨリ御台様《みだいさま》ト称シ奉ル」（「天璋院様御履歴」）と、「御台様」と呼ばれるようになった。篤姫二十二歳、家定三十三歳であった。

一橋派対紀州派

篤姫婚姻当時、夫の将軍家定は虚弱で跡継ぎがいなかったため、幕府では次期将軍をめぐって二派が対立していた。一派は、家定の従兄弟で御三家紀州藩主の徳川慶福《よしとみ》（十三歳、のち十四代家茂《いえもち》）を支持する譜代大名、大奥、将軍側近らの「紀州派」であり、その中心は譜代派彦根藩主の井伊直弼《なおすけ》であった。

もう一派は、先述の御三卿《ごさんきょう》一橋《ひとつばし》家当主で英明の評判が高い徳川慶喜《よしのぶ》（二十二歳、水戸藩主徳川斉昭の実子、のち十五代将軍）を支持する松平慶永、島津斉彬、伊予宇和島《うわじま》藩主伊達宗城《むねなり》ら家門や外様ら「一橋派」であった。老中阿部正弘や川路聖謨《としあきら》、岩瀬忠震《ただなり》ら幕府開明派官僚もこれに加わった。一橋派は譜代中心の幕政運営を改め、自分たちの政権参加による幕政運営をめざした。篤姫は、一橋派の期待を背負って江戸城に入ったのである。

同年十二月九日、斉彬の命を受けて、大奥の周旋に動いていた薩摩藩士の西郷吉之助（隆盛）は、中根雪江に対して、「西城（世継）の御事ハ予《かね》てより御台様へも仰含め置れたる事も侍《はべ》り」（『昨夢紀事』）と、将軍後継については、すでに斉彬が篤姫に言い含めていると記している。篤姫の使命は、自らが家定の子を産むことよりも、まず慶喜を世継ぎとすることであった。

その後、安政四年六月十七日に老中阿部が病死すると、老中首座で同じく一橋派の堀田《ほった》正睦《まさよし》が、幕政を主導した。しかし、翌五年四月二十三日に井伊が大老になると形勢が逆転し、同六月二十三日堀田が罷免され、六月二十五日には次期将軍候補として紀州慶福が江戸城西の丸に入るなど、紀州派が優勢になった。

この時期、篤姫は安政五年とみられる書状において、将軍家定は一橋慶喜を次期将軍にすることは、「トフモ思召《おぼしめし》ニハ叶ハセラレス」と気にいらない様子で、老中堀田が家定に、島津斉彬が慶喜を推す書状を見せたところ、「以之外《もってのほか》御立腹ニテ、薩摩守迄カノ様ニ同意ニ相成書取差上候事、甚以《はなはだもって》相済不申」と、とんでもないことと怒り、斉彬までこのようなことに同意し、慶喜を推薦する書状を自分に差し出すなど、許しがたいことであると、家定は、斉彬が一橋派に加担していることに激怒したと記している。

篤姫自身も、一橋慶喜を将軍に推薦する意見は以前からあったが、大奥は皆反対で、とても夫家定に話せる状況ではない、これまでも大名たちがずいぶん出願したが、全く取り上げられなかった。自分も斉彬の意見を将軍に伝えるが、これも断られるだろうと書状に述べている。この頃、篤姫は、慶喜擁立を断念したと思われる。

旗本で一橋家に出向していた渋沢栄一《しぶさわえいいち》も、大奥に篤姫の与党はなく、逆に紀州派に利用される存在であったと述べている（『徳川慶喜公伝』）。元大奥女中も、篤姫は紀州慶福を支持したと述べ（『旧事諮問録』）、勝海舟も、「天璋院は、しまひまで、慶喜が嫌ひサ」（『勝海舟全集20・海舟語録』）と、篤姫が一橋慶喜を嫌っていたと述べている。篤姫は一橋派の意向をうけて大奥に入ったものの、反一橋派の優勢のもとで動きがとれず、慶喜との間もうまくいかず、養父斉彬の意向とは異なり、紀州派支持へと傾いていったのである。

将軍家定の素顔

徳川家定は、文政七年(一八二四)、十二代将軍家慶の子として生まれた。幼少期から病弱で人前に出るのを嫌う一方、癇癪《かんしゃく》持ちだったと言われる。庭のガチョウを追い回したり、菓子を作ったり、父家慶が病気の時には、自らお粥《かゆ》を作ったなどのエピソードも残されている。

嘉永六年(一八五三)、ペリー来航の混乱の最中に父家慶が病死し、家定は将軍に就任した。政治的にはほとんど無力であり、家慶の遺言によって老中阿部正弘が補佐にあたり、阿部の死後は老中堀田正睦《まさよし》が政務を担った。

公家の名門鷹司政熙《たかつかさまさひろ》の娘(有姫《ありひめ》)、ついで一条忠良《いちじょうただよし》の娘(寿明姫《すめひめ》)を正室に迎えたが、いずれも死去し、安政三年(一八五六)に薩摩藩主島津斉彬の養女篤姫を三人目の正室に迎えた。しかし、篤姫との間にも子ができず、将軍継嗣問題が深刻化した。

渋沢栄一によれば、家定は、わがままを言う性格ではなかったが、幼少時に重い疱瘡《ほうそう》にかかり、顔に痘痕《とうこん》が残り、病弱であった。癇《かん》病のため、目や口が時々痙攣《けいれん》し首も動いた。言語も不明瞭であった。人に会うのを避け、三人の正室との会話もなく、鬱《うつ》病が重かった。大奥はこのことを秘していたが、家定の様子を見た大名や旗本らは、暗愚の将軍と心配したという。

しかし、暗愚を否定する話も残されている。側近の一人によれば、諸大名総出仕の朝、家定は癪《しゃく》が激しく髭《ひげ》を剃れなかった。時刻が迫ったため、小姓の一人が顔を押さえて、髭を剃り落とした。儀式が終わったのち、小姓が失礼の段を詫び進退を伺ったところ、逆によくやったと褒められたという。

また、隅田川に出かけた際、小姓の一人が家定に、この川の水もアメリカの大洋に通じているので、昨今の状況に油断なきようと述べたところ、その方が言う通りと納得したという。渋沢も、もし寛文年間（一六六一～七三）から天明年間（一七八一～八九）の平和時に将軍になるか、嘉永・安政年間（一八四八～六〇）でも、外様か譜代の大名家に生まれたなら暗君の評価は受けず、思慮分別のある藩主と言われたに違いない、国家多事の時期に将軍家に生まれたことは、「かへすがえすも不幸の将軍なり」と記している。

将軍家定の死

安政五年（一八五八）六月十九日、大老井伊直弼は反対を押し切って、勅許を得ないまま日米修好通商条約に調印し、同二十五日には、紀州慶福の将軍継嗣を公表した。この後、一か月以内に、オランダ、ロシア、イギリスと修好通商条約を結び、九月三日にはフランスとも結んでいる（安政五か国条約）。

一橋派の徳川斉昭らは無勅許調印を批判し、登城日でない日に江戸城に登城し井伊を詰問した。しかし、逆に彼らは、不時登城として、井伊から隠居・謹慎などの処分を受け、一橋派はいっそう不利になった。

この間、七月六日、将軍家定が三十五歳で病没した（公表は八月八日、諡号《しごう》は温恭院《おんきょういん》）。篤姫の結婚

39―徳川将軍家略系図

孝明天皇―和宮
（将軍家）家慶―家定
島津斉彬―篤姫
家定＝篤姫
家定‖家茂＝和宮
（紀伊家）斉順―慶福（家茂）
（水戸家）斉昭―慶喜
（一橋家）慶寿―慶喜

生活は、わずか一年半余で終わったのである。同日、慶福は家茂《いえもち》と改名し、その後十二月一日に将軍となった。七月十六日には、島津斉彬が亡くなっている（五十歳）。篤姫は、わずか一〇日のうちに、夫と養父を失ったのである。八月二十九日、篤姫は落飾《らくしょく》（髪を切って仏門に入ること）し、「御台所御事、天璋院《てんしょういん》様と奉称候」（『続徳川実紀』）と、天璋院と称することとなり、十二月二日には、朝廷から従三位《じゅさんみ》を与えられた。

徳川家茂は、御三家の紀州（和歌山）藩主徳川斉順《なりゆき》の長子として生まれたが、誕生以前に父が死去し、四歳で藩主となった。その後、十三代将軍家定の後継者争いが深刻化すると、一橋慶喜とともに継嗣候補になった。

家茂を推す井伊直弼が大老となり、将軍家定自身が家茂を後継と定めたことから、家茂は家定没後、十三歳で将軍に就任した。将軍家に血筋が近く、幕臣の信望も厚かったという。

さて、篤姫が存在感を示すのは夫家定の死後で、天璋院を名乗ったころである。跡を継いだ将軍家茂が年少であったため、自ら母として補佐しなければ、という使命感によるとされる。

しかし、その将軍家茂も、長州との戦争のさなか、突如大坂城で亡くなった。家茂の死後、後を継いだ十五代将軍慶喜は、京・大坂に詰めきりで江戸城に戻ることはなかった。天璋院は、慶喜を嫌い、御台所の美賀子《みかこ》が大奥に入ることも拒否したと言われる。このため、江戸城最後の主は、実質的に天璋院になった。幕末動乱の中、天璋院は表の役人をたびたび大奥へ呼び、報告を求めている。江戸開城にあたっては、天璋院は徳川家の一員として一命を捧げる覚悟を示し、実家の島津家からの身柄引き取りの申し出も、断っている。

2　幕末の朝幕関係

安政の大獄

一橋派は、朝廷に働きかけて、形勢逆転をねらった。朝廷には孝明《こうめい》天皇（一八三一〜六六）をはじめ、外国との通商を嫌う公家が多くいた。安政五年（一八五八）八月八日、家定死亡が公表された日、孝明天皇は「安政五か国条約」を批判し、幕政改革を求める勅諚《ちょくじょう》を水戸藩に出した（戊午《ぼご》の密勅《みっちょく》）。九月に朝廷内親幕派の関白九条尚忠《ひさただ》（一七九八〜一八七一）が辞表を出すと、大老井伊は危機感を強め、幕府批判派（天皇を敬い攘夷実行を主張する尊王攘夷派）の大規模な弾圧を開始した（安政の大獄）。

元若狭《わかさ》小浜《おばま》藩士の梅田《うめだ》雲浜《うんぴん》（一八一五〜五九）をはじめ、尊攘派の志士・藩士・公家らが次々に逮捕・処罰された。安政六年二月から四月にかけて、公家の左大臣近衛忠熙《ただひろ》、右大臣鷹司輔熙《たかつかさすけひろ》が辞任し、前《さきの》関白鷹司政通《まさみち》と、前内大臣三条実万《さねつむ》はともに、出家・謹慎を命じられた。

同八月には、徳川斉昭が蟄居、一橋慶喜が隠居・謹慎、開明派官僚の岩瀬忠震《ただなり》、永井尚志《なおゆき》（一八一

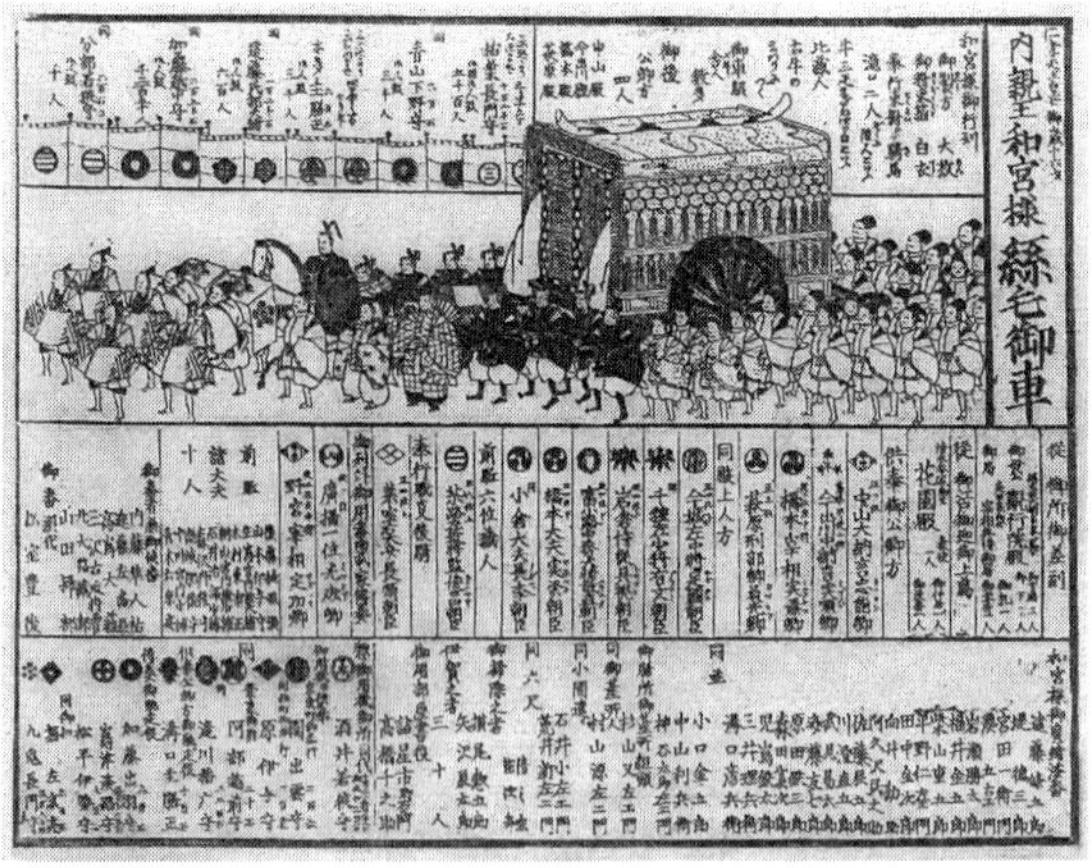

40―『内親王和宮御糸毛御車』

六～九一）らが免職・永蟄居となった。同八月から十月には、水戸藩家老安島帯刀《あじまたてわき》が切腹、福井藩士橋本左《さ》内《ない》、儒学者頼三《らいみ》樹《き》三郎《さぶろう》、長州の吉田松陰《しょういん》らが死罪となった。安政の大獄で連座した者は、一〇〇人余に及んだ。

当時、西郷吉之助（隆盛）は、島津斉彬の指示で、橋本左内らとともに、慶喜の将軍擁立に向けて京都で活動していたが、幕府の手が迫ったため、薩摩藩に戻り奄美《あまみ》大島（鹿児島県）に逃れた。

しかし、安政の大獄は、尊攘派の憤激を買い、万延元年（一八六〇）三月三日、尊攘派水戸浪士一七人と薩摩藩士有《あり》村次《むらじ》左《ざ》衛《え》門《もん》が、彦根藩邸から登城中の井伊大老の行列を、江戸城桜田門外（千代田区）で襲い殺害した（桜田門外の変）。

この事件により井伊の専制政治は終わり、以後、尊攘運動は昂揚していった。

井伊のあとをうけた幕府老中の安藤信正《のぶまさ》は、尊攘運動に対抗して、朝廷の権威を利用し、幕府の権威・権力を強化し、雄藩の政治参加を認める公武合体路線へと転換した。十四代将軍家茂《いえもち》と孝明天皇の妹和宮《かずのみや》の婚儀は、その象徴であった。

しかし、この政策は尊攘派を刺激し、文久二年（一八六二）正月十五日、安藤は江戸城坂下門外で襲撃され負傷した（坂下門外の変）。さらに、和宮の奪還計画も立てられたというが、二月十一日、家茂と和宮の婚儀は無事成立し、公武合体運動はピークを迎えたのである。

篤姫と和宮

和宮は、弘化三年（一八四六）仁孝《にんこう》天皇の第八皇女、孝明天皇の異母妹として生まれた。誕生前に父が崩御《ほうぎょ》したため、母観行院《かんぎょういん》の実家橋本家で養育され、六歳の時、有栖《ありす》川宮《がわのみや》家の長男熾仁《たるひと》親王と婚約した。しかし、十五歳の時、公武合体派の幕閣や公卿により、十四代将軍家茂との婚姻政策が進められ、熾仁親王との婚約は破棄された。

文久元年（一八六一）四月、孝明天皇から内親王宣下《ないしんのうせんげ》を受け、親子《ちかこ》の諱《いみな》を与えられた。婚姻を決意した和宮は、「惜しまじな　君と民との　ためなれば　身は武蔵野の　露と消ゆとも」と和歌を詠んでいる。

朝廷は和宮の入輿にあたり、江戸城での暮らしに不安を持つ和宮のために、幕府に対して、和宮の周辺では、「御所風《ごしょふう》」を守り、側近には京以来の女官《にょかん》を置く、などの条件を示した。

天璋院が規律を重んずるのに対し、和宮は度量が広く小事にこだわらない性格で、その生まれから、ふるまいや威光は和宮が勝ったという。勝海舟によれば、「和宮と天璋院とは、初めは大層、仲が悪かった。会いなさるまではネ。お附きのせゐだよ。初め、和宮が入らした時に、御土産の包み紙に「天璋院へ」とあったそうナ。いくら上様でも、徳川氏に入らしては、姑だ、書きすての法は無いと言って、お附きが不平を言ったそうな。それで、アッチでもすれば、コッチでもするといふように、競って、それはひどかった。張合ふものだから、入費が掛って、困ってしまったのサ。大久保（一翁《いちおう》、忠寛《ただひろ》、幕臣）なども、奥から潰れる、仕方がない、と言った」（『海舟語録』）という。

さらに幕臣であった渋沢栄一によれば、「幕府の大奥にては、初より宮の降嫁を悦ばず、万事御所風たるべき事は、其最も嫌う所なれば……天璋院夫人の如きも、宮に対面の際頗《すこぶ》る礼を失し、唯、普通の親子同様に扱ひたれば、宮は無念の涙にくれ給へりなどいふこと、京都に聞えしかば、天皇はいたく逆鱗《げきりん》ましまし」と、大奥は当初から和宮の降嫁を喜ばず、すべて御所風になるのを天璋院もまた嫌った。

41—和　宮

両者の対立は、政治問題に発展する可能性をもっていたのである。

しかし、関係は徐々に改善されていった。勝によれば、天璋院、和宮、家茂の三者が、浜御殿《はまごてん》（浜離宮、中央区）に出かけた際、踏み石の上に天璋院と和宮の草履《ぞうり》があり、家茂の草履は下にあった。天璋院は先に下りたが、和宮はポンと飛び降り、自分の草履を除き、将軍の草履を上げてお辞儀した。和宮の気遣いが影響したのか、以後、女中たちの争いは静まったという（『海舟語録』）。

京都政局と家茂の死

十四代将軍家茂は、文久三年（一八六三）三月〜六月、元治元年（一八六四）正月〜五月、慶応元年（一八六五）五月〜翌二年七月と、三度上京した。第一回上京中、和宮と家茂は互いに贈物をし、書状を交わした。天璋院は家茂の滞京が長引くことを心配し、「跡さき御かんかへ二而、何事もうかつに御さた無やうに願まいらせ候」と、若い将軍の軽挙を戒める書状を送っている。

しかし、京都の緊張は高まる一方で、将軍家茂が江戸に戻った文久三年（一八六三）八月十八日、会津・薩摩両藩を中心とする公武合体派は、長州藩を中心とする尊攘派を京都から追放した（八月十八日の政変）。この流れを受けて、翌四年（元治元年）二月には、一橋慶喜（将軍後見職）、松平容保《かたもり》（会津藩主、京都守護職）、松平慶永《よしなが》（前越前藩主）、山内豊信《やまうちとよしげ》（容堂《ようどう》、前土佐藩主）、伊達宗城《むねなり》（前伊予宇和島藩主）、島津久光《ひさみつ》（斉彬の弟、藩主忠義の父）など公武合体派による参預《さんよ》会議が成立した。しかし、「横浜港を開港するか、鎖港するか」という横浜鎖港問題をめぐり、島津久光らが「諸外国に宣言し、条約を結んでいる以上、横浜港は開港するべきである」と横浜開港論を主張したのに対し、政局の主導権を保持したい一橋慶喜、松平容保、幕府老中らが強硬に反対し、議論が紛糾し、結局会議は解体した。公武合体派は、政治勢力の結集に失敗したのである。

その後、慶応年間（一八六五〜六八）に、土佐藩や越前藩などが公武合体論を発展させ、諸侯会議を中核とする公議《こうぎ》政体論《せいたいろん》を唱えた。これは、欧米の議会制度を導入することによって、権力の再統合

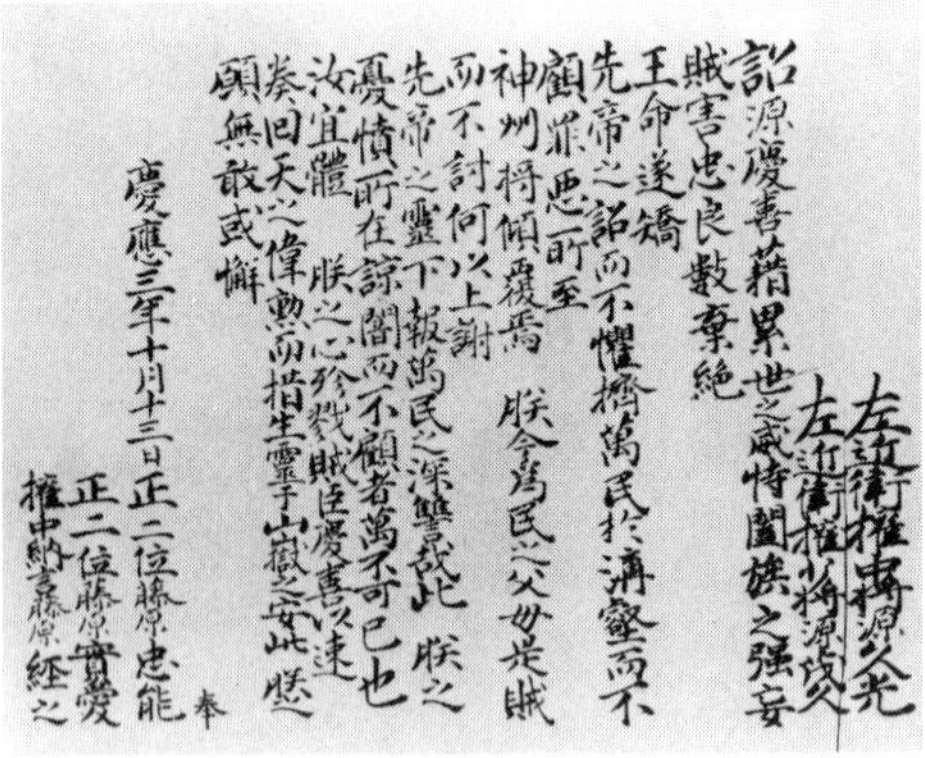

詔源慶喜藉累世之威恃闔族之強妄賊害忠良數棄絶王命遂矯先帝之詔而不懼擠萬民於溝壑而不顧罪惡所至神州將傾覆焉朕今爲民之父母是賊而不討何以上謝先帝之靈下報萬民之深讐哉此朕之憂憤所在諒闇而不顧者萬不可已也汝宜體朕之心殄戮賊臣慶喜以速奏回天之偉勲而措生靈于山嶽之安此朕之願無敢或懈
慶應三年十月十三日
正二位藤原忠能
正二位藤原實愛
權中納言藤原經之
奉
左近衛權中將源久光
左近衛權少將源茂久

42―倒幕の密勅

をはかろうとする国家構想であった。

家茂は、第三回上京の際の第二次幕長戦争（長州戦争）のさなか、慶応二年七月二十日、大坂城において二十一歳で没した。和宮との結婚生活は、わずか四年であった。十二月九日、和宮は落飾し、朝廷から静寛院宮《せいかんいんのみや》の院号を与えられた。

慶応二年（一八六六）十二月五日、一橋慶喜（三十歳）は十五代将軍に就任したが、同月二十五日公武合体派を支持してきた孝明天皇が疱瘡《とうそう》で没し（毒殺説も有力）、公武合体派の勢力は後退した。

新将軍慶喜は陸海軍の改革を行い、幕府権力の強化をはかった。しかし、岩倉具視《ともみ》らの工作により、慶応三年十月十三日に薩摩に、また十四日に長州に、それぞれ討幕の密勅が下った。

これに対し、十月十四日、将軍慶喜は、徳川家を中心とする公議政体の新政権を構想し、大政奉還を朝廷に申し出、十五日にこれが許された。にもかかわらず、薩長両藩は徳川家を新政権からはずすことをねらい、十二月九日、天皇に王政復古の号令を出させ、同日夜の小御所会議《こごしょかいぎ》で薩長ら討幕派は、公議政体派を圧倒し、慶喜の辞官《じかん》・納地《のうち》（官位官職を辞して所領を返納する）を決定した。

ここに江戸幕府は廃止され、徳川家を中心とする政権構想もついえたのである。このとき徳川家の一員である天璋院は、三位の位階を失っている。

篤姫、和宮の「外交」

慶応四年（一八六八、九月八日に明治と改元）四月十一日の江戸開城の前後、天璋院は静寛院宮とともに、江戸城大奥にあって、戦争回避と徳川家存続のために、「内政」（徳川家中への指示）と「外交」（新政府軍への嘆願）を展開した。

慶応四年正月元日、天璋院と静寛院宮は、それぞれ江戸城で年頭の挨拶をうけた。翌日、大坂城の慶喜は、京都奪回のために旧幕府軍を進軍させたが、三日〜六日の鳥羽・伏見の戦い（京都府）で敗れた。慶喜は、戦場の兵を残したまま、密かに大坂城を脱出し、正月十二日軍艦で江戸に逃れた。

勝海舟によれば、慶喜が江戸に戻った時、天璋院を薩摩に返すという話が持ち上がった。天璋院は、大いに不満で、「何の罪があって、里にお還しになるか、一歩でもコ、は出ません。もし無理にお出しになれば自害する」と言い、昼夜懐剣《かいけん》を離さなかった。六人のお附の女中もこれにならった。勝海舟が説得してもうけつけない。そこで、勝は、「甚だお気の毒ですが、私は名を挙げますよ。天璋院が御自害を為されば、私だってすみませんから、その傍で腹を切ります。すると、お気の毒ですが、心中とか何とか言はれますよ」と言うと、天璋院は「御じょう談を」と笑った。勝はそれから三日間通いつめて、毎日天璋院と話し、ついに自害をあきらめさせたという（『海舟語録』）。

旧幕府軍内部には抗戦論も強かったが、二月十二日、慶喜は上野寛永寺《かんえいじ》（台東区）に謹慎し、恭順の意を表した。

慶喜の意向もあり、天璋院と静寛院宮は、江戸に進撃する薩長などの新政府軍に対して、徳川家への寛大な処置を嘆願した。

たとえば、三月付で天璋院が、東海道鎮撫《ちんぶ》軍《ぐん》隊長宛てに出した書状には、慶喜について、「当人之容子から、兼々私之心底に応し不申、旁相続之上ハ、以後国家之形勢、臣下之思ハく等も如何と、朝夕心配致居候得共、女之事に候へは詮方無、只々神仏を拝し無事を祈候のみに候」と、将軍に的確な人物とは考えていなかったが、慶喜が在京中に決まったことであり、女の自分にはどうしようもなく、心配でただ神仏に祈っていたと記している。

しかし、このままでは、「徳川家存亡之程も計りがたくと御先祖様江対し此上もなき大不孝……一門方始、家来之末々迄、無実之災難、塗炭之辛苦を負せ候」と、徳川家の存続も危ぶまれ、先祖にたいして申し訳なく、一門家臣ともに苦しむことになる。女の私が朝廷にたいして直接お願いすることはできず、日光門主に相談したところ、門主も理解し、東海道をお詫びに向ったが、西郷ら鎮撫軍の力添えなしでは、とても難しい状態である。「畢竟私事当家江嫁し付られ候も、御父上之深き御思慮ましくての御事」と、結局、私が徳川家に嫁いだのも、養父島津斉彬の考えであり、「徳川之儀ハ大切の家柄……安堵致候様御所江御執成之程折入而御頼申候、私事徳川家江嫁し付候上ハ当家之土となり候」と、徳川家は大切な家であるので、さまざまな手段で朝廷に取り次いでほしいと願い、私は徳川家に嫁いだからには、徳川の土となるつもりであると、決意を述べている。

さらに、天璋院は、「存命中当家万々一之事出来候てハ、地下ニおゐ而何之面目も無之と日夜寝食も安んせす、悲歎致居候、心中の程御察し下され、兎に角此度之事御取扱下され候ハヽ、私共一命相すくひ被下候よりも猶重く有難き事、此上の悦御座無候……呉々厚く御憐み被下、此艱難御救ひ被下候ハヽ、其御先祖様御父上様之御孝道ハ申ニ及ハす、徳川家江之義も相立、御武徳御仁心此上なき儀と存られ候」（NHKプロモーション編『天璋院篤姫』一二一頁）と、亡き家定公のためにも徳川家の安全を祈るものであり、もし徳川家に何かあったら、将来家定公に会わす顔もないと、ただ悲嘆にくれているることを察してほしい。徳川家の存続が許されるならば、私の命を救うよりもありがたく思う。今日、他に頼るべき者もいないため、西郷に頼むしかない、もし温情をかけてもらえるならば、島津家の先祖や亡き斉彬に尽くすことにもなる、として徳川家の存続を願ったのである。

静寛院宮の「外交」

一方、静寛院宮も同じ三月十一日、中山道の官軍先鋒総督の岩倉具定《ともさだ》に使者を立て、書状を送っている。『藤岡屋日記』によれば、静寛院宮の使者は、「十一日中山道出立、静寛院宮様、御年寄、玉しま殿、御使番二人、御広敷番之頭　本多喜八郎、右は大宮宿より十三日夕方帰ル也」（『藤岡屋日記』一五、四九一頁）と、中山道は、年寄玉島、大奥女中二人、警固の広敷番頭一人であった。書状には、「返す〳〵御征伐御止の様願候ニてハ決して無候ま、あしからす、御聞取の様御頼申入まいらせ候」と、新政府軍の進撃を止めて欲しいというわけではない、としながらも、鳥羽伏見の事件に関して、使者の上臈藤《じょうろうふじ》（土御門藤子《つちみかどふじこ》）が上京して、京都のようすを聞き、大変申し訳なく思っている。前将軍慶喜は、後悔懺悔して上野寛永寺で謹慎している。徳川方の武士にたいしても、すでに新政府軍には決して不敬はしないように、厳しく申し付けているが、何分多数の武士がいるので、なかには心得違いの者もいるかもしれない。そのあたりから、恭順の姿勢が崩れては、朝廷に申し訳なく、徳川家の存続も危ういと深く心配している、と心情を述べている。

つづけて静寛院宮は、使者の藤を東海道の駿河府中（静岡県静岡市）に滞在する大総督宮に向けて出立させた。どうか、その返事が来るまで、進軍を停止してほしい、もし身分の低い武士たちなどから戦が起きては、まことに残念である。私の心中は、中山道の岩倉に当てて使者として送った玉島から聞いてほしい、と記している。

天璋院と静寛院宮は、あらゆる回路を使って、新政府軍との「外交」を展開したのである。これは、徳川家存続をかけた、彼女たちの戦であった。

天璋院、静寛院宮の「内政」

しかし、この「外交」＝徳川家存続、を成功させるには、徳川家内部の秩序維持が前提とあった。彼女らは、「外交」を成功させるための「内政」も展開したのである。

明治元年三月八日、大奥は、次のような触を徳川家の家臣に出している。すなわち、「此度追討使被差向候ニ付、末々ニ至候迄不敬之義無之様、此程より精々被仰出候御事なから、猶又御論遊はし度思召候、朝廷ニも謝罪之次第ニ寄、いか様ニも寛大之御所置被為在候御様子ニ御伺被為在候得共」と、朝廷も私たちの謝罪の仕方によっては、寛大の処置をとってくれると聞いている。しかし、徳川家の家臣も人数が多いので、万一心得違いの者がいると、恭順の姿勢は認められず、「徳川家も是限り」となってしまう。たとえ忠義と思っても恭順の意を失っては、朝廷にたいして申し訳なく、徳川家の存続も危い。おりしも、大総督宮の陣中に上臈を使者として送るなど、静寛院宮は、徳川家のために心を痛めているので、身分の低い武士たちまで恭順の意を失わないように、と指示している。

同文の触が、『続徳川実紀』（五—四〇一）や『藤岡屋日記』（近世庶民生活史料一五、四八六頁）にも見られる。『藤岡屋日記』によれば、「大奥より浅野美作守江御渡」と、若年寄の浅野美作守《みまさかのかみ》氏祐《うじすけ》を通じて発布している。

天璋院とは別に、静寛院宮も触を出している。すなわち、「（三月）十八日、先達仰出され候通、徳川家名之儀ハ慶喜恭順之道相立候ハヽ、如何様共寛大之御取計可被為在旨大総督宮様御沙汰之由、此程御使ニ立れ候上臈東帰致し伺帰り候間、猶々当地士民謹慎之道相守候様ハし度、仮令徳川家臣たり共、官軍ニ帰順勤王の者共ハ、御征伐被為在候義ニ而ハ決而無之由ニ被為在候間、其辺厚心得慶喜一身の事を彼是不論、只々神君以来之御家名相立候様心懸謹慎相守候ハヽ、神君御始御先代方江の忠節是ニ不過と思召候ニ付、此程より当地之者共江厳敷謹慎仰付られ候間」と、徳川家の家名相続は、慶喜の恭順により寛大の処置が施される見通しとなったことが、上使の上臈を通じて伝えられた。そこで、江戸の武士や庶民には、なお謹慎を守ることを命ずる、たとえ徳川家の家臣であっても、新政府軍に恭順する者は征伐はしない、今後は慶喜の処遇についてはあれこれ論ぜず、ただ家康以来の家名が立つように心がけることが達せられた。つづけて、新政府軍にも乱暴はしないようにとの指示が、東海・東山両先鋒総督から示されたので、もし私たちが恭順の意を失っては何にもならない、今までのことも謀《はかりごと》のようにとらえられてしまう。ここにおいて、徳川家存続が達せられなければ残念である。徳川家のため、かつ下々の者が動揺しないよう、静寛院宮は心を痛めているので、下々まで恭順の意を守るよう、申し付けるものである、という内容である。

大奥からの触が出されたことは注目される。江戸時代始まって以来の「大奥発」の徳川家臣宛ての法令、言いかえるならば女性が男性に命ずる法令が発されたのである。西郷隆盛と勝海舟の功績として知られる「無血開城」は、実は、こうした天璋院と静寛院宮の「外交」と「内政」、すなわち危機管理の成果でもあったのである。

3　幕府敗北のなかで

天璋院・静寛院宮らの活躍もあり、三月十八日、西郷は江戸城総攻撃の中止を伝えた。

江戸開城

これをうけて、天璋院は、万一、不届きな行為があっては、徳川家の一大事である。神祖家康公以来の御奉公を思い、しっかり謹慎するように大奥から命ずる、という触をあらためて出した。

翌十九日付の別の史料では、もう少し細かいことが記されている。すなわち、「三月十九日、御嘆願並西郷御受之趣有之、御討入御見合ニ付、心得違無之様急度慎可相守段、天璋院様御意之趣仰出サレ、表ニ於テ向々へ触達ス、（注）此度天璋院様より女中御使ニ而薩州先手隊長迄御歎願御願之筋被為在候処、西郷吉之助より右御請申上候趣有之」（「史料紹介『天璋院様御履歴』」一六頁）と、このたび西郷から総攻撃中止の連絡があったので、天璋院が徳川家中に対して、あらためて恭順を命じている。注記の部分によると、天璋院が局（幾島《いくしま》）を派遣したことが、大切な要因として記されている。今後、万一不心得者が暴発するようなことがあっては、徳川家の一大事である。このことをよく考え、静謐を守り、家康以来の奉公と考え、きっと慎むことが天璋院の意志であるという、これも大奥からの触である。ここでも、徳川全家臣にたいして、大奥から命令が出されたのである。

これらのことから、慶応四年四月十一日の江戸開城の前後、天璋院と静寛院宮を中心とする江戸城大奥が、戦争回避と徳川家存続のために「内政」（触）と「外交」（書状）を展開しており、この時期、大奥が一個の政治勢力として機能していたことが知られる。

天璋院と静寛院宮の尽力もあり、江戸城はついに無事開城され、慶喜も恭順が認められたのである。

江戸城退去後、天璋院の「内政」と「外交」

明治元年（一八六八）三月十六日、旧幕臣たちは江戸城を立ち退き、御三卿の一つ田安邸で執務をおこなった。

江戸城開城にともない、あわただしい動きがあった。四月四日、勅使として総督橋本実梁《さねやな》と副総督柳原前光《やなぎわらさきみつ》が入城した。六日、前将軍慶喜の正室美賀子《みかこ》が江戸城から水戸藩小石川屋敷（東京都文京区）へ立ち退き、九日、静寛院宮と実成院《じつしょういん》（十四代家茂生母）が同じく御三卿田安屋敷へ、十日、天璋院と本壽院《ほんじゅいん》（十三代家定生母）が御三卿一橋邸に退いた。

そして、十一日、ついに江戸城が開城した。同日、慶喜は上野寛永寺を出て水戸（茨城県水戸市）に向かった（『続徳川実紀』五）。

閏四月二十九日、田安亀之助《かめのすけ》（六歳、のちの徳川家達《いえさと》）が、徳川宗家を相続した。

こののち、七月九日、天璋院は、徳川家の行く末を案じて、輪王寺宮公現法親王《りんのうじのみやこうげんほっしんのう》（戊辰戦争後、還俗して北白川宮能久親王《きたしらかわのみやよしひさしんのう》と称す）あてに書状を記している。

書状は、「去ル五月十五日ハ非常の御大変何共可申上よう御座無、誠ニ〳〵大驚恐入候御事と深く御案事申上候」と、上野彰義隊《しょうぎたい》の戦争に驚き、深く心配しているとの文章から始まる。つづけて、「右ニ付而ハ御危難ハ申上候迄も御座無候へとも、先〳〵御別条も不被為有御滞無御立退被遊候趣、風聞も有之候迄ニて、何れ之御場所ニ被成候哉、何分〳〵慥成義も相分り不申」と、輪王寺宮は、無事上野寛永寺を立ち退いたとの噂を聞いたものの、どこにいるのか確かな情報もなく、とても心配していた。

さらに、「何分表立候て迚も行届不申、御内々と申候ても使の者等ニ差支、猶また道中筋もむつかしき由ニて当惑致居候」と、表向き問い合わせることもできず、内々といっても使者もおらず、道中も大変ということで、当惑していた。「兼而申上置候用人相勤候高橋能登守義ハ忠儀之者ニ而、先頃隠居致候へとも、相替らす陰にて忠節筋骨折候義も御座候処、同人悴高橋縫之丞と申者、親同様忠筋の者にて此度奉公御免高扶持差上暇願申立させ、願之通暇ニ相成、依之内々使者相勤可申旨申出、此節柄と申厚き心入にも有之、慥成人物之由承り候間、是江申付差出し候、左様思召され可被下候」と、以前話した用人の高橋能登守は忠義者で、先日隠居していたが、変わらぬ忠義を尽くし、子の縫之丞という忠義者とともに、暇願いを出させ、内々御用を命じた。

これに続けて、「扨上野一条乃儀ハ追々承り候処、第一勅額も御座候中門山門を初、其外江炮発致御本坊迄焼払ひ候段、薩州ハ勿論其他諸家ニ至迄官軍と相唱候者ニ有之間敷振舞、何共可申様御座無、悪逆不法の事ニ御座候」と、上野戦争は、その様子を聞くにつれ、勅額《ちょくがく》（天皇直筆の額）のかかった中堂山門《ちゅうどうさんもん》をはじめ、所々に発砲し、本坊まで焼失させたことは、薩摩はもちろん、他の家々まで官軍を名乗るにはあるまじき振る舞いである。何とも言いようがなく、悪逆不法と言うしかない、と、自説を述べている。そして、「右ニ付私事女儀とハ乍申、何分黙止居かなく候ま丶、委細書取を以江府大総督江品々申立候処、取扱候役々兎角に差止メ、如何様申談候ても更ニ相貫き不申、扨々誰あって理非を相糺し候者も無之と只々落涙のミに御座候、右之次第故徳川家の義ハ高七拾万石被下候へとも、此末の処先以如何成行可申哉も難計、夫ニ付候ても北国筋諸侯の儀ハ実々忠義之程頼母敷感し入候事ニ御座候、何卒天の御恵ミ神仏の御助力を以銘々忠節之本意相貫き、徳川家再興相成候様、昼夜夫のミ祈念致居候」と、私は女ではあるが、これを見逃すわけにはいかず、江戸の大総督に書状を書いて、いろいろと述べたがうまくいかなかった。だれも善悪を究明する者がおらず、ただただ涙するだけであった。徳川家についても、七〇万石は与えられたが、こののちどうなるかわからない。しかし、北国の大名たちの忠義は頼もしく感動した。どうか天の恵や、神仏の加護をもって銘々忠節を尽くし徳川家再興のために働いてほしいと、昼夜ただ、そのことのみを願っている。

　つづけて、「右ニ付而ハ先頃上野御一条と申其外種々不法の事のミ相募り候折柄、容易に戦争も相鎮り不申、薩長を初かゝる逆意を働き候も畢竟天子之御幼冲を侮り、銘々私慾をほしひまゝに致候より大乱と成行候事ニ付、迚も右逆賊を相手ニ致居候てハ、際限も有之間敷と被存候」と、こうした薩摩をはじめとする不法行為は、幼い天皇を侮り、銘々がほしいままにしたための大乱といえる。これらこのことについては、先日の上野戦争に始まり、各地で戦争が収まらず、薩長をはじめ、逆賊を相手にして、際限もないとも思う、と述べている。そのうえで、「乍恐其御所様思召を以、会津・仙台両等江鎮撫の職掌をも被仰付候様ニ者相成間敷哉、左候上ハ右両家へ属服致候者ハ相ゆるし、逆意を張り妨等致候向ハ御征伐被為仰候様御叡断之程、偏ニ希度存候」と、輪王寺宮の命令で、会津（松平）と仙台（伊達）両家などに、鎮撫の職掌を与えてほしい、そして、両家に屈服する家は許し、あくまで抵抗するものは、征伐するように指示してほしい、と願っている。

そして、「ケ様之義申上候も憚多く御座候へとも、只々徳川家再興之一心より思召之程も不顧申上候、女儀之私何之御役ニも相立不申候へとも、及ハすなから私相応之御用筋御座候ハヽ、何成共伺度、行届候丈ケハ一身ニ引請如何様ニも取計可申心得ニ御座候」と、このような願いをすることは、恐れ多いことであるが、私はただ徳川家再興の一念からお願いしている。女の私は何の役にも立たないと思うが、相応の仕事があれば、何でもやるつもりであるので、どうか申し付けてほしいと述べている。

さらにつづけて、「何卒当家再興復古之義ハ返々くれ〳〵御尽力之程御願申上候、尤会津・仙台ハ格別忠義之趣も承り居候まゝ、右両家へ頼之、書取差遣し度、別紙弐通持せ遣し候間、可相成ハ其御所様ゟ夫々江被仰進御廻しニ相成候得ハ、誠ニ〳〵難有存候、何事も天下治徳川家再興の御叡慮偏ニ〳〵御願申上候」と、徳川家再興を、くれぐれもお願いしたいとし、会津と仙台は、格別忠義が厚い家と聞いているので、できるならば、輪王寺宮から使いを出して、説得してくれるとありがたい。どうか天下が治まり、徳川家再興のことをお願いしたいと述べ、最後に輪王寺宮の健康を案じ、私は大丈夫なので御安心を、と結んでいる。

天璋院が、輪王寺宮に依頼し、奥羽列藩同盟の中心的存在である会津と仙台に、徳川家再興のために、主導権を与えることを願っている。文中、女であることを嘆きつつも、徳川家再興に尽力する天璋院の姿が確認されるのである。

これとは別に、明治元年七月九日、天璋院の意向をうけ、使者高橋縫之丞が、仙台藩主伊達慶邦《よしくに》に述べた口上が遺されている。

第一条では、脱走の旧幕府兵を仙台藩が扶助してくれたことを感謝している。

第二条では、この書状が機密書なので、目立たないように小さい封にしたので、返書も同様に嵩まないようにしてほしい。忙しい時なので、受取書だけでもよい。

第三条は、上野寛永寺の廟所と山全体を焼き払い、発砲して門主を襲ったことは、乱逆不道の行いであること。

第四条は、新政府が先般旧幕臣にたいして、朝廷に仕えるか、暇をもらうか選択を迫ったさい、天璋院は怒って非道のことと申し入れた。しかし、聞き入れられず、たとえ七〇万石になり扶助が行き届かなくても、君臣ともに餓死するまで養育すると言ったこと。

第五条は、亀之助を駿府に移すうえは、上野寛永寺と芝増上寺の墓を開いて移すようなことになっては、嘆かわしいと涙している。慶喜が恭順の意を示したのに、長州藩の恭順の例と比べても、ここまで残酷な処置はない、と不満を記している。

さらに、この書状には、徳川家の江戸居住を願う「附江府居住之儀御願之事」が記されている。

すなわち、右の五か条は、田安亀之助に厳しいもので、これを受諾しないことを、使者を遣わして談判したが回答がなく、さらに呼び出して談判したが、これも回答がないので、ついには天璋院自身が、大総督に談判しようとしたが、以ての外と断られたので、当惑した。結局は、亀之助が徳川家を相続することを願い、毎日のように新政府軍に賄賂を送り、へつらっている始末で、どのように徳川家のことを思い談判しても仕方なく、このため、敵ではあるが、実家島津家の関係者ということで、西郷隆盛に徳川家のために尽力することを願ったところ、了解しながらも呼び出しに応じず、逃げてしまった。言語道断であり、ため息をつき、静寛院宮も徳川家のために尽力し、使者を送ったと述べている。

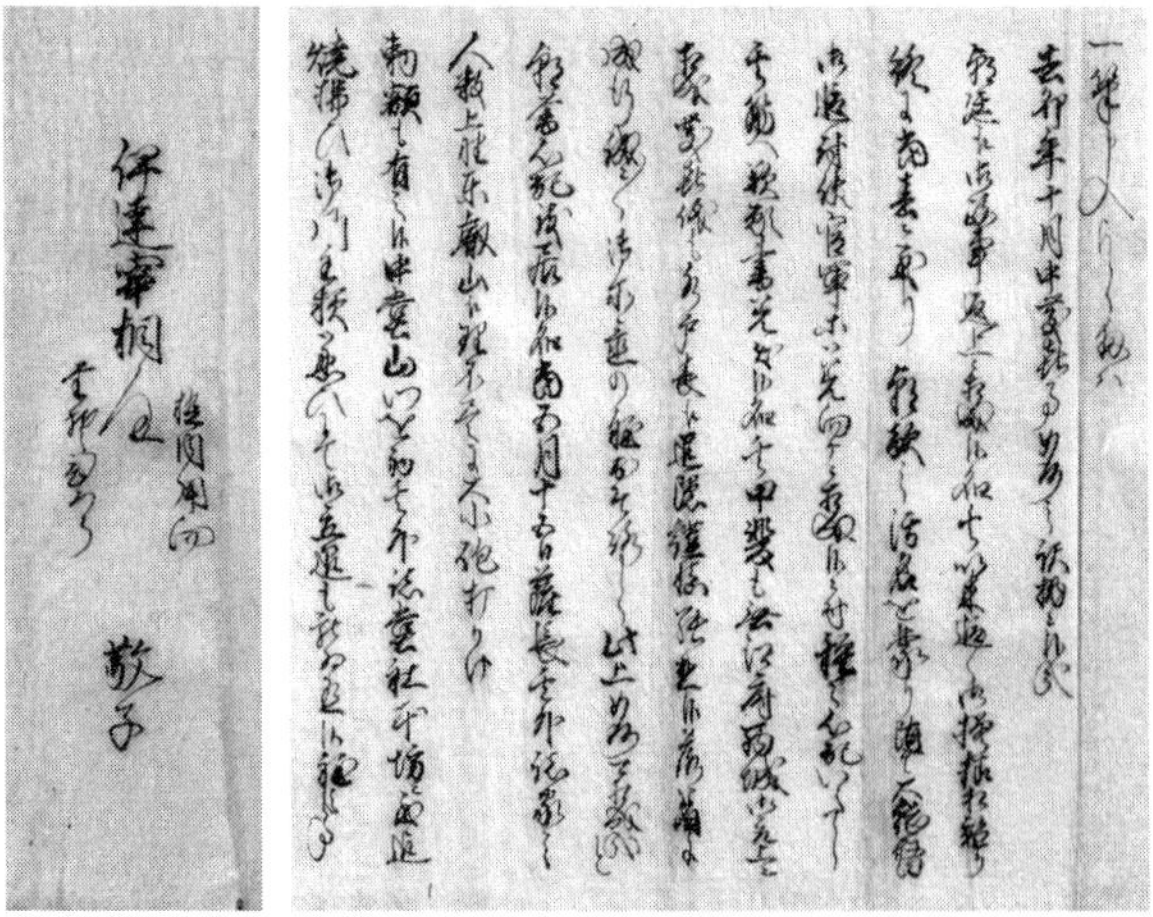

43――天璋院書状（伊達慶邦宛）

　天璋院は、徳川家再興のより良い条件を獲得するために、輪王寺宮を仲介に仙台・会津両家に書状と使者の口上を送った。徳川家の維持・再興に向けた天璋院の執念がうかがえる。

同じ七月九日、篤姫は、同様の内容の書状を仙台藩主伊達慶邦宛に出している。包紙には、「伊達宰相殿、極内用向、敬子」と、最高機密であることが記されている（前頁写真）。

江戸文書主義の到達点＝女性による触と書状

本文は、冒頭で、「去卯年十月中、慶喜事如何之訳柄ニ候哉、朝廷江御政事返上ニ相成候処、其以来追々御模様相替り、終に当春ニ至り朝敵之汚名を蒙り、随て大総督御追討使官軍等御差向ケニ相成候ニ付、種々心配いたし其筋へ歎願書差出候処、其甲斐も無江府西城御取上ニ相成、慶喜儀も水戸表江退隠謹慎罷在候、落着に成行、誠ニ〳〵御処置の程おそろしく、此上如何可相成哉と朝暮心配致居候」と、前年十月、慶喜はどうしたことか大政奉還をし、以後、状況が変わり、正月には朝敵になった、大総督指揮下の新政府軍が差し向けられ、いろいろと心配し、慶喜が水戸に隠退謹慎して落ち着いたが、新政府軍の処置は厳しく、この先どうなるかわからず心配していた。すると、「当五月十五日薩長其外諸家之人数上野東叡山江理不尽に大小砲打かけ、勅額も有之候中堂山門を初其外諸堂社本坊ニ至迄焼払ひ、御門主様御忍ひにて御立退も被為有候程之御事、右跡ニ而御宝物其外重き御品々を掠取候趣、実々以恐入候次第、朝敵ハ申迄ニ無之、神敵仏敵盗賊共の振無と可申」と、五月十五日、薩長その他諸家が、理不尽にも上野東叡山へ撃ち掛け、勅額のある中堂山門をはじめ、本坊まで焼き払った。門主は御忍びで、ようやく逃れたが、新政府軍は、このあと宝物その他の品々をかすめ取るなど、まったく畏《おそ》れを知らない行為であり、朝敵であることはいうまでもなく、神仏に敵する振る舞いであった、と記している。つづけて、「右之始末から故、当家ニ対し候てハ勿論、其余悉く不法のミ働き候由、就中嶋津家は以之外なる風聞も有之、此侭黙止居候てハ当家代々江対し深く恐入候御事と存シ堪へ忍ひかたく候得共、何分女儀之私如何共詮方無、就而ハ其御先祖政宗公の思召と申、代々別段之御忠節を感し入候折柄、御慕ひ申打入て御頼申候」と、徳川家にたいしても、さまざまな不法を働き、とくに島津家については、とんでもない噂がある、このままでは、徳川家先祖にたいしても耐え忍び難いことである。しかし、女の私には致し方なく、ついては、伊達家の先祖伊達政宗公の思いをはじめ、歴代藩主の徳川家への特別の忠節に感謝し、お願いする次第であると、述べている。

天璋院は続けて、「尤徳川家名者被立下候得共、童稚之亀之助江相続被仰付、高ハ格外之御減しにて七拾万石ニ有之、殊ニ江戸ハ御取上と申、扨々御なさけ無仕合、此上迚も致方無之候得共、如何相成可申哉察し入候処、全く一時之計事にて北国筋諸侯方を鎮撫致度迄之申訳ニも候哉、万々一悪逆共之見込通りに相成候ハヽ、必す当家ハ皆無取潰しニ可相成も難計と疑念心配致候」と、徳川家の家名は存続したものの、幼い亀之助が許された石高は、大きく減らされ七〇万石であり、とくに江戸は取り上げられ、情けない次第であり、どうしようもない状態である。しかも、これも一時の処置であり、東北の大名たちを制圧するための策略の可能性もある。もし、薩長の見込み通りになれば、徳川家は取り潰しになる心配もあると述べている。そのうえで、「当節承り候へハ、奥羽方ハ申合御尽力のよし、誠ニ〳〵御頼母敷御事ニ而、深く感し入候、何卒其御方之御忠力を以、当家復古相成候様ひたすら御頼申候、勿論会津家江も其御方と力を合せ候様頼遣し候間、宜く御相談之上外忠儀之諸候を相催シ、悪逆之者とも御退治被下、是非共〳〵当家再興相成候様くれ〳〵御頼三御歎き申候、猶委敷くハ此使の者より可申上候」と、最近聞くには、奥羽諸藩が協力しているとのこと、誠に頼もしく感激している。どうか伊達家の尽力により、徳川家復活を実現するようにお願いしたい。もちろん、会津松平家も伊達家と力をあわせ、相談のうえ、忠義の大名たちを集め反逆者を退治し、ぜひとも、徳川家再興に力を貸してほしい。なお、詳細はこの使いの者が申し上げる、というものであった。

天璋院の徳川家再興への強烈な思いと、奥羽列藩同盟に対する大きな期待が記されている。天璋院は、江戸開城後も、徳川家の維持・再興のスタンスは崩さなかったのである。

その後、七月二十八日、天璋院は一橋邸から赤坂紀州邸（東京都港区）に移り、十二月十五日には、朝廷から静寛院宮《せいかんいんのみや》（和宮）をへて、三〇〇〇両が貸与された。明治二年、静寛院宮は京都に戻った（同七年、再び東京に帰る）。翌三年六月十八日、天璋院は落髪《らくはつ》し（ただし髻《もとどり》を払うもので僧形ではない）、八月十一日、赤坂紀州邸から牛込戸山《とやま》尾張邸（新宿区）に移った。

同四年七月、廃藩置県により家達は静岡から東京に戻り、九月に天璋院のいる戸山邸に入った。以後、天璋院は家達の養育に専念し、同五年九月には、家達とともに、戸山邸から赤坂福吉町《ふくよしちょう》（港区）の元人吉《ひとよし》藩下屋敷へ移っている。

このころのことと思われるが、勝海舟の記録によれば、勝は天璋院のお供で、八百膳《やおぜん》（台東区浅草の料理屋）に二、三度、向島《むこうじま》（墨田区）の柳屋に二度、吉原（台東区）にも出かけている。

このとき勝は、天璋院を妹といつわり、女子トイレの確保に心を配ったという。またある日、天璋院と和宮が、勝の屋敷を訪問した際、女中が「大変だ」と知らせに来たので聞くと、二人が給仕をしようと睨み合っているという。勝が行くと、互いに自分が給仕すると主張している。そこで、勝は笑って、お櫃《ひつ》を二つ出させ、一つずつ側に置き、「天璋院さまのは、和宮さまが為成《なされ》まし、和宮さまのは、天璋院が為成まし、これで喧嘩はありますまい」というと、「安房《あわ》（勝）は利口ものです」と大笑いになった。帰りは一つの馬車で帰った。その後、天璋院と静寛院宮はいっそう仲良くなり、何事も互いに相談し、万事一つであったという（『海舟語録』）。

歴史の大転換期を共に生きる中で、二人はお互い同志として、また一人の人間として信頼しあうようになったといえよう。

明治十年六月、家達はイギリス留学に出発した。九月二日、静寛院宮は、脚気治療のために出かけた箱根塔ノ沢《とうのさわ》（神奈川県足柄下郡）で、三十二歳で亡くなった。十月、天璋院は、千駄ヶ谷（東京都渋谷区）の徳川邸に移った。同十三年十月、天璋院は、旅の途中、静寛院宮が亡くなった箱根を訪れ、日記に、「宮の君うせ給ひし高殿とて今も残れるにむねふた（さ）かりてこころ懐旧のなみだに袖をしぼり侍りぬ」と、思い出に涙したことを記している（財団法人徳川記念財団編『特別展・徳川将軍家の遺宝』）。

明治十五年十月、家達はイギリス留学から帰国し、天璋院の縁戚近衛泰子《このえひろこ》と結婚した。翌十六年十一月十三日、天璋院は発病、侍医の西洋医竹内正信《たけのうちまさのぶ》は中風と診断、ドイツ人医師ベルツは、エンボリー（血栓）と診断した。

皇后（昭憲皇太后《しょうけんこうたいごう》）や島津家から見舞いが届いたが、十九日危篤となり、二十日四十九歳で波瀾の生涯を閉じた。このとき、従三位に復されている。二十五日、千駄ヶ谷邸から出棺、上野寛永寺の家定の墓域に埋葬された。法名は敬順貞静大姉、現在も天璋院は自らが守った江戸・東京の地に、夫家定とともに眠っている。

養父斉彬の命を受けて、一橋慶喜を十四代将軍にするべく大奥に入った天璋院であるが、皮肉にもその慶喜が放り出した江戸幕府、徳川家の後始末を担うことになった。「女だから」とさまざまな書状で書いているのは、その恨みともとれるが、「大奥発」の「内政・外交」を見ていると、自負にも見えてくる。天璋院、静寛院宮、そして職務の大切さを知り、彼女たちの意を体して働いた大奥の女性官僚たち、幕末の江戸開城は、江戸時代の女性たちの達成点・到達点と見ることもできるのである。

書状の文言通り、「徳川の土」となり、上野寛永寺の地に眠る天璋院は、戊辰戦争では「敗者」となったものの、「徳川家存続」の戦いでは「勝者」になったといえる。

Ⅵ

幕末維新の敗者をめぐって

「西高東低史観」の克服

44——江戸開城交渉

江戸城や城下に戦災を及ばさないために，徳川家を代表して勝海舟は，官軍の西郷隆盛と会談し，無血開城と徳川家の安泰をもたらした.（『明治天皇紀附図』）

1　幕末期の幕政改革

幕府瓦解と「維新史観」

江戸幕府の瓦解と明治新政府の成立、幕末維新の要因について、従来、薩摩・長州両藩を中心とする討幕派が、欧米の新知識・新技術を積極的に取り入れ、軍備の西洋化に成功し、旧態然たる徳川・佐幕派勢力を圧倒したと説明されてきた。すなわち、「薩長＝開明的＝近代化成功」と、「幕府＝保守的＝近代化失敗」という、西日本の倒幕派と東日本の佐幕派を対照的にとらえる、いわば「西高東低」の明治維新史観が一般的であった。

しかし、鎖国体制のもと、幕府は最大の財政基盤をもとに、大規模な官僚制と軍隊を擁し、公的な外交ルートから正確な国際関係の知識と情報を大量に入手し、幕末期には、西洋化・近代化に向けて、「幕末期三大改革」とよばれる政治改革を展開していた。そして、これを支える佐幕派勢力もまた、軍備の西洋化を怠ってはいなかった。以下では、従来の明治維新「西高東低」史観の克服をめざして、遅れていたとされる幕府・佐幕派勢力の西洋軍備化の実態を見ていきたい。

幕末期の幕府三大改革

45―長崎海軍伝習所

幕末期、内外の緊張の高まりの中で、幕府は決して無為無策ではなかった。むしろ西洋化・近代化に向けて、「幕末期三大改革」を展開していたのである。

その第一は、嘉永六年（一八五三）のペリー来航に端を発する「安政改革」である。これは老中阿部正弘を中心に、開明派官僚の川路聖謨《かわじとしあきら》、岩瀬忠震《ただなり》、永井尚志《なおむね》、大久保一翁《いちおう》らによって推進された。同年、阿部は品川台場（東京都港区）の築造、大船建造禁令の解除など、海防の強化を図った。

安政元年（一八五四）日米和親条約締結後、阿部は辞意を表明するが、十三代将軍家定や前水戸藩主の徳川斉昭《なりあき》らが慰留し、彼らの信任を得た形で老中に留任し、安政改革を開始した。同年、旗本・御家人に剣・槍・砲術などを講習する講武所《こうぶしょ》を築地《つきじ》鉄砲洲《てっぽうず》（中央区）に竣工し、同六年に神田小川町《おがわまち》（千代田区）に移転した。講武所の科目の中には西洋砲術もあり、教授には高島秋帆《しゅうはん》、勝海舟など、開明派官僚もいた。

安政二年には、長崎出島の近くに幕府の海軍伝習所を設立し、オランダのペルス・ライケン海軍中尉ら二二名の教官による伝習が開始された。伝習生として、幕臣や諸藩の藩士ら約一〇〇名が参加した。安政六年二月に閉鎖するまで、幕臣の勝海舟、榎本武揚《たけあき》、ペリーに応接した中島三郎助《さぶろうすけ》らが伝習生として参加し、薩摩藩の五代友厚《ごだいともあつ》（のち実業家）、佐賀藩の佐野常民《つねたみ》（のち大蔵卿）ら諸藩の聴講生も参加した。

安政四年には、神田小川町に蕃書調所《ばんしょしらべしょ》が開校した。これは洋書や外交書翻訳の効率化をはかるために、安政二年に幕府天文方から独立し、九段（東京都千代田区）に設立されていた洋学所を改称したものであった。開校に向けて、勝海舟や川路聖謨らが尽力し、教授手伝に長州の村田蔵六《ぞうろく》（のち大村益次郎）や薩摩の松木弘安《こうあん》（のち寺島宗則）らがいた。

このように幕府は、いち早く西洋化・軍事化に取り組んでいたのである。そしてそれは、全国統治者として、薩長を含む諸藩をも主導するものであった。

第二は、「文久改革」である。文久二年（一八六二）六月、朝廷は島津久光を随行させ、勅使大原重徳《しげとみ》を江戸に派遣し、将軍上洛と幕政改革を迫った。朝廷の狙いの一つに、徳川慶喜と松平慶永《よしなが》の復権があった。彼らは、先の将軍継嗣問題で井伊直弼と対立し、蟄居を命じられていた。当初幕府は、慶喜らの復権に難色を示していたが、ついに徳川慶喜を将軍後見職に、松平慶永を政事総裁職に就任させた。朝廷の命を受けて幕府人事が行われたのは前代未聞のことであった。

また、尊攘激派により治安が悪化した京都の治安回復を目的として、閏八月一日京都守護職を設置した。京都守護職は、京都の朝廷、公家、寺社を管理していた京都所司代や、大坂城代の上に立ち、さらには近国の大名を指揮する権限を持つ非常職で、会津藩内の反対を押し切って松平容保《かたもり》が、藩兵千名余を率いて就任した。文久三年二月の近藤勇らの浪士組結成もこの流れの中にあった。

慶喜・慶永政権による文久改革は、慶永のブレーンで元肥後藩士の横井小楠《しょうなん》の献策を容れて、「公武一和」を大方針として展開された。文久二年閏八月には、参勤交代を隔年から三年ごとに改め、大名妻子の帰国も許した。

文久三年には、勝海舟の構想のもと、神戸の海軍操練所（兵庫県神戸市中央区）が建設された。ここでは、旗本、御家人のほか、薩摩、土佐その他の藩士も多く集められ、塾頭に土佐の坂本龍馬《りょうま》が任命された。

その他、幕府は直属の歩兵・騎兵・砲兵の「三兵」を創出し、オランダ式装備の導入を計った。また、アメリカやオランダに艦船を発注し、オランダに留学生を派遣するなど、欧米の知識や技術の摂取に努めたのである。

慶応年間、幕府は第三の「慶応改革」に取り組んだ。これを主導したのは、最後の将軍徳川慶喜であった。慶喜は、文久二年（一八六二）に将軍後見職、元治元年（一八六四）三月に禁裏《きんり》守衛総督に就任するなど、公武合体派の中心人物であった。慶応二年（一八六六）十二月十五代将軍となり、翌三年十月十三日の大政奉還をへて、明治元年正月に江戸に戻るまで、ずっと上方におり、江戸不在の将軍であった。慶喜は、フランス語を学び、フランス料理を食する親仏派であり、慶喜体制のもと、江戸では小栗忠順《おぐりただまさ》、栗本鯤《こん》（鋤雲《じょうん》）など親仏派幕府官僚による慶応改革が展開された。

慶応元年、幕府はフランスから二四〇万ドルの借款を得て、横須賀製鉄所（神奈川県横須賀市）を起工した。フランス公使ロッシュの対幕府接近政策を背景とするものであったが、幕府側の推進者の勘定奉行小栗忠順は、ここに造船所、修船所などを建設し、強大な幕府海軍の拠点とする計画であった。製鉄所の所長は、フランス人海軍技師ベルニーであり、五二名のフランス人がこれに協力した。

慶応二年十二月八日、フランス政府が派遣した軍事顧問団が来日した。使節団は、シャルル・シュルピス・シャノワンヌ大尉を団長とし、歩兵・騎兵・砲兵の三兵の士官・下士官計一五名により構成されていた。彼らは、幕府の三兵の訓練をおこなったが、主に訓練を受けたのは、旗本・御家人ではなく、彼らが納めた軍役金で雇った傭兵たちであった。

ロッシュをはじめ、フランス海軍極東艦隊司令官オイエ提督やシャノワンヌらは、幕臣の松平太郎、大鳥圭介《おおとりけいすけ》、榎本武揚《えのもとたけあき》らと結び、対薩長交戦派を形成したのである。

戊辰戦争後半の明治二年三月二十五日の宮古湾《みやこわん》海戦（岩手県宮古市）において、海軍奉行（提督）荒井郁之助《いくのすけ》と幕府軍艦回天《かいてん》の艦長甲賀源吾《こうがげんご》は、フランス語で「アボルダージェ」（突撃）と叫んでいる。幕府の調練はかなり徹底したものであった。

以上見てきたように、幕府は最幕末段階まで、改革政治を展開し、西洋軍備化をすすめていたのである。

幕末維新期会津藩の洋式軍備化

事態は、佐幕派会津藩においても同じであった。会津藩は、弘化年間（一八四四～四八）、西洋砲の製造を開始する（「房総御備場御場一件」『会津若松市史資料編Ⅰ』）。嘉永四年（一八五一）には、会津藩士一瀬《いちのせ》大蔵忠移《ただより》が伊豆韮山《にらやま》（静岡県伊豆の国市）に赴き、幕府代官江川太郎左衛門英龍《ひでたつ》から大砲鋳造を学ぶ（「忠恭様御年譜」『会津若松市史』九・資料編Ⅰ）。安政年間（一八五四～六〇）初年、一瀬豊彦がゲベール銃（前装式で球形弾丸を込め、火打石（のち雷管）で発射する射程一〇〇メートル前後のオランダ製洋式小銃）を初めて会津に持ち帰った（『続日本史籍協会叢書・会津藩教育考』東京大学出版会、一九三一年、二九六頁）。文久二年（一八六二）には、藩の方針として、火縄銃を廃し雷管式に切り替えている（『会津藩教育考』二九六頁、『幕末会津藩往復文書』上、八八頁）。

文久三年二月には、ミニエー銃管打式（雷管式）による施条銃《ライフル》（椎実形鉛弾を用い射程距離は三〇〇メートル）四〇〇〇挺の装備をめざして、和銃と入れ替える作業を始めた（『会津藩県庁記録』1―一五五頁）。ただし、軍制改革＝洋式化にたいして、藩内で議論が起こり、武具役所などが従来の権益を失うことを不満として、批判が高まった。

文久三年十二月二十一日には、老中の水野忠精《ただきよ》から、会津藩が製作しているミニエー銃を見たいとの希望が出され、見せたところ、気に入り購入したい言ってきた。水野は幕府の重要人物であり、また藩主松平容保《かたもり》の意向もあり、水野に一〇挺、家老の岩崎に二挺贈った。十二月二十五日には、藩内で新たに製作した洋式銃一四〇挺を会所御用の間に飾り、家老たちの一覧に供した（鈴木為輔「会津藩の西洋銃製作」『会津史談会誌』第二一号）。

元治元年（一八六四）七月十七日、会津藩では御備小銃をミニエー銃に変更するために、江戸と会津で製作し、長崎で購入したものを合わせて五〇〇挺にしたが、「全備」には二〇〇〇挺余が必要と考えていた（『幕末会津藩往復文書』上、二四六頁）。この間、武器だけでなく洋装への変更、歩兵訓練の強化にも努めていた。

同じく元治元年七月十八日、禁門の変のさい、会津藩は一五ドイム（一五サンチ）臼砲（モルチール）を使い、長州藩などの攘夷派がひそむ鷹司邸《たかつかさてい》の西北の塀を崩壊させた（山川浩『会津守護職始末2』東洋文庫、九〇頁）。同年八月には、広川兼済の提案で、洋式銃を中心とし、大砲隊を設置し、山本覚馬《かくま》らを教授に任命した。九月一日には、広沢の建議にもとづき、洋式軍備の重要性を認識し、整備を進めた。

同年十月八日には、会津藩の藩兵全員に管打式（雷管式）の小銃が行き渡るように、火縄銃を管打式に改造する提案がされている。同十二月二十四日には、会津藩京都方の方針として、ミニエー銃について、戦争の勝敗を左右する重要な武器という認識のもと、江戸や会津でミニエー銃の製作を急がせ、さらに横浜での購入を促した（『幕末会津藩往復文書』下、五三頁）。

慶応三年（一八六七）四月一日、会津藩代表の山本覚馬と中沢帯刀《たてわき》が、ドイツ商人カルル・レーマンにたいして、スナイドル・ゲベール銃一三〇〇梃と附属品を発注している（荒木康彦『近代日独交渉史研究序説—最初のドイツ大学日本人学生馬島済治とカール・レーマン—』七四頁）。

明治元年三月二十三日、会津藩は国元への帰国にあたり、横浜のスネル商会（兄ヘンリーはプロシア領事書記官、弟エドワルドはスイス総領事書記官のち貿易商人）から大量の武器・弾薬を買いつけた。のちスネル兄弟は米沢藩（山形県米沢市）や庄内藩（山形県鶴岡市）とも交流を深め、奥羽列藩同盟の顧問として、戦いを指揮するようになった（丸山国雄「会津藩武器購入に関する一問題」会津史談会『会津史談会誌』第一六号、一九三七年、星亮一『敗者の維新史』三四頁）。

明治元年五月ころ、会津藩は軍制の近代化を急いだ。会津藩が軍制改革を始めるさいに、旧幕府に教官の派遣を依頼していたが、これが認められ、幕府の歩兵、砲兵、騎兵の三隊が会津に入った。歩兵差図《さしず》役頭取《やくとうどり》の畠山五郎七郎と、伝習歩兵第二大隊長歩兵頭並沼間《ぬま》慎次郎《しんじろう》（のち守一《もりかず》）が指導者となり、会津若松城の三の丸で会津藩兵を教練した。会津藩は軍制改革し、四境の防衛体制を固めた。当初は薩摩・長州の兵を迎え撃ち、のちにはほとんど全国の大兵を敵として戦うことになったが、軍制改革の効果を得るには至らなかった。旧徳川軍の畠山や沼間らにフランス式の訓練を依頼し、日夜訓練したが、長年慣れた長沼流には及ばなかった。結局、洋式の用兵訓練の将校が育たなかったことが近代的組織戦に劣る原因となった。

会津藩の支配下にあった新選組もまた、西洋軍備化が進められた。「武士の中の武士」「ラスト・サムライ」などのイメージが強い新選組であるが、この組織は、客観的にはかなりの合理性・近代性を備えていた。まず、新選組隊士の出身地が東北から九州までほぼ全国にわたっている。藩を単位に、地域別の軍団編成となっていた江戸時代において、全国からの志願兵によって構成される新選組は、特異な存在であった。出身身分も武士、農民、町人、医師その他さまざまな階層に及んでいる。江戸時代、兵士になるのは原則武士に限られていたが、新選組は、地域や身分を超えた志願制を採用していた。

新選組の西洋軍備化

新選組の組織はまた、浪士組の同志的組織から官僚的組織へと変化していった。身分制にとらわれない、局長、副長、参謀、副長助勤、組頭などの職階制、これにもとづく俸給制を採用した。実力主義、実績主義にもとづく異動もあった。公文書が作成され、「新選組」の公印も使用された。

このような新選組もまた、幕府や会津藩と同じく西洋軍備化を進めたのである。たとえば、元治元年（一八六四）十月九日、土方歳三《ひじかたとしぞう》は江戸出張中の近藤らへの書簡において、留守中の京都のようすを知らせている。そこでは、毎日西洋砲術の調練をおこなっているが、最近は上達し、これならば長州との戦争で先陣を務められると自慢している。また、慶応元年（一八六五）九月に作成された長州戦争に向けた「行軍録」では、「大銃隊」「大銃頭谷三十郎、藤堂平助」「小銃隊」「小銃頭沖田総司」「永倉新八」の記述が見られる。さらに、永倉新八『浪士文久報国記事』の慶応二年（一八六六）三月中旬の項には、新選組が新たに屯所とした西本願寺（京都市下京区）の境内で、銃の訓練による銃声を聞き、門主が驚いてひっくり返った話を載せている。翌年九月頃には、京都において新選組が、操銃調練や部隊調練をおこなったことが記されている。

その他、明治初期の作品であるが、『伏見鳥羽戦争図』（京都国立博物館所蔵）のうちの慶応三年（一八六七）十二月の新選組二条城入城の図は、隊士がみな鉄砲を持っており、翌年正月四日の伏見奉行所撤退の図でも、みな鉄砲を持っている。新選組が、鉄砲隊であったことがわかる。

土方歳三は、鳥羽伏見の戦いの敗戦経験から、江戸に戻ったさい、これからの戦争は大砲・鉄砲の時代であり、剣や刀は役に立たないと述べたと伝えられる。転換期の「敗者」にふさわしい言葉であるが、実はこれまで見てきたように、新選組はより早く、すでに京都時代において、洋式軍備化を進めていたのである。

鳥羽伏見の敗戦ののち、江戸帰還後の新選組にしても、慶応四年三月の甲斐国勝沼戦争（山梨県甲州市）のさいに、東八代《ひがしやつしろ》郡新居村（山梨県笛吹市）出身の結城無二三《ゆうきむにぞう》が、新選組の大砲方を務めていたことが確認される。また、新選組の「金銭出納帳」では、「（慶応四年二月）三日、一同百両也、元詰鉄砲五丁、廿四日、一同六両弐分、万てる壱ツ、廿九日、一同拾三両弐分、中村屋佐兵衛づぼん」と、新選組が、江戸で新式の元込め鉄砲や、マント、ズボンを購入しており、洋装化していたことが知られる。

さらに、新選組は、西洋医学を積極的に導入している。元治元年（一八六四）近藤勇は、江戸に出張したさい、西洋医学を修めた幕府奥医師の松本良順《りょうじゅん》と会っている。松本は、安政四年（一八五七）長崎に留学してポンペから西洋医学を学び、文久二年（一八六二）に十四代将軍家茂の侍医《じい》となり、翌三年には西洋医学所頭取《とうどり》になった人物である。

大政奉還と王政復古

戊辰戦争とは、慶応四年正月の鳥羽伏見の戦いから、江戸の上野戦争、北越・東北戦争をへて、翌二年五月に箱館戦争が終息するまでの、一年五か月間の一連の戦争の総称である。明治元年の干支《えと》が戊辰年にあたり、この名称がつけられた。

慶応三年十月十四日、十五代将軍の徳川慶喜は、大政奉還を上表し、政権を朝廷に返上した。これにより、岩倉具視、西郷隆盛、大久保利通らが、朝廷から「討幕の密勅」を得て、武力討幕へ先手を取る形となった。一方、突然政権を返上された朝廷は、まだ機構や人材を準備していなかったため、幕府と慶喜に全国統治を再委任せざるを得ない状態であった。朝廷は、全国約二六〇藩の大名に上京を命じたものの、応じたのは一六藩にすぎず、しかもその多くが家老などを代理として送ったものであった。しかも、当時の朝廷で勢力をもっていたのは、佐幕派の中川宮朝彦親王《なかがわのみやあさひこしんのう》や摂政二条斉敬《にじようなりゆき》などであり、討幕派の岩倉らの力は弱かった。

この状況を逆転させたのが、同年十二月九日の王政復古クーデターであった。この日の朝、前夜からの朝議が終了するや、薩摩・土佐・安芸・尾張・越前の五藩の軍隊が御所を閉鎖した。封鎖中の御所に岩倉ら倒幕派の公家が参内し、摂政・関白、将軍、幕府を廃止した。代わって成立した新政府は、有栖川宮熾仁《ありすがわのみやたるひと》親王が就任した総裁以下、公卿・諸侯を任じた議定《ぎじょう》、諸藩士も含めた参与《さんよ》の三職によって構成された。ただし、政務・実務を運営したのは、クーデターを実行した薩摩・土佐・安芸・尾張・越前などの諸侯（藩主）や藩士たちであった（大政復古の号令）。

46 ― 王政復古（『明治天皇紀附図』）

その夜、「小御所会議《こごしょかいぎ》」が開かれ、慶喜の処分が話し合われた。岩倉らは、慶喜を政権から除き、正二位内大臣の官位と四〇〇万石の領地を返上させる辞官・納地を迫った。これにたいし、松平春嶽《しゅんがく》や山内容堂《ようどう》は、激しく反論したが、最後は西郷の威圧に敗れ、慶喜の辞官・納地が決定したのである。

しかし、こののち新政府内では、大義名分がないのに徳川氏だけに領地を返上させる不当性を指摘し、戦争の回避をめざす春嶽や容堂ら公議政体派の発言力が強まった。彼らは、辞官・納地と引き換えに慶喜を議定に加えることとし、十二月二十二日には、慶喜に大政を再委任する告諭が出された。「敗者」慶喜の復活は時間の問題となった。統治機構も整備できず、薩摩・長州など討幕派は危機感を強め、戦争に活路を求めた。ところが、旧幕府軍も、薩摩藩の江戸市中擾乱の挑発にこらえきれず、両軍はついに軍事行動を起こすにいたったのである。

戊辰戦争の勃発・鳥羽伏見の戦い

慶応四年正月元日、慶喜は「討薩の表」（幼い天皇を擁して、私意をほしいままにする君側の奸を除く意）を発して幕府・佐幕派諸藩軍約一万五〇〇〇に京都進軍を命じた。同三日、入京と討薩を掲げて、旧幕府軍は伏見・鳥羽両街道を北上した。このうち旧幕府歩兵隊は、新式の軍装をしていた。出陣の報を受けた朝廷は、慶喜にたいして上京の中止を命じ、越前・尾張両藩をつうじて旧幕府軍の撤兵を命じた。また、薩長両軍五〇〇〇を出陣させ、薩摩は鳥羽（京都市伏見区）と伏見（同上）に、長州藩は伏見御香宮（同上）の西に布陣した。朝廷は、さらに彦根（滋賀県）、大洲《おおず》（愛媛県大洲市）、平戸（長崎県平戸市）、大村（長崎県大村市）、佐渡原（宮崎県宮崎市）の五藩に大津（滋賀県）の警固を命じた。

旧幕府軍は、鳥羽・伏見両街道で、入京を阻む薩摩軍と押し問答となった。七つ半時（午後五時）、鳥羽の薩摩軍は、強引に進もうとする幕府軍についに発砲し、銃声を聞いた伏見でも戦闘が開始された。しかし、戦闘を想定していなかった旧幕府軍は、銃弾を装塡しておらず、不意打ちを受けた形で、旧幕府歩兵隊は十数人の死者を出した。幕府軍はようやく応戦体勢に入り、鳥羽街道、伏見奉行所、竹田街道などで激しい戦闘が展開された。

夜五つ頃（午後八時ころ）、朝廷は仁和寺宮嘉彰親王《にんなじのみやよしあき》を征討大将軍に任命し、慶喜追討の勅命を発した。午後九時頃、新政府軍は、伏見奉行所の門を突破した。このころ、旧幕府軍の指揮官竹中丹後守重固《しげかた》は、軍評会議のために戦線を離脱しており、旧幕府軍は統制がとれなくなった。薩摩軍が伏見奉行所を占領し、九つ時（午前零時頃）、戦闘は終了した。

翌四日、強風のなか、仁和寺宮は御所を出立し、東寺《とうじ》（京都市南区）に入った。六つ半（午前七時ころ）、大砲・銃などによる大規模な戦闘が再開され、戦場は淀城（同伏見区）近くまで広がった。八つ時（午後二時ころ）、下鳥羽の南の富ノ森《とみのもり》（同伏見区）では、幕府歩兵隊、会津、桑名、大垣（岐阜県大垣市、戸田氏）など、旧幕府軍が新政府軍をさかんに攻撃し、新政府軍は多数の戦死者を出した。しかし、伏見の中書島《ちゅうじょじま》（同伏見区）では、長州軍が旧幕府軍を敗走させるなど、全体の戦況は、新政府軍優勢のもとで展開した。

「錦の御旗」の出現

五日、新政府軍は、鳥羽、山崎、伏見の三街道から進軍、旧幕府軍は強力に抵抗し、猛烈な砲撃戦となり、砲煙で敵味方が区別できない状態になった。

激戦のさなか、仁和寺宮は東寺を発し、錦旗奉行の四条隆謌《しじょうたかうた》と五条為栄《ごじょうためしげ》とともに、錦《にしき》の御旗《みはた》を掲げ

47── 錦の御旗

て進軍した。先頭で疲労していた新政府軍は、これを見て拝伏し、流涙する者もいたという。他方、大坂城の慶喜は大きな衝撃を受け、前線の旧幕府軍は、賊軍となり戦意を落とし、譜代大名で老中の稲葉《いなば》正邦《まさくに》の居城淀城に向けて退却した。

このとき、淀城主の正邦は江戸にいて不在であったが、すでに薩長や尾張藩から旧幕府軍に味方しないように圧力がかけられており、開門をしなかった。裏切られた旧幕府軍は、淀城と城下に火をかけ、南へと退却した。

六日、桂川、宇治川、木津川が合流して、淀川となって流れる橋本（京都府八幡市）周辺で、早朝から戦闘が開始された。旧幕府軍と新政府軍は、淀川をはさんで銃撃戦を展開したが、午前八時ころ山崎関門（京都府乙訓郡大山崎町）を守備していた津藩藤堂軍が中立の立場を捨て、新政府軍に味方し、旧幕府軍に銃撃を加えた。再び裏切られた旧幕府軍は、八つ時（午後二時）ころには、枚方《ひらかた》（大阪府枚方市）に撤退し、四つ時（午後十時ころ）には全軍大坂城に引き上げた。

慶喜の逃亡

この夜、これまで戦況を見守っていた前将軍慶喜は、会津藩士神保《じんぼ》修理《しゅり》の進言を受けて、老中板倉勝静《かつきよ》、若年寄永井尚志《なおゆき なおむね》、会津藩主松平容保《かたもり》、桑名藩主松平定敬《さだあき》らを引き連れ、幕府軍艦開陽丸《かいようまる》で江戸に戻った。最高指揮者が逃亡した旧幕府軍は、大混乱に陥った。

翌七日、慶喜は大坂城の軍勢にたいして、撤退命令を出したため、旧幕府軍は城を明け渡し、逃走した。薩長軍の勝利により、新政権内部の実権は山内豊信ら公武合体派から完全に武力倒幕派へと移った。九日には総裁有栖川宮熾仁親王のもとに、あらたに副総裁に三条実美《さんじょうさねとみ》と岩倉具視が就任し、藩士出身の参与とともに政局を動かすようになった。議定に就任していた藩主たちの意思は、以後無視されるようになった。正月七日、新政府軍は、慶喜や会津・桑名藩主らを朝敵とし、追討令が出された。この前後、四日に山陰道、五日に東海道、九日に東山道、十一日に中国四国、二十日に北陸道、二十五日に九州に、それぞれ鎮撫総督《ちんぶそうとく》が任命され、各地域の鎮撫が開始された。このうち、とくに江戸に向かう東海道、東山道、北陸道の鎮撫総督は、二月六日に先鋒総督《せんぽうそうとく》兼鎮撫使に任命され、九日、有栖川宮熾仁親王が東征大総督《とうせいだいそうとく》に任命されると、その指揮下に入り、十五日、東海・東山・北陸の三道から、江戸に向かって進軍した。これにともない、西日本地域の諸大名や大商人たちは、新政府支持を表明した。鳥羽伏見の戦いの結果は、武力倒幕派が新政府内の主導権を確立し、西日本をほぼ勢力下においた点で、重要な意義をもつものであった。

2　江戸無血開城

旧幕府軍の評議

一方江戸では、慶喜帰還後、連日会議が開かれた。慶喜は、大名の多くが新政府支持を表明したこともあり、旗本の小栗忠順《ただまさ》らが主張する抗戦論を退け、恭順の意を表し、二月十二日上野寛永寺大慈院《だいじいん》に謹慎した。慶喜が、鳥羽伏見の戦後処理と徳川家存続に向けて、最終責任者に任じたのが、講和派のリーダー勝海舟であった。勝は、同じ講和派の大久保一翁らとともに、この任務にあたった。しかし、抗戦派は、その姿勢を崩さず、二月五日伝習隊《でんしゅうたい》約四〇〇が高田馬場（東京都新宿区）に集結し八王子（同八王子市）方面に脱出、七日には、歩兵第十一、十二連隊約四〇〇が、制止する上官を射殺して屯所を脱走し、北関東に向かった。古屋作左衛門は、この脱走歩兵隊を説得し、忍藩《おし》（埼玉県行田市）で謹慎させ、信州鎮撫を名目に、勝海舟から軍資金と歩兵第六隊五〇〇を与えられ、三月一日に江戸を出た。古屋は忍で先の脱走歩兵と合流し、総勢九〇〇の鎮撫隊をもって、九日梁田《やなだ》（栃木県足利市）で東山道先鋒軍と交戦した。

江戸市中でも、慶喜警固を名目に彰義隊《しょうぎたい》が結成され、いまだ抗戦派は勢力を誇っていた。正月十五日、品川（東京都品川区）に帰還した新選組は、翌十六日近藤勇と土方歳三が登城し、二十三日、江戸の屯所として鍛冶橋内の若年寄の屋敷を与えられた。徳川家の方針が恭順と決まると、二月十五日から新選組と旗本高橋精一郎（泥舟《でいしゅう》）率いる遊撃隊が交代で、慶喜が謹慎する寛永寺の警固を務めた。その後、二十五日には、警固を解かれ、二十八日甲府（山梨県甲府市）に向かうことを命じられた。この間、近藤は、一貫して抗戦論を主張し、甲府城の委任を願う建白書を提出したという。これは、江戸で慶喜を盟主として決戦することが困難になったため、甲府城に拠って、新政府軍と戦おうとしたためとされる。しかし、「無血開城」をめざす徳川家主流の勝海舟や若年寄大久保一翁ら講和派は、これを認めず、近藤は鎮撫のために、甲州に向かいたいと再度願った。大久保一翁は、これを許し、派遣が決定した。勝は近藤の嘆願は口実と見抜いていたが、あえて止めなかったという。古屋の場合同様、講和派は、主戦派を江戸から遠ざけたともいわれる。

江戸開城

　慶応四年三月十三日、勝海舟と西郷隆盛は、高輪（東京都港区）の薩摩藩下屋敷で、江戸開城の交渉をおこなった。このとき勝は、交渉が失敗し、戦争に及ぶ場合、江戸城や江戸の町に火を放ち、江戸浅草（台東区）の火《ひ》消《けし》新門《しんもん》辰五郎《たつごろう》らの協力を得て、江戸湾に船を用意し、できるだけ多くの市民を逃がす作戦までたてたという（『海舟日記』）。これは、無抵抗の徳川慶喜を攻撃することは、「万国公法」に反すると警告したイギリス公使パークスの薩長への圧力を期待したものでもあった。パークスは、首都江戸が壊滅し、日本が大混乱に陥り、貿易ができなくなることを恐れたのである。勝は、「外圧」を利用して、無血開城の実現をはかったのであった。ただし、この日話題の中心は、天璋院と静寛院宮の保護であったという。

　翌十四日、京都において五か条の誓文が発された。この日、江戸田町（港区）の薩摩藩蔵屋敷で、勝・西郷の第二回会談がおこなわれた。ここにおいて、勝は、江戸城は御三卿田安《たやす》家が管理する、武器・弾薬を当座徳川家が管理し、徳川家処分が決定したのち不用分を返却するなど、当時劣勢にあった徳川家に有利な条件を示した。西郷は、不満を表明する東山道先鋒総督参謀《さんぼう》の板垣退助《いたがきたいすけ》（土佐藩士）らを、パークスの意見などを利用して説き伏せた。いわば、西郷の独断であった。こうして、翌日に予定されていた江戸城総攻撃が回避されたのである。

西郷は、急ぎ京都に戻り、三月二十日、徳川家処分に関する朝議が開かれた。この結果、しかし勝・西郷の案は否定され、江戸城は大総督府が管理し、武器・軍艦も一時、新政府軍が接収することになったのである。

江戸開城の経過については、前章で天璋院と静寛院宮の活躍を中心に見たとおりである。

3 旧幕府軍、敗戦の軌跡

北関東の戦い

他方、旧幕府強硬派の動きも活発であった。会津・庄内両藩は、抗戦の姿勢を明確化し、四月十日に軍事同盟を結んだ。四月十二日、旧幕臣の大鳥圭介、会津藩士の秋月登之助《のぼりのすけ》、桑名藩士の立見鑑三郎《たつみかんざぶろう》（尚文《なおふみ》）、旧新選組副長の土方歳三ら旧幕府軍のメンバーが評議をおこない、幕府歩兵奉行であった大鳥圭介が総督となった。大鳥は軍を三分し、先鋒軍千名余は秋月登之助を将、土方歳三を参謀とし小金村（千葉県柏市・松戸市）から北方に向かい、中・後軍千名余は大鳥自らが総督となり小山《おやま》（栃木県小山市）から日光へと向かった。秋月・土方ら先鋒軍は、十二日夜は小金、十三日は布施《ふせ》（千葉県柏市・我孫子市）、十五日は水海道《みつかいどう》（茨城県水海道市）、十六日は宗道《そうどう》村（茨城県結城郡千代川村）に宿陣した。

十八日、先鋒軍は蓼沼《たでぬま》（栃木県河内郡上三川町）に宿陣、十九日には宇都宮城（宇都宮市）を攻撃し、大砲小銃による激戦のすえ落城させ、二十日に入城した。この戦いで土方は、逃亡しようとする味方の兵士を斬り、進軍を鼓舞したと伝えられる。

大鳥率いる中・後軍は、十四日に山崎(宇都宮市)に宿陣し、宇都宮城で秋山・土方ら先鋒軍と合流した。二十一日、旧幕府軍は壬生城《みぶ》(栃木県下都賀郡壬生町)攻撃の軍議をおこない、二十二日に壬生城に向かうが、途中の安塚《やすづか》(同壬生町)で戦争となり敗れた。

四月二十三日、新政府軍は壬生から進撃し、宇都宮城奪還攻撃をおこなった。旧幕府軍は苦戦し、秋月と土方が負傷した。不利な戦況の中、総督の大鳥圭介は兵の損失を防ぐため、日光山(日光市)での決戦を提案し、諸隊の隊長の合意を得て、旧幕府軍は夜陰に乗じて城を脱出した。

大鳥率いる旧幕府軍は日光入りした。しかし、日光地域における旧幕府軍への支援は十分でなく、弾薬・食料ともに補給が続かないことから、大鳥らは日光での決戦を断念し、東照宮霊廟に参詣し、御神体とともに、会津に向かった。会津戦争は、いよいよ目前となった。

奥羽列藩同盟の成立

他方、四月二十三日、東北二五藩は会津藩赦免を嘆願し、五月三日奥羽列藩同盟《おううれっぱんどうめい》を結んだ。会津・庄内両藩は、形式上これに加わっていないが政治的立場は同じであった。閏四月二十二日、奥羽二五藩の重臣が仙台藩白石(宮城県白石市)に集まり、仙台・米沢両藩主を盟主とする白石誓約書が調印された。盟約には「大事件は列藩衆議を尽し、公平の旨に帰すべし」と、重要事項については衆議・公平の理念が示されたが、他方、軍事や細部については、

「衆議に及ばず、大国の号令に随うべき事」と、大国（大藩）主導も見られた。しかし、閏四月二十九日の列藩会議では、大国主導が否定され、「列藩衆議」の役割が増大した。これをもとに五月三日各藩代表が氏名と花押《かおう》を著し、正式に奥羽列藩同盟が成立したのである。

このころ閏四月二十日前後、仙台藩は総督府擁立、薩長兵追放、江戸奪還などを目的に、江戸を含む関東・信州を勢力範囲とし、加賀・紀伊両藩と連帯し、西南諸藩の有志とも結んで、新政府を揺さぶろうとした。旧幕臣やフランス・アメリカ・ロシアなど諸外国との協力関係も想定している。新政府に対抗する奥州政権、東日本政権とも呼ぶべき権力組織を構想していたのである。五月四日、長岡藩が家老河井《かわい》継之《つぐの》助《すけ》の指導のもと、中立の立場から列藩同盟に加わったことをきっかけに北越六藩が加わり、奥羽越《おううえつ》列藩同盟へと発展した。七月十八日、同盟は仙台藩領白石《しろいし》（宮城県白石市）に公議府《こうぎふ》、福島に軍事局を設け、輪王寺宮を盟主、仙台（宮城県仙台市）・米沢（山形県米沢市）両藩を総督とし、諸藩重臣が参加して、軍事・会計・民政などを担当する体制を整えた。この間、四月二十六日、日光東照宮の御神体が、難を逃れるために日光を出立、閏四月五日、会津城三の丸南の東照宮に動座した。当時の記録に、「市中其賑々敷事、言語述へ難シ、此時子供ノハヤリ歌ヲウタウ、都ミタクハ、ココマテコサレ、今ニ会津カ江戸トナル」（荒川類右衛門「明治日誌」）と、会津は東北の都（江戸）の活況を呈するにいたった。

五月十五日、上野寛永寺にこもっていた旧旗本を中心とする彰義隊約一〇〇〇を、大村益次郎、西郷隆盛ら新政府軍約二〇〇〇が包囲し、本郷台《ほんごうだい》（文京区）に備えた肥前藩の六ポンドアームストロング砲二門を、不忍池《しのばずのいけ》（台東区）をこえて上野山に打ち込み、激戦一〇時間の末掃討した。

その後、列藩同盟軍は、戦況不利と列藩同盟諸藩が仙台藩の大国主義を批判する仙台盟主問題の内紛が起こったため、当時会津滞在中の輪王寺宮を迎え、七月十三日の宮の白石移動を契機に新たな体制を整備した。

このさい宮を「太政天皇」とし、大政元年と改元するなど新政権樹立も検討されたが、実際には、盟主＝輪王寺宮、総督＝仙台藩主伊達慶邦《よしくに》、米沢藩主上杉斉憲《なおのり》、参謀＝小笠原長行《ながみち》（老中、肥前唐津藩養嗣子）、板倉勝静《かつきよ》、を首脳とし、これを諸藩重役代表が支える権力機構が形成された。白石城中に軍議所が設けられ、これを公議府《こうぎふ》と名づけて譜代大名が詰め、日々軍略をはじめ治民・会計を評議した。こうして明らかに京都政権に対抗する、奥羽政権としての意識と実態を持つ同盟が成立したのである。

会津戦争の展開

六月十六日、新政府軍は、三邦、富士、飛隼の三艦で平潟《ひらかた》（茨城県北茨城市）に上陸した。以後陸路と海路から援軍が続き、六月二十四日棚倉《たなぐら》（福島県東白川郡棚倉町）を落とし、七月十三日平城《たいら》（福島県いわき市）を占領した。七月二十六日には、三春《みはる》藩（福島県田村郡三春町）も降伏した。七月二十九日には、二本松《にほんまつ》城（福島県二本松市）が落ちた。戦場は、会津へと移っていった。

七月二十九日、激闘していた列藩同盟の長岡藩が敗れ、長岡と新潟が新政府軍の手に落ちると、会津地域への補給ルートが失われることになった。同じ二十九日二本松城も陥落し、いよいよ会津藩は東西から攻撃を受ける状態に陥った。

八月二十一日、官軍は母成峠《ぼなりとうげ》（福島県郡山市・猪苗代町）の戦いで勝利し、二十二日には猪苗代《いなわしろ》（福島県麻耶郡猪苗代町）に到達、二十三日早朝一気に若松城下に突入した。会津軍は主力が越後と日光方面に出払っており、十六、七歳の白虎隊まで出陣して応戦したが敗れた。城下には火が放たれ、多くの藩士家族や白虎隊も自決した。その後、主力軍が帰城したため、約一か月間の籠城戦となった。

榎本武揚

新選組が会津戦争を戦っている最中の八月十九日、徳川家海軍副総裁の榎本武揚は、指揮下の艦船を新政府軍に引き渡すことを拒否し、勝海舟の説得をおさえこみ、先に仙台に向かった運送船の長崎に続き、旧幕府海軍の旗艦開陽《かいよう》および回天・蟠龍《ばんりゅう》・千代田の軍艦四隻と、咸臨《かんりん》・長鯨《ちょうげい》・美嘉保《みかほ》・神速《しんそく》の運送船四隻、計八隻を率いて品川沖を出航した。開陽には陸軍奉行並の松平太郎、回天には永井尚志が乗船していた。

しかし、艦隊は銚子沖で暴風に遭い、ちりぢりになった。美嘉保は、新政府軍の船に囲まれ、自ら火を放った。咸臨と蟠龍は、漂流して下田（静岡県下田市）から清水港（同県静岡市）に行き、蟠龍は修理をほどこして出航したが、咸臨は新政府軍に没収された。

八月二十七日、旗艦開陽は、仙台湾の東名浜《とうなはま》（宮城県桃生《ものう》郡成瀬町）に入港した。続いて九月五日に千代田・神速、同十八日に回天・蟠龍が到着した。

米沢藩・仙台藩の降伏

慶応四年（一八六八）八月二十七日、榎本艦隊の旗艦開陽の仙台入港を知った会津藩などは、榎本に援軍を要請した。しかし、開陽は暴風により損害を受けており、榎本は兵五〇と砲と金を与えたのみであった。九月四日、米沢藩は降伏すると、周辺諸藩を説得し、九月十五日から十八日の間に、福島藩（福島県福島市）、上ノ《かみの》山《やま》藩（山形県上山市）、棚倉《たなぐら》藩、天童《てんどう》藩（山形県天童市）が次々と降伏した。

九月八日、元号は明治に変わった。

九月十一日、旧幕府軍と新選組は、土湯《つちゆ》（福島市）から鳥渡《とりわた》村（同前）に進み宿陣し、十二日、福島（同前）を経て桑折《こおり》（伊達郡桑折町）で宿陣している。大鳥圭介は、この行軍について、雨中に雨具もなく疲労した兵たちが、ようやく瀬《せ》の上《うえ》（福島市）に到着したところ、すでに仙台藩の兵が入っていたため、さらに桑折まで一宿進まなければならず、困難をきわめたと述べている。

藩論が分裂していた仙台藩は、降伏謝罪派が力を強めていた。九月十二日、榎本武揚と土方歳三は、仙台藩の奉行の大條《おおえだ》孫三郎・遠藤文七郎と会い、降伏しないよう要請したが失敗した。遠藤は二人について、次のように記している。「榎本胆気愛すべし。しかれども順逆を知らず。維新の皇業に大害を与えん。土方に至りては斗屑《としょう》（筲）の小人、論ずるに足らず」と、榎本は肝が座っているが道理を知らず、維新にとって大害となり、土方は度量の小さなつまらぬ者で論ずるまでもないと酷評してい

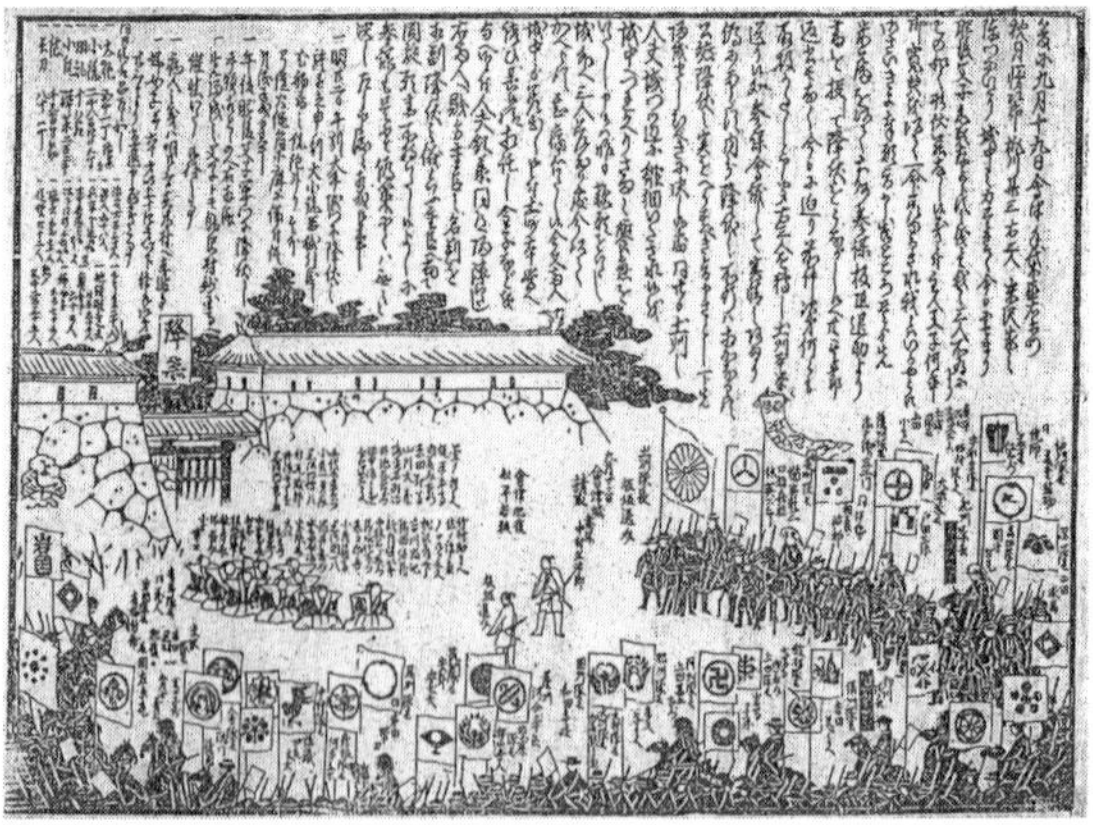

48―瓦版「会津藩の降伏」

る。奥羽越列藩同盟の中で、土方らの立場は、十分に認められなかったのである。九月十五日、仙台藩はついに降伏した。

会津藩の降伏

九月十三日、桑折の旧幕府軍は、榎本艦隊が仙台湾に到着したとの知らせを受けると仙台行きを決定し、十四日白石城下に宿陣した。十五日大鳥圭介は仙台において榎本武揚と会い、時勢の変化を憂いて涙したという。

十七日、桑名藩士一七名が新選組に加入した。

十九日、旧幕府軍は仙台城下から木舟《きぶね》（宮城県加美郡宮崎町）に転陣し、二十日松島（宮城郡松島町）に移動した。同二十日には、先の桑名藩士に加え、備中松山（岡山県高梁《たかはし》市）、肥前唐津の諸藩兵が新選組に加わっている。これらは蝦夷地《えぞち》（北海道）渡航にあたり、新選組を含む旧幕府諸隊は、行動は隊士の自由意思とした。他方、桑名、備中松山、唐津の藩士たちは随行人数を制限されたため、この選に洩れた藩士たちが、戦死や離脱により人数が減った新選組などに加わり、蝦夷地に渡ることになったのである。なお、このとき新選組隊長として、土方歳三の名前が確認される。

この時期、籠城中の会津軍は奮戦したものの、補給路を断たれ苦戦が続いた。とくに城の東南方の小田山《おだやま》（福島県会津若松市）におかれた肥前藩のアームストロング砲の攻撃は効果的であった。米沢・仙台両藩が降伏し孤立化すると、ついに九月二十二日会津藩は降伏した。翌二十三日には庄内藩も新政府軍に降伏謝罪書を提出し、十月九日盛岡藩（岩手県盛岡市）の降伏も受理され、東北戦争は、ここに終了したのである。

会津藩の敗因分析

なお、明治になって会津藩の家臣たちが、会津の敗因を分析している。まず、鳥羽伏見の戦いの敗因について、次のように述べている。

第一に、大急ぎで洋式軍備化してきたものの、いまだその途中であったことを指摘している。すなわち、藩の軍制は、天明年間（一七八一～八九）に黒河内十太夫の提言により、河陽流から長沼流へと変更していたが、これらは和流であり、藩主が国入りするたびに追鳥狩《おいとりがり》をしていた。文久三年、京都での孝明天皇の調練叡覧のさいも和流であった。しかし、その後、幕府諸藩とも急速に洋式化したことから、会津藩もこれに倣って洋式訓練をした。しかし、洋式訓練がいまだ十分でないときに、鳥羽伏見の戦いが起きた。そのさい、装備がまだ十分にいきわたってないこと、別選組のように善戦したものもいるが、鉄砲が供給されておらず、接戦になるまで傍観を余儀なくされたことを記している。

第二に、軍団編成の基礎である番組が、十五、六歳の少年から六十歳の高齢者が、一緒に動くことから、歩調を合わせるさいに、これら少年や高齢者に合わせるために、一番遅い人たちのペースになってしまったという。今日でいう「護送船団方式」の弱点が露呈されたわけである。その結果、会津の国元では、家格にもとづく番組制を解体して、年齢別の軍団を編成した。すなわち、十八歳から三十五歳を「朱雀隊」と名づけ実戦部隊とし、三十六歳から四十九歳を「青龍隊」と名づけ国境（藩境）警備にあてる、五十歳以上を「玄武隊」とし、十六、七歳を「白虎隊」とし、いずれも予備兵とすることになった。

次は、会津籠城戦の敗因である。

会津藩は、会津戦争を前に軍制改革をおこない、藩領の四つの口を防備した。最初は薩長軍を迎え撃ち、のちにはほとんど全国の大軍を敵に回して戦うことになった。時間の制約があり、軍制改革の実効性をあげるのは難しかった。会津藩の招請に応じて、徳川旧臣の将校や旧幕府の脱走兵たちが会津に来て、会津藩士たちを相手に、フランス式の調練をおこなった。

会津藩は、昼夜に及び調練をしたが、和流の長沼流軍制に慣れており、西洋式の将校が育たなかった。さらに、会津藩は、七年間の京都守護で国力を減退しており、洋式軍備を整えるには不十分だった。そのうえ、鳥羽伏見の戦いに敗れ、帰国のさいに武器を回収することができなかった。そこで、江戸を去るさいに大急ぎで西洋式武器を購入し、また徳川軍の陸軍所から移し、帰国したのちもさらに整えた。しかし、会津戦争の戦線が拡大するにつれて、日一日と武器は欠乏し、ついに和銃を使うようになり、城下町の戦いでは、ついに刀槍を使うようになった。これらの弱点のうち、特に兵器の不備あるいは供給不足が、新政府軍の新型で豊富な供給量に比べ、戦局に大きな影響を及ぼした、と説明している。

会津藩は、西洋軍備の重要性に気づきながらも、装備充実に遅れ、さらに供給ルートを確保できず、新政軍軍に敗れたと分析したのである。

49―江戸湾を脱出する榎本艦隊（『麦叢録』付図）

仙台から蝦夷地へ

十月九日、大鳥圭介や土方らが率いる旧幕府軍約二二〇〇は、開陽・回天・蟠龍・神速・長鯨・大江・鳳凰の七隻に分乗し、東名浜を抜錨して折の浜（宮城県石巻市）へ移動した。千代田と長崎の二隻は、庄内藩の応援のためにすでに酒田（山形県酒田市）に移動していた。

十三日、南部宮古湾鍬ケ《くわが》崎《さき》港（岩手県宮古市）に入港した。ここで兵糧と水を得、またフランス人マルラン、フォルタン、カズヌーブ、ブーフィエの四名が、ブリュネを尋ねて横浜から来ていたが、彼らも乗船して旧幕府軍に協力した。

二十日、蝦夷地鷲《わし》の木（北海道茅部《かやべ》郡森町）に上陸した旧幕府軍は、大雪の中を本道と間道から、フランス式城郭の五稜郭《ごりようかく》に進撃した。本道は総督大鳥圭介のもと、フランス人のブリュネ、マルランが付属し、伝習士官隊、同歩兵隊、遊撃隊、そして新選組が従った。間道は総督土方歳三のもと、フランス人のブーフィエが付属し、総督警固の新選組隊士数人が従い、額兵隊《がくへいたい》、衝鋒隊《しょうほう》、陸軍隊が属した。

二十三日、森村を出た旧幕府軍は、新政府軍と交戦し、夜土方軍は鹿部村《しかべ》（茅部郡鹿部町）に宿陣した。しかし、この夜は、「北風ますます烈しく、雨雪混降して将軍より卒に至るまで、身わずかに一重の戎服を纏うのみにして足に袋なく、頭に笠なく、満身濡ざる所なく」と困難をきわめた。このとき旧幕府軍の軍服が、戎服（洋服）であったことが確認される。

二十四日、新選組を含む大鳥軍は七重村《ななえ》（亀田郡七飯町《ななえ》）で新政府軍と戦い勝利した。このとき、敵兵が瓦解して去るところに、旗本池田大隅守長裕《ながひろ》が率いる彰義隊《しょうぎたい》（江戸上野の部隊とは別）が日の丸を押し立てて追撃した。この日土方軍も、川汲峠《かっくみ》（茅部郡南茅部町）で新政府軍を破っている。

4　箱館政府樹立と敗北

五稜郭入城と蝦夷地領有

明治元年十月二十六日、旧幕府軍は大鳥軍、土方軍ともに五稜郭に入城した。入城直後、旧幕府軍は日の丸を押し立て、ラッパを吹きながら五稜郭に入城した。旧幕府軍は各国行使に書簡を送り、協力をとりつけている。

五稜郭入城二日後の十月二十八日、土方歳三はフランス人のカズヌーブとブーフィエをともない、彰義隊や陸軍隊などを率いて、新政府方の松前城《まつまえ》（松川郡松前町）へ進撃を開始した。

十一月一日、松前攻略軍は知内《しりうち》（上磯郡知内町）で松前藩兵を破り宿陣し、二日福島（松前郡福島町）に進んだ。五日には松前城を落とし城下に宿泊し、六日に入城している。新政府方の藩主松前徳広《のりひろ》は江差《えさし》（檜山郡江差町）へ逃亡した。松前城攻撃のさい、「五日夜、勢揃い凱歌を作り一時に松前城に迫る」、「城門へ日ノ丸の旗を掲げ凱歌を歌う」と、凱旋歌を作曲し城門に日の丸を掲げている。

土方歳三を総督とする旧幕府軍は、こののち十一月十一日、松前を出陣し江差に向かった。十三日には大滝峠《おおたきとうげ》（北海道伊達市）で新政府軍を破り、十五日箱館から回航された軍艦開陽の援護射撃のもと江差陣屋に入った。しかし、開陽は暴風により暗礁に乗り上げ、やむをえず小舟で退艦した（その後開陽は数日で粉砕沈没した）。十七日には、旧幕府軍は松前藩兵を熊石《くまいし》（爾志《にし》郡熊石町）まで追撃している。

十一月、箱館に派遣されていた英仏軍艦の二人の艦長は、覚書を送付し、旧幕府軍を「authorities de facto（事実上の権力）」と認め、厳正中立を守り、兵員や軍事物資を箱館で陸揚げしないことを約束した。

この間新選組は、土方歳三と別に、十月三十日に箱館市中の取り締まりを命じられ、箱館屯所《とんしょ》（船《ふな》見町《みちょう》称名寺、函館市）に入った。

十二月五日には、箱館市中取り締まりを伝習士官と交代し、五稜郭に入り屯所四か所を警備した。この時期新選組は、「毎日雪中を厭《いと》わず仏式の練兵をなし」と、日々雪の中でフランス式の調練をしている。

十二月十四日、旧幕府軍は各国領事にたいして、蝦夷地領有を宣言した。陸軍司令官松平太郎、海軍司令官榎本釜次郎（武揚）名で、フランス語で書かれたものであるが、ここにはアイヌの主立った長からの支持を得ていること、大臣や役職者を決める選挙をおこなうことなどを記し、「全蝦夷島の事実上の領有 possession de facto」を宣言したのである（保谷徹『戊辰戦争』）。

十二月十五日、土方歳三は五稜郭に凱旋した。この日は蝦夷地全島制圧の盛大な祝祭が催された。五稜郭、箱館砲台、軍艦、各国軍艦などが、それぞれ一〇一発の祝砲を撃った。昼間は船がすべて五色の旗章を翻し、夜は市街に花灯《かとう》を灯し、「その賑い最も壮観たり」という景観であった。榎本武揚は各隊に酒肴を配っている。

この日、各国の「コンシュル」および箱館港に碇泊する英仏軍艦の艦長と榎本武揚との会談があった。会談では、箱館貿易その他については従来通りとし、旧幕府軍の立場が定まったのちに条約を結ぶことにした。また英仏の艦長からは、旧幕府軍が蝦夷地に渡った趣旨を日本政府（新政府）に弁明するとの話があった。

また同じくこの日、旧幕府軍は、選挙により臨時の役職者を定めている。その理由として、「さてこのとき我党の主長いまだ定らざるにつき、徳川家血胤《けついん》の君定るまでのところ、合衆国の例にならい文武の職掌序次を定めおき、士官以上の者をして入札せしめしに、衆望の帰するところによって」と、徳川氏の主君が定まるまで、アメリカ合衆国の制度に倣って士官以上の選挙により役職者を定めた。この選挙を経て、次のように各役職者が決定したのである。

箱館政府の選挙

総裁	榎本釜次郎（武揚）
副総裁	松平太郎
海軍奉行	荒井郁之助
陸軍奉行	大鳥圭介
開拓奉行	沢太郎左衛門
箱館奉行	永井玄蕃
会計奉行	榎本対馬
会計奉行	川村録四郎
箱館奉行並	中島三郎助
松前奉行	人見勝太郎
江差奉行	松岡四郎次郎

江差奉行並　小杉雅之進

陸軍奉行並箱館市中取締裁判局頭取　土方歳三

こうして、箱館政府の榎本以下の首脳部が決まったのである。

なお、この時期、箱館政府は月給を定めている。

一上等士官（指図役迄ヲ云）　金二両也

一中等士官（嚮導迄ヲ云）

差図役下役　金壱両三分也

嚮導　金一両二分也

一下等士官　一両一分也

歩兵　金一両也

職階に応じた給与体系が示されたのである。

税の設定と貨幣発行

また十一月には、箱館市内と五稜郭を結ぶ中間点の一本木《いっぽんぎ》（函館市）に関門を設け、通行人の検査をしていたが、春からは野山に青物摘みの者が通行するさいに、一人二四文ずつ、また旅人は一人一六〇文ずつ徴収することにした。通行税の導入である。

明治二年（一八六九）二月中旬には、箱館市内において、茶屋、小宿、居酒屋、蕎麦屋などの営業者に切手を与え、一か月一両二朱の運上金を取り立てている。営業税の実施である。「戊辰戦争見聞略記」によれば、明治二年正月二日、新選組は箱館市中の大巡邏《じゅんら》を行っている。また十五日には、陸軍隊の青山次郎ら二四名と、彰義隊八名が新選組に加わっている。さらに二月二十八日には、土方が市中取締行届を名目に、新選組に対して金一〇〇〇疋を与えている。

正月、箱館政府は「五稜郭表において、新金吹き出し」、「我政府知《ママ》に一分銀、二分銀を製造す、その高二十五万、すなわち三十万に至る、これをして通宝とせしむるなり」と、新金銀を通貨として鋳造している。

箱館政府は、短期間ではあるが、新政府とは異なる独自の機構を持ち、税制や貨幣政策などの内政・外交を展開したのである。

十二月、榎本総裁は、英仏公使にたいして、「今度の事件の仲人（仲裁者）」となり、「この東西蝦夷地をわが徳川親族に与えて、この地に封じ、しかして我らをしてこの地を開拓せしめ、徳川士民の凍餓を免れしめ、隣国の窺窬《きゆ》を防ぐ」ことを願った。また、新政府宛の嘆願書には、徳川家に養われた三〇万余の家臣とその家族たちは新知七〇万石では養いきれるものではなく、蝦夷地を開拓し、北方警備を勤めるので、蝦夷地を「旧主家へ永久下賜」、「徳川血統の者一人」を選んで差配したいと嘆願した。しかし、フランス顧問団から参加したブリュネらは軍籍を除かれ、旧幕府に近いフランス公使ロッシュもウートレイに交代していた。列強は局外中立を解除し、徳川本家を継いだ徳川家達《いえさと》や水戸徳川家の徳川昭武《あきたけ》も旧幕府軍との関係を拒否し、鎮圧参加を受諾していた。進路を断たれ、旧幕府軍は孤立化していったのである（保谷『戊辰戦争』）。この間、十二月二十八日、各国は局外中立の解除を布告した。新政府による交渉が成功したのである。慶応三年に幕府がアメリカに買い取りを予約し、明治元年四月に横浜に到着したものの、戊辰戦争勃発によりアメリカが横浜で中立保持していた軍艦ストーンウォールも新政府に売り渡され、「甲鉄《こうてつ》」と名を改めて、箱館攻撃に参加することになった。

宮古湾海戦

三月二十日、以前から津軽（青森県）に派遣していた間諜が戻り報告があった。それによると、去る十日新政府の軍艦五隻（甲鉄・春日《かすが》・朝陽《ちようよう》・陽春《ようしゆん》・丁卯《ていぼう》）と運送船二隻、飛脚船の計八隻が品川港を出帆して、十七、八日頃に南部宮古湾に入津する予定という。

これを受けて、箱館政府海軍の回天艦長甲賀源吾は、海軍奉行の荒井郁之助《いくのすけ》に進言した。その内容は、新政府軍の艦船は大軍を輸送するには、船の速度が異なるので、品川から青森まで直行できない、必ず一、二の集合地を設定する、この艦隊で最も恐るべきは甲鉄である。自分が指揮する回天は、甲鉄よりも海上では力が劣る。したがって、集合地で奇襲をかけ、これを奪取したい、というものであった。荒井は榎本総裁に諮《はか》り、将校を集めて軍議を開き、フランス人ブリュネにも諮問し、この策を採用することにした。

新政府艦隊の甲鉄は、かつて幕府がアメリカに発注していた軍艦で、船体を鉄板で覆っていたことから名付けられた。排水量一三五八トンは、回天の一六七八トンに劣るが、三〇〇ポンド砲一門、七〇ポンド砲六門を搭載し、ガトリング砲（機関銃）を備えていた。

三月二十一日、箱館海軍の回天、幡龍、高雄の三艦は、甲鉄奪取のために箱館港を出航した。回天に乗船したのは海軍奉行の荒井郁之助、陸軍奉行並の土方歳三、フランス人ニコル、幡龍にはフランス人クラート、高雄にはフランス人コルラーシュが乗り、神木隊、彰義隊、遊撃隊などが各艦に乗船した。新選組隊士の相馬主計と野村利三郎は、土方に従って回天に乗った。しかし、三月二十三日、三艦は暴風雨に遭い離散した。回天は一日海上を漂い、二十四日ようやく大沢港（岩手県下閉伊郡山田町）に入り、結局回天が単独で甲鉄奪取を決行することになった。

50― フランス軍事顧問団と榎本軍

二十五日早朝、回天はアメリカ国旗を掲げ、フォルレカラフト（強力かつ迅速に進むこと）で宮古湾の鍬ケ《くわが》崎《さき》港（岩手県宮古市）に入った。新政府艦隊八隻を避けながら、甲鉄に接近すると旗を日の丸に代え巨砲を放った。甲鉄艦上は混乱し船は大きく傾いた。

しかし、回天は外輪船であったため、並行して接舷《せつげん》することができず、舳《へ》先《さき》を甲鉄の舷に接触させるのがやっとであった。しかも、回天の方が甲鉄よりも七尺（約二・一二メートル）ほど高く、乗り移る用意をしていた兵士たちは舳先で躊躇した。このとき、提督の荒井と艦長の甲賀は怒り、刀を抜いて「アボルダージェ」（フランス語、飛び込め）と指示した。これを受けて大塚浪次郎《なみじろう》（海軍士官見習一等）を先頭に、笹間金八郎（彰義隊差図役）、加藤作太郎（同下役）、野村利三郎（陸軍奉行副助役、新選組差図役並）が甲鉄に飛び移ったが、ガトリング砲で狙い撃ちされ、また槍で突かれるなどしてみな戦死した。

この間、土方は提督の荒井、艦長の甲賀、フランス人のニコルなどとともに、檣橋《しょうきょう》（マストに架かる橋）の上で指揮をしたが、甲賀は被弾し戦死した。結局、「わずかに二、三十分」あるいは「西洋一時間戦争」と、短時間の戦闘に敗れ、回天は退いたのである。三月二十六日、回天と蟠龍は箱館に帰港した。残る高雄は、新政府艦隊が追いかけ、迫撃したところ、すでに船員は逃亡した後だったという。海軍の奇襲に失敗した箱館政府軍は、いよいよ箱館の決戦を迎えることとなる。

二股口の激戦

四月六日、英国の商船アルビオントの情報によれば、新政府軍が青森まで接近しており、箱館にいる外国人は二四時間以内に立ち去るよう命じられたという。榎本総裁は、さっそく厳戒態勢をしき、新選組は、弁天岬《べんてんみさき》（函館市）の砲台を砲兵とともに守備することとなった。七日、諸外国人は箱館を去ったが、アメリカ人のライスは市中の病院を預かり、国旗を掲げて警備員を置く態勢をとった。

十一日、新政府軍は江差の北の乙部《おとべ》（爾志郡乙部町）に上陸し、(1)海岸線を通って松前に達し、そのまま箱館に到着するコース、(2)江差から内陸部を通り木古内《きこない》（上磯郡木古内町）を経て海岸線に進むコース、(3)二股《ふたまた》（檜山郡厚沢部《あつさぶ》町）の中山峠を越えて一気に箱館の背後に至るコース、の三コースから進軍した。

土方は、(3)二股口守備のために五稜郭を出陣し、これに陸軍奉行添役の大野右仲《うちゆう》、大島寅雄、陸軍奉行添役介の大畠伝之助、さらには土方を護衛する新選組隊士が同行した。

十三日から十四日にかけて、土方ら二股守備隊は新政府軍を迎え、激しい銃撃戦・砲撃戦を展開した。箱館政府軍は三万五〇〇〇発の弾薬を使い、新政府軍は銃包殻数万を地上に散乱させたという。守備隊は地の利を生かし、奇襲攻撃をかけて新政府軍を撃退し、兵糧、弾薬、テントなど多数を押収した。

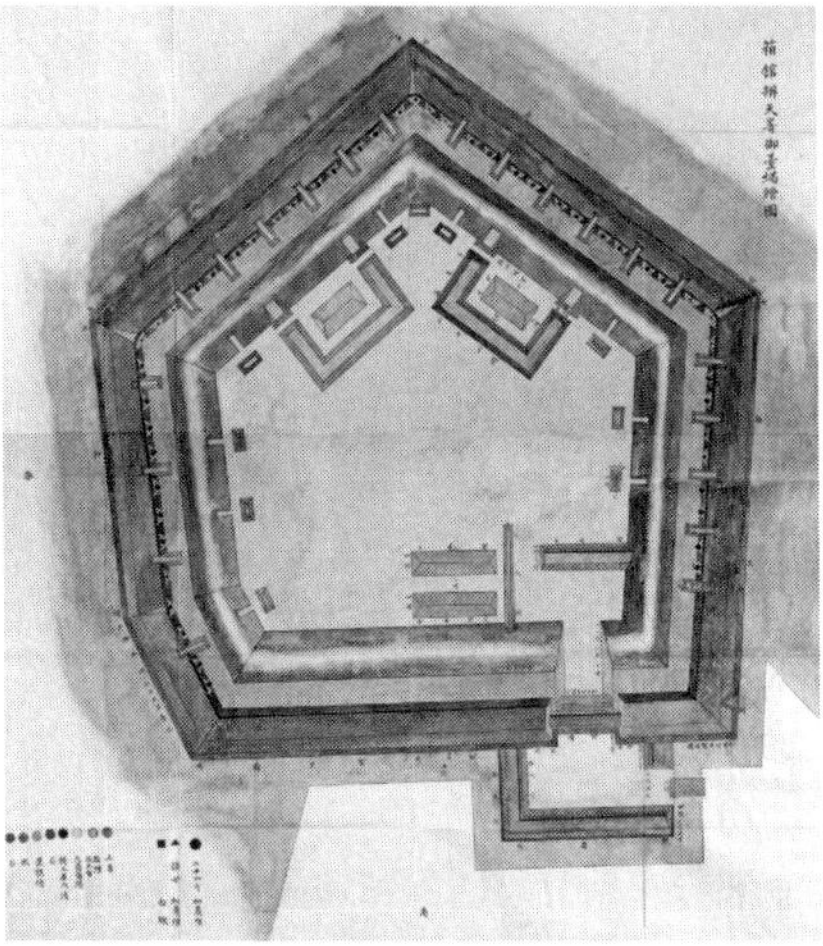

51―箱館弁天御台場絵図

十四日フランス軍人フォルタンは、二股からブリュネに宛てて、この戦争の様子を書簡で知らせている。すなわち、「十六時間戦い、今朝第六時敵勢立ち退き申し候、この立ち退きし訳は、味方薬乏しく、敵もまた同様たればなり」と、双方死力を尽くしての激戦であり、「味方の働き驚くべし、一人にてもなまけるものなし、味方の人、その顔を見るに、化薬の粉にて黒くなり、あたかも悪党に似たり」と、火薬で顔を黒くした味方(箱館軍)の奮闘を称えている。

ただし、両軍とも胸墻《きょうしょう》（弾よけし射撃するため土を胸の高さに積み上げたもの）に身を隠して遠距離からの乱射であったため、弾薬の消耗は激しかったが、実際の死傷者は少なく新政府側の死者は二名、負傷者二一名であったという（小杉雅之進「麦叢録」）。

同十四日仙台藩の見国隊四〇〇名が、桑名藩士五名とともに、箱館政府軍の援軍としてイギリス商船チェーンバックで砂原《さわら》港（茅部郡砂原町）に到着した。

二十三日から二十五日にかけて、新政府軍は再度二股口を猛攻撃した。この戦いは、「両軍互に死力を尽し、弾を惜しまず戦うことほとんど二昼夜、敵我壁のますます固くして抜くべからざるを察し、二十五日午前兵を解き去る」と、二昼夜に及んだが、箱館政府軍の抵抗は強力で、新政府軍は再度退却させられた。この戦闘は、箱館戦争の中で最も激しいものといわれている。

しかし、こうした消耗戦は、補給力が勝敗のカギを握る。新政府側は、この点有利であり、箱館政府軍は、各地で前線を後退させていった。

同二十五日には、新政府軍の艦隊が箱館湾に襲来し、翌二十六日艦隊同士の砲撃戦をおこなった。

箱館政府軍の退却とフランス軍人の戦線離脱

四月二十九日、新政府軍は、ついに矢不来《やふらい》（上磯郡上磯町）の陣を突破した。報告を受けた土方は、二股防衛を断念し一ノ渡《いちのわたり》（亀田郡大野町市渡）まで撤退することを指示した。同日夜、新選組は彰義隊、陸軍小隊などと有川《ありかわ》（上磯郡上磯町）に向けて出陣し、奇襲攻撃を行い新政府軍を敗走させた。

五月一日、土方は五稜郭に戻り、榎本武揚や松平太郎と面会したのち、弁天台場に赴き、新選組にたいして、今夜有川に出陣するよう指示した。二日夜、新選組は大島圭介、彰義隊、伝習歩兵隊などとともに七重浜《ななえはま》（北斗市）を奇襲し、新政府軍を後退させている。しかし、これら箱館政府軍の奇襲も単発的なものであり、新政府軍の前線は着実に前進していた。

こうした状況の中、同二日、フランス軍人一〇名が箱館を去った。旧幕軍の石川忠恕が著した箱館戦争の記録「説夢録《せつむろく》」は、「かつて幕府へ陸軍伝習のため江府に来て教授せしが、我が海陸軍の脱走に加わり、各本国を辞職し、我党のために尽力せし者なるが、戦争利なきを察し」と、これまで一貫して旧幕府軍・箱館政府軍を支援してきたフランス軍人もついに戦列を離れたのである。

箱館総攻撃

五月十日、新政府軍の箱館総攻撃を前に、箱館政府の幹部は、登楼して別れの盃を交わした。翌十一日、いまだ明け切らないうちに、新政府軍の総攻撃が開始された。

戦闘は海陸でおこなわれた。箱館政府軍の軍艦蟠龍、回天、箱館砲台は、新政府軍の軍艦甲鉄、朝陽、丁卯、春日、陽春と激しく撃ち合った。蟠龍は朝陽を撃沈したものの、弾が尽き戦闘不能となった。このため回天とともに浅瀬に乗り上げ自ら火を放った。新政府軍の飛龍《ひりゅう》・豊安《ほうあん》は、箱館山（函館市）後ろの寒川《さむかわ》（同市山背泊町《やませどまりちょう》）に小舟数十を展開させた。陸軍千余名が上陸し箱館山に登った。これに対して箱館政府軍は、一五〇名ほどがラッパを吹き攻め登ったが、新政府軍が山の上から大砲や小筒を撃ち出したため敗走した。

新選組もまた応戦したが、少数のため次第に圧迫され、箱館奉行永井尚志や新選組隊長相馬主計のもと計二百五十余名が弁天台場（函館市）に立て籠もった。

この日、彼らと前後して土方歳三も前線に出た。午前五時頃砲声が聞こえ、五稜郭の兵が外を見ると、新政府軍が大進撃を始めていた。そこで箱館政府軍は、七重浜に兵を出すとともに、箱館にも土方歳三が彰義隊、額兵隊、見国隊、社陵隊、伝習士官隊の計五百余を率いて出陣した。土方らは、一本木関門を突破し、異国橋（函館市）近くまで迫ったが、新政府軍の激しい攻撃を受けた。このとき土方は、馬上で指揮をしていたが、腰を撃ち抜かれ戦死した。箱館政府軍は千代ケ岡《ちよがおか》（函館市）まで退却した。

軍監の大鳥は、土方の戦死を見ると急ぎ馬で五稜郭に戻った。兵たちがどうしたかと尋ねたが、大鳥は君たちに語っている暇はないとして、榎本総裁と松平副総裁に味方の敗北を報告したのである。

なお、土方の死亡地については、一本木関門のほかに、異国橋、鶴岡町（いずれも函館市）など諸説がある。

箱館戦争の終結

翌十二日、箱館港を制圧した新政府軍は、湾内の甲鉄艦のアームストロング砲が二・五キロ離れた五稜郭を正確にとらえ、さらに弁天台場を終日攻撃した。十三日朝には海陸から大小の砲を撃ち、砲台を攻めたてた。昼頃になり、捕虜になっていた箱館海軍の回天の水夫が使者となり、白旗を振り、新政府軍からの降伏を勧める書簡を手渡した。以後砲声はやんだ。十四日には箱館政府方の箱館病院の蘭方医高松凌雲《りょううん》も、新政府軍の意向を受け書簡をしたため、病院にいる負傷兵二名を使いとして小舟に乗せ、白旗を翻して砲台の下まで来て降伏を勧めた。降伏の勧めを受け、弁天台場の新選組の相馬主計《かずえ》は、新政府軍の軍監薩摩藩士の永山友右衛門（田島圭蔵）とともに五稜郭に赴き榎本総裁らと相談し、台場の降伏を決定した。

翌十五日、相馬主計が新選組隊長に任命された。相馬は慶応三年（一八六七）十二月の新選組名簿に名が見え、同時期に起きた天満屋《てんまや》事件では紀州藩士三浦休太郎の警固のため出動した経歴を持つ隊士であった。彼の隊長就任は箱館戦争の戦後処理のためといわれる。そして、この日弁天台場は、降伏したのである。

当日の新選組の弁天台場守備者名簿が遺されているが、計九十二名、他に兵卒十一名がいた。このうち京都以来の隊士は一三名、池田屋事件以前の入隊は、島田魁《さきがけ》と尾関《おぜき》雅次郎《まさじろう》の二名のみであった。こうして、新選組の組織的活動は終焉したのである。

十七日には千代ヶ岡総督の中島三郎助が、新政府軍の恭順勧告を拒否し、長男恒太郎、二男英次郎らとともに戦死した。中島はペリー来航時に副奉行として応対にあたり、箱館政府では箱館奉行および歩兵頭並を勤めた人物であった。

そしてついに、五月十八日朝七時、榎本武揚、松平太郎、荒井郁之助、大鳥圭介ら五稜郭首脳部も降伏を決定し、兵隊・小者一〇〇八名が降伏した。午後五時には、新政府軍が五稜郭の兵器を没収している。

こうして、箱館戦争は終結した。ここに鳥羽伏見の戦いに始まった一年五か月間の戊辰戦争は終わったのである。

以上、見てきたように、幕末維新の戦争は、従来言われてきた「薩長＝開明的＝近代化成功」と「幕府＝保守的＝近代化失敗」を対比的に捉える幕末維新観の再検討を要請している。すなわち、「敗者」である旧幕府軍、会津軍、新選組などは、けっして遅れた装備の軍隊ではなかった。「勝者」と「敗者」を分けたのは、戦場で実際に指揮をとる将校の優劣、そして補給ルートの有無だったのである。

戊辰戦争の「勝者」と「敗者」

戊辰戦争の位置づけ

戊辰戦争は、ヨーロッパのクリミア戦争（ロシア対英仏トルコ、一八五三～五六）や、アメリカの南北戦争（一八六一～六五）などで使用され、終戦とともに不要になった大量の武器が、日本に輸入され使われた、日本初の「近代戦争」であった。この時期、二六五年の「平和」の中で、政庁・役所と化した城郭での籠城戦は、会津戦争で見たように、明らかに不利であり、さらに西洋式軍隊の指揮官や隊の練度、そして武器・弾薬の補給地である横浜、長崎、神戸、新潟、箱館など開港・貿易港の制圧が戦争の帰趨を決したのである。新政府軍の最大の勝因は、ここにあるといえる。

徳川慶喜

しかし、戊辰戦争の戦死者は、意外と少なく、明田鉄男編『幕末維新全殉難者名鑑』（新人物往来社、一九八六年）によると、鳥羽伏見戦争の戦死者は、旧幕府軍二八三（内会津一三〇、幕府・新選組一一九）、新政府軍は一一〇、戊辰戦争全体では、東北諸藩を含む旧幕府軍八六二五、新政府軍四九二五であった。同じレベルの武器・弾薬を使ったクリミア戦争では約九〇万が死傷し、アメリカ南北戦争では約二〇万三〇〇〇が戦死、これを含め約六二万人が戦病死している。「西洋文明」を背景とする欧米列強による国家的危機を前に、幕末維新期の日本は、兵農分離による戦争参加者の制約、国学によるナショナリズムの高まり、洋学による合理的・客観的な知識や意識の浸透など、「近世文明」の発展・成熟のもと、最小のリスクと犠牲による政権交代の道を歩んだともいえる。

佐幕派の処分については、新政府内で寛厳両論が争われたが、明治元年十二月に発表された処分は、会津藩主松平容保は死罪を免かれるという寛大なものであった。領地没収高は、二五藩で計一〇三万石余と少なかった。全領地を没収されたのは、会津藩二三万石（のち旧南部藩領に斗南藩三万石を与えられる）と、藩主林忠崇《ただたか》が卒先して新政府軍と戦った上総国請西《じょうさい》藩一万石の二藩だけであった。

明治五年（一八七二）、岩倉具視を特命全権大使とする遣米欧使節団の一員の伊藤博文は、アメリカのサンフランシスコでの演説において、「維新の内乱は、一時的な結果に過ぎません……わが国の大名は、寛大にも領地を奉還し、その自発的行為は新政府により受け入れられました。一年とたたないうちに、数百年以前に確立していた封建制度は、一発の銃も発せず、一滴の血も流さずに完全に廃止されました。この驚くべき結果は、政府と国民との共同行動によって、遂行されたのであり、今や両者は平和な進歩の道を、協力して進んでおります。中世のいかなる国が、戦争をしないで、封建制度を打ち倒したでありましょうか」と、戊辰戦争の犠牲にはあえてふれず、明治二年六月の版籍奉還や、同四年の廃藩置県などの新政府の改革が世界の国々と比較して、スムーズに展開したことを自讃している。新政府の立場からの勝手な言い分ではあるが、戊辰戦争が殲滅戦を避け、戦後も、多くの旧幕府軍参加者に、才能を生かす可能性を与えた意義は小さくない。旧幕臣の大久保一翁（東京府知事）、勝海舟（枢密顧問官）、大鳥圭介（学習院院長、朝鮮駐在公使）、榎本武揚（文部大臣・外務大臣）、会津藩の秋月悌次郎（熊本第五高等学校教授）、山本覚馬（京都府顧問、同府議会議長、京都商工会議所会長）、山川健次郎（東京帝国大学総長）、柴五郎（陸軍大将）などの後半生は、その一端を示すものである。今日、戊辰戦争は、勝敗の面だけでなく、明治国家・社会の成立・移行の面から、あらためて位置づけられる必要があるといえる。

52―山本覚馬

「敗者」山本覚馬の政権構想

鳥羽伏見の戦いのさいに、薩摩藩兵に捕えられ、京都の薩摩屋敷に幽閉された会津藩軍事官僚の山本覚馬は、視力を失うなか、明治元年三月、「時勢之儀ニ付拙見申上候書付」（「拙見」）と、五月「管見」を口述する。江戸城の無血開城をはさんで、薩摩藩に提出されたこれら二つの著作には、覚馬の状況認識と政権構想が示されている。

まず、「拙見」（本文は漢文体、（　）内は引用者注）は、「貴藩（薩摩藩）は従来から国家のために深く考慮されていたのであり、ただ幕府が時勢に迂闊《うかつ》であったのでそのためかえって疑惑を生じたのであり……当藩（会津藩）におきましても、私どもや他六名のものが同様の意見を申し立てましたが、それを貫徹できませず不都合な結果となりました。従いまして幕府に対しても疑われることなく、当藩・桑名藩に対しても憎まれることなく、『万国公法《ばんこくこうほう》』のように公明正大なお取り扱いをもって速かにとりしずめて頂き、確乎とした皇国の基本が成り立ち、かつは諸外国ともならび立ち得ますよう存ずる次第であります」（二〇九～二一一頁）と、薩摩藩・土佐藩などの倒幕の意義を認めたうえで、幕府や会津藩の立場を弁明し、「万国公法」（西洋基準の国際法）にもとづく公明正大な取り扱いを願っている。

一方「管見」は、具体的な政権構想であるが、序文で「追々文明維新之御制度御変革右等ハ必然」と、「文明維新」の動向を認識し、「議事院」は「文明政事開ニ従テ四民ヨリ出べシ、然レドモ方今人材非士ハナシ、故ニ王臣又ハ藩士ヨリ出べシ」と、議員は四民各身分から出すべきであるが、今はまだ人材がいないので、朝廷か藩士から選ぶことを述べ、その基準として五万石につき一人、一〇万石に二人、二〇万石に三人とすることを述べている。

「学校」は、「我国ヲシテ外国ト并立文明ノ政事ニ至ラシムルハ方今ノ急務ナレバ、先ヅ人材ヲ教育スベシ」と、外国と並び立つために教育の重要性を説き、「無用の古書ヲ廃止シ、国家有用ノ書ヲ習慣セシムベシ」と、国家のために役立つ教育を提唱し、教科として、建国術、経済学、万国公法、道徳、法律、物理、医学などをあげている。

「国体」は、万国公法を基準に、これにしたがわない国（藩）の制圧を肯定し、さらに「四民共ニ賦ヲ平均スルヲ善トス」「国民平均至当ノ法ト云フ可シ」と、四民平等を唱えている。

「建国術」では、国を豊かにし、兵備を充実するためには、「『ヨーロッパ』ノ内ニテハ、『イギリス』『フランス』『プロイス』商ヲ以テ盛ナル国也、日本支那等ハ農ヲ以テスル故ニ如カズ」と、商業国家をめざすべきと主張する。アメリカの機械化農業やイギリスの蒸気機関の意義を記し、幕末の長崎に来航したオランダ人ボートインやイギリス人ゴロールは、最初一万金もなかったのに、今や船六〇～七〇艘をもち、長崎と上海の間で商売し、収入は月十五、六万金を下らないと述べたと記している。日本でも二〇年前、仙台藩の領地は米沢藩の五、六倍あるのに、農業を専らとしているので貧しく、米沢藩は商業を専らとするので米の売り上げが三倍になり、富国強兵に成功したとも記している。

「女学」では、女子について、「自今以後男子ト同ジク学バスベシ」と、男子と同じように教育することを主張し、「平均法」では、財産を平等に分配することを主張している。

「変仏法」では、仏教僧への批判が見られ、形式に流れているとし、修行をしっかりさせ、国家が身分を許可する制度を提唱している。

その他、「製鉄法」「貨幣」「衣食」「醸酒」「時法」「暦法」など、西洋の制度・習慣を取り入れることを主張している。

最小のリスクと犠牲の明治維新

山本覚馬が、視力を失い幽閉されるなか、西洋の知識や情報をもとに、これだけ体系化された政権構想を示したのは驚きである。しかし、これは覚馬だけの特殊事例ではなく、諸藩の軍事官僚もまた、武器の交渉などを通じて西洋の知識や情報に多く接していた。幕末維新期、幕府や諸藩の軍事官僚は、外交官僚や洋学者らと同じく、西洋の知識や情報を得ていたのである。

幕末維新期、倒幕派・佐幕派、文官・武官の違いをこえて、幕府や藩の武士＝官僚が、西洋の知識と情報を広く共有していたことは、注目される。このことは、戊辰戦争では多くの貴重な人命を失ったものの、欧米と比較するならば、最小のリスクと犠牲（省エネ・省ロス）の政権交代＝明治維新を可能にする一因になっていたのである。

そして、武士＝官僚の側面を重視するならば、明治維新は、全国の中下級武士（中下級官僚）が、将軍や大名（上級官僚）を、政治の表舞台（意志決定機関）から追放した「官僚革命」ということもできるのである。明治維新を大きな混乱なく、省エネ・省ロスのうちに達成した中下級武士たちは、この変革を同じく大きな混乱無く乗り切った民衆とともに、「勝者」であり、先祖が戦国時代を乗り切り、近世を通じて中下級武士の上司の位置にあり続けた将軍家や大名など上級武士（上級官僚）らは「敗者」といえるのである。

あとがき

本巻では、「日本近世」、すなわち、一世紀に及ぶ戦国時代の最終的「勝者」徳川家康による天下統一=「徳川体制」の確立から、十九世紀後半の「敗者」十五代将軍徳川慶喜による大政奉還=「徳川体制」の瓦解までの約二世紀半における、「勝者」と「敗者」について見てきた。

日本近世において、何を「勝者」として、何を「敗者」とするのか。政治、社会、経済、文化それぞれの分野で、さまざまな指標が考えられる。戦国時代が終わり、軍事的・武力的な解決が無くなったこの時代、多くの「勝者」と「敗者」は、平和裡に決定された。本書では、日本近世が達成した「平和」と「文明化」を指標として、これを推進し、政治的・社会的に優位な地位を獲得した者たちを「勝者」とし、この動きに抗い、異議をとなえ、政争に敗れ、歴史の舞台から退いた者たちを「敗者」として、その足跡を見てきた。

「はじめに」で述べたように、「敗者」を追う作業は、ともすると感傷的・情緒的になりがちである。しかし、「勝者」のみならず「敗者」もまた、「歴史」のなかで生まれ、「歴史」と正面から向き合い、「歴史」を動かした者たちであった。「敗者」の主張=異議申し立てに冷静に耳を傾けることは、「勝者」の歴史の不備・弱点を明らかにするとともに、「勝者」とは異なる歴史の道筋や可能性を追究する意義をもつ。すなわち、近世の各時期において、日本社会が達成した成果と課題、可能性と限界を、あらためて確認することにより、より深く、より豊かな近世像を構築する作業にもつらなるのである。

最後に本巻の概要をまとめておきたい。

ここでは、日本近世の歴史を、大きく三つの時期にわけて見てきた。

第Ⅰ期は、開幕から七代将軍家継期までの近世前期＝近世的秩序の確立期である。この時期、戦国時代の「勝者」徳川家＝江戸幕府は、強大な「武力」をもとに、「公儀」として、大名、農民、町人などを国家規模で編成し、彼らの生活・生産を保障するとともに、「儒学」をもとに、その秩序を合理化・正当化した。この時期、「敗者」となったのは、古代・中世以来の秩序の維持・体現者たちであった。全国の諸藩でも、家制度・宗主権など家秩序の確立過程で御家騒動が起こり、「敗者」が生まれた。思想や価値観の統一のなかで、宗教界にも「勝者」と「敗者」が生まれた。彼らは、近世になって定められた「禁中並公家諸法度」「寺院法度」「武家諸法度」など、法秩序のもとに編成されたのである。

別の「敗者」は、この統一化・秩序化に「異議申し立て」をおこない、反逆・抵抗した牢人やかぶき者たちであった。この時期、将軍を頂点とする近世的秩序が確立する過程で、さまざまな「勝者」

と「敗者」が生まれたのである。

第Ⅱ期は、八代将軍吉宗の享保改革期＝近世的秩序・制度の発展期である。この時期、近世前期の政治・経済・社会・文化の発展を基礎に、将軍吉宗は、「高負担・高福祉」の「大きな政府」をめざす享保改革を推進した。さまざまな国家政策・公共政策が強力に展開され、国家や社会の合理化・文明化が加速した。法・官僚・公文書にもとづく統治システムは、行政の能率化を進め、列島社会の均質性・同質性を強めた。この時期、「勝者」はこの合理化・文明化・同質化の傾向を推進する者、「敗者」はこれとは異なる文明化の方向を主張する者たちであった。尾張藩主徳川宗春から庶民まで、吉宗の「大きな政府」の方向の政治にたいする批判が社会に広く見られたが、享保改革は、これらを厳しく抑え込み、この後の日本社会の方向を決定づける重要な役割を果たした。

第Ⅲ期は、九代将軍家重以後の近世後期＝近代的秩序への展開期である。享保改革によって整備された統治システムは、近世後期を通じて成長・肥大化した。国学・洋学など新たな価値観も広がった。この時期、幕府や諸藩では、新たに成長した「官僚」たちが、さまざまな「改革」を展開した。幕府の寛政改革、天保改革、幕末改革や、諸藩の後期藩政改革や御家騒動などは、これら幕藩官僚たちの政治・政策の対立に由来するものが多く、ここにも「勝者」と「敗者」が生まれた。

これら日本近世を通じて、成長・発展してきた制度・システムや、価値観を国家規模で統合し、より合理化・文明化したのが明治維新であった。明治維新は、藩官僚や朝廷官僚を中心とする「官僚革命」の性格をもつ。「勝者」は、明治政府に結集して、新たな国家体制を構築し、国政を主導した明治官僚たちであり、「敗者」は、徳川体制＝旧体制《アンシャンレジーム》のもと国政を主導してきた将軍や大名たちであった。旧幕府官僚に多くの有能な人材がいたことから、多数の者たちが新政権に登用されたことも見逃せない。二六五年の長い「平和」＝「日本近世」を通じて、「勝者」と「敗者」の距離は確実に縮まっていた。幕末維新の変動が、欧米の近代化に比べて、犠牲が少ない「省エネ」「小ロス」のもとに達成されたことも、「日本近世」の達成といえるのである。

はからずも、本巻は、「敗者の日本史」の最終巻になってしまった。刊行予定が本巻よりも遅い巻に、次々と抜かれて、「敗者」の気持ち、その挫折感・焦燥感が、だんだんと「我が事」になった。彼らが、意のままにならない人生や社会を嘆き、怨み、苦しんだことを、追体験することになったのである。

ただ、政治史、経済史といったレベルとは異なる、「勝者」と「敗者」という切り口から、「近世日本」を見る機会を得たことは貴重であった。歴史の形成者、推進者が、「勝者」「敗者」を含む「人間」であることを、あらためて感じるとともに、「勝者」「敗者」という一面的、一時的な評価をこえて、彼らが何を目ざし、何を遺したのか、私たちは今日的視点から、冷静に見つめる意義を再確認できた。

本書編集の過程で、原稿整理は大石徳子、校正作業では、内田利沙、杉本寛郎諸氏にお手伝いをいただいた。末筆ながら謝意を表する次第である。

本巻の刊行により、ようやく本シリーズの完成となった。何とか責めを果たせたことを心から安堵し、心から反省したいと思う。

二〇一五年二月

大石　学

参考文献

プロローグ

朝尾直弘『大系日本の歴史8　天下一統』（小学館、一九九三年）
池上裕子『織豊政権と江戸幕府』（講談社、二〇〇二年）
大石学・佐藤宏之・小宮山敏和・野口朋隆編『現代語訳徳川実紀　家康公伝1』（吉川弘文館、二〇一〇年）
佐藤宏之「解説・四つの『大戦』から関が原へ」
林屋辰三郎『日本の歴史12　天下一統』（中央公論社、一九七四年）
藤木久志『豊臣平和令と戦国社会』（東京大学出版会、一九八五年）
堀　新『日本中世の歴史7　天下統一から鎖国へ』（吉川弘文館、二〇一〇年）

Ⅰ　豊臣家滅亡と徳川秩序の確立

笠谷和比古『関ケ原合戦』（講談社選書メチエ、一九九四年）
北島正元『日本の歴史16　江戸幕府』（小学館、一九七五年）
曽根勇二『片桐且元』（人物叢書、吉川弘文館、二〇〇一年）
曽根勇二『敗者の日本史13　大坂の陣と豊臣秀頼』（吉川弘文館、二〇一三年）
圭室文雄編『日本の名僧15　政界の導者　天海・崇伝』（吉川弘文館、二〇〇四年）

辻　達也『日本の歴史13　江戸開府』（中央公論社、一九七四年）
深谷克己『大系日本の歴史9　士農工商の世』（小学館、一九八八年）
本多隆成『定本徳川家康』（吉川弘文館、二〇一〇年）

Ⅱ　キリスト禁教と天草四郎

朝尾直弘『日本の歴史17　鎖国』（小学館、一九七五年）
岩生成一『日本の歴史14　鎖国』（中央公論社、一九六六年）
大石　学「日光社参の歴史的位置―国家的権威の創出と伝統化―」（栃木県歴史文化研究会編『日本史の中の栃木―地域視点で歴史を見直す―』随想社、二〇一三年）
五野井隆史『敗者の日本史14　島原の乱とキリシタン』（吉川弘文館、二〇一四年）
深谷克己『大系日本の歴史9　士農工商の世』（小学館、一九八八年）
藤井譲治『徳川家光』（人物叢書、吉川弘文館、一九九七年）
松本寿三郎監修『原史料で綴る天草島原の乱』（本渡市発行、一九九四年）
水本邦彦『全集日本の歴史10　徳川の国家デザイン』（小学館、二〇〇八年）
山本博文『寛永時代』（日本歴史叢書、吉川弘文館、一九八九年）

Ⅲ　武士たちの異議申し立て

大石学編『近世藩制・藩校大事典』（吉川弘文館、二〇〇六年）

北島正元『日本の歴史16　江戸幕府』（小学館、一九七五年）
圭室文雄編『日本の名僧15　政界の導者　天海・崇伝』（吉川弘文館、二〇〇四年）
辻　達也『日本の歴史13　江戸開府』（中央公論社、一九七四年）
徳川美術館編集・発行『かぶく美の世界―絵は語る、異端と享楽の浮世―』（新館開館一〇周年記念・秋期特別展図録、一九九七年）
藤野　保『徳川幕閣―武功派と官僚派の抗争―』（中公新書、一九六五年）

Ⅳ　もう一つの享保改革

大石　学『吉宗と享保の改革』（東京堂出版、一九九五年）
大石学編『規制緩和に挑んだ「名君」―徳川宗春の生涯―』（小学館、一九九六年）

Ⅴ　天璋院の「内政」と「外交」

大石学編『時代考証の窓から―篤姫とその世界―』（東京堂出版、二〇〇九年）
財団法人徳川記念財団編集・発行『徳川将軍家ゆかりの女性』（二〇〇八年）
『黎明館企画特別展・薩摩の篤姫から御台所天璋院』（鹿児島県歴史資料センター黎明館発行、一九九五年）
ＮＨＫプロモーション編『天璋院篤姫』（ＮＨＫ・ＮＨＫプロモーション発行、二〇〇八年）
公益財団法人徳川記念財団編集・発行『企画展・幕末の江戸城大奥』（二〇一三年）
公益財団法人徳川記念財団編集・発行『徳川家茂とその時代―若き将軍の生涯―』（二〇〇七年）

エピローグ　戊辰戦争の勝者と敗者

石井寛治『大系日本の歴史12・開国と維新』（小学館、一九八九年）
井上　勲『王政復古』（中公新書、一九九一年）
井上勝生『シリーズ日本近現代史1・幕末・維新』（岩波新書、二〇〇六年）
井上　清『日本の歴史20・明治維新』（中央公論社、一九七四年）
大江志乃夫『木戸孝允』（中公新書、一九六八年）
田中　彰『日本の歴史24・明治維新』（小学館、一九七六年）
保谷　徹『戦争の日本史18・戊辰戦争』（吉川弘文館、二〇〇七年）
松尾正人『維新政権』（吉川弘文館、一九九五年）
毛利敏彦『大久保利通』（中公新書、一九六九年）

略　年　表

本文と関係するものに限った

西暦	和　暦	事　　　　　　項
1570	元亀元	6 姉川の合戦．12 三方原の合戦．
1574	天正 2	5 長篠の合戦．
1582	10	6 本能寺の変．山崎の合戦．
1584	12	3〜11 小牧・長久手の合戦．
1590	18	小田原合戦．徳川家康，関東に移封．
1958	慶長 3	8 秀吉没．
1600	5	9 関が原の戦い．
1603	8	家康，征夷大将軍となる．
1613	18	伴天連追放令．高山右近らをマニラに追放．
1615	元和元	大坂夏の陣．武家諸法度・禁中並公家諸法度・諸宗諸本山法度制定．
1616	2	家康没．神号問題起こる．権現が勅許され，翌年日光に遷座．
1624	寛永元	福岡藩主黒田長政死．黒田騒動起きる．
1627	4	紫衣事件．天海，寛永寺を創建．
1636	13	長崎に出島を築き，ポルトガル人を隔離．
1637	14	島原・天草にキリシタン一揆が起きる．合流して島原原城に籠城する．幕府，九州諸藩の軍勢を動員し包囲する．翌年落城，ほぼ全員が殺される．
1639	16	ポルトガル人の来航を禁止，オランダのみ交易を許す．会津加藤家のお家騒動．生駒騒動決裁．
1651	慶安 4	将軍家光没．家綱 14 歳で将軍となる．松平定政，封を返上し諫言，処罰される．由比正雪らの幕府転覆計画が露見，処罰される（慶安事件）．幕府，文治政治に転換．
1652	承応元	江戸で牢人たちの蜂起計画が露見（承応事件）．
1657	明暦 3	水野十郎左衛門，幡随院長兵衛を殺す．かぶき者禁制が出される．
1716	正徳 6	将軍家継没．紀伊家当主の吉宗が将軍となる．享保改革始まる．
1730	享保15	徳川宗春，尾張家当主となる．江戸藩邸で規制緩和．
1731	16	徳川宗春，『温知政要』を著し藩士に配る．尾張に国入りし，規制緩和で名古屋城下は賑わいを迎える．

西暦	和　暦	事　　　　　　　項
1732	享保17	宗春，江戸藩邸で派手な節句を催す．吉宗，使者を派遣して詰問．宗春，反論する．
1736	元文元	尾張家付家老竹越正武，江戸勤務を命ぜられ，吉宗側近と密会．
1737	2	尾張財政悪化のため，宗春，町人から借金．
1738	3	尾張評定所，藩政を宗春以前に戻す触を出す．
1739	4	幕府，宗春に蟄居謹慎を申し渡す．尾張家は養子宗勝が相続．宗春，名古屋で幽閉される．
1853	嘉永 6	ペリー来航．阿部正弘らによる安政改革始まる．
1856	安政 3	篤姫，江戸城に入り，将軍家定と婚礼．
1858	5	井伊直弼，大老となる．7.6 将軍家定没．篤姫は落飾し，天璋院と称する．紀州家当主家福，家茂と改名し将軍となる．安政の大獄始まる．
1860	万延元	井伊直弼，殺害される（桜田門外の変）．老中安藤信正，公武合体路線に転換．将軍家茂と内親王和宮との婚儀を推進．
1861	文久元	和宮，江戸城に入り，翌年将軍家茂と婚礼．
1862	2	徳川慶喜，将軍後見職となる．慶喜・松平慶永らによる文久改革始まる．
1866	慶応 2	7.20 将軍家茂，第二次幕長戦争のさなか大坂城で没．一橋慶喜が将軍となる．和宮は落飾し静寛院宮の院号を与えられる．慶喜による慶応改革始まる．
1867	3	10.14 慶喜，大政奉還を上表．倒幕の密勅．12.9 王政復古のクーデター．
1868	4	1.3-6 鳥羽・伏見の戦い．慶喜，敗れて江戸に戻る．新政府鎮撫軍東下．天璋院，静寛院宮，戦争回避・徳川家存続を働きかける．3.18 江戸開城．5.3 奥羽列藩同盟結成（のち奥羽越に拡大）．5.15 上野戦争．9.22 会津藩降伏．10.26 旧幕府軍，箱館五稜郭に入城．
1869	明治 2	5.18 五稜郭の旧幕府軍降伏．戊辰戦争終わる．

著者紹介

一九五三年　東京都に生まれる
一九七八年　東京学芸大学大学院修士課程修了
一九八二年　筑波大学大学院文学博士課程単位取得
現　在　東京学芸大学教授

〔主要著書〕
『享保改革の地域政策』（吉川弘文館、一九九六年）、『徳川吉宗』（山川出版社、二〇一二年）、『時代劇の見方・楽しみ方』（吉川弘文館、二〇一三年）、『新しい江戸時代が見えてくる』（吉川弘文館、二〇一四年）

敗者の日本史16

近世日本の勝者と敗者

二〇一五年（平成二十七）五月十日　第一刷発行

著　者　大《おお》石《いし》学《まなぶ》
発行者　吉川道郎
発行所　株式会社　吉川弘文館
郵便番号一一三—〇〇三三
東京都文京区本郷七丁目二番八号
電話〇三—三八一三—九一五一〈代表〉
振替口座〇〇一〇〇—五—二四四
http://www.yoshikawa-k.co.jp/
印刷＝株式会社　三秀舎
製本＝誠製本株式会社
装幀＝清水良洋・渡邉雄哉

ISBN978-4-642-06462-0

敗者の日本史

刊行にあたって

現代日本は経済的な格差が大きくなり、勝ち組と負け組がはっきりとした社会になったといわれ、格差是正は政治の喫緊の課題として声高に叫ばれています。

しかし、歴史をみていくと、その尺度は異なるものの、どの時代にも政争や戦乱、個対個などのさまざまな場面で、いずれ勝者と敗者となる者たちがしのぎを削っていました。歴史の結果からは、ややもすると勝者は時代を切り開く力を飛躍的に伸ばし、敗者は旧体制を背負っていたがために必然的に敗れさった、という二項対立的な見方がなされることがあります。はたして歴史の実際は、そのように善悪・明暗・正反というように対置されるのでしょうか。敗者は旧態依然とした体質が問題とされますが、彼らには勝利への展望はなかったのでしょうか。敗者にも時代への適応を図り、質的変換への懸命な努力があったはずです。現在から振り返り導き出された敗因ではなく、多様な選択肢が消去されたための敗北として捉えることはできないでしょうか。最終的には敗者となったにせよ、敗者の教訓からは、歴史の「必然」だけではなく、これまでの歴史の見方とは違う、豊かな歴史像を描き出すことで、歴史の面白さを伝えることができると考えています。

また、敗北を境として勝者の政治や社会に、敗者の果たした意義や価値観などが変化しながらも受け継がれていくことがあったと思われます。それがどのようなものであるのかを明らかにし、勝者の歴史像にはみられない日本史の姿を、本シリーズでは描いていきたいと存じます。

二〇一二年九月

吉川弘文館

敗者の日本史

1. 大化改新と蘇我氏　遠山美都男著
2. 奈良朝の政変と道鏡　瀧浪貞子著
3. 摂関政治と菅原道真　今　正秀著
4. 古代日本の勝者と敗者　荒木敏夫著
5. 治承・寿永の内乱と平氏　元木泰雄著
6. 承久の乱と後鳥羽院　関　幸彦著
7. 鎌倉幕府滅亡と北条氏一族　秋山哲雄著
8. 享徳の乱と太田道灌　山田邦明著
9. 長篠合戦と武田勝頼　平山　優著
10. 小田原合戦と北条氏　黒田基樹著
11. 中世日本の勝者と敗者　鍛代敏雄著
12. 関ヶ原合戦と石田三成　矢部健太郎著
13. 大坂の陣と豊臣秀頼　曽根勇二著
14. 島原の乱とキリシタン　五野井隆史著
15. 赤穂事件と四十六士　山本博文著
16. 近世日本の勝者と敗者　大石　学著
17. 箱館戦争と榎本武揚　樋口雄彦著
18. 西南戦争と西郷隆盛　落合弘樹著
19. 二・二六事件と青年将校　筒井清忠著
20. ポツダム宣言と軍国日本　古川隆久著

各 2600 円（税別）

（価格は税別）

吉川弘文館